교과서를 만든 **한국사 인물들**

책 읽는 재미와 과목별 교양을 동시에 잡는다! – 교과서를 만든 사람들 ❼

역사를 변화시킨 20인의 개혁가들

교과서를 만든 한국사 인물들

송영심 · 오정현 지음 | 박정제 그림

이 책은 우리의 역사를 이끌고 변화시킨 개혁적 성격이 강한 여러 인물들이 주인공입니다. 정도전, 조광조 같은 정치가도 있고, 만적 같은 노비도 있으며, 의천과 묘청 같은 승려도 있습니다. 교과서에 등장하는 수많은 인물 중 각기 다른 이유로 이들을 선정하였지만 이들을 선정한 데에는 공통점이 있습니다. 우리 역사의 변화와 발전을 위하여 개혁을 시도했던 인물들이라는 것이죠.

글담출판사
www.geuldam.com

교과서를 만든 사람들 ❼

교과서를 만든 한국사 인물들

초판 1쇄 발행 2007년 11월 10일
초판 8쇄 발행 2016년 5월 10일

지은이 송영심 · 오정현 | **일러스트** 박정제 | **펴낸이** 김종길

편집부 임현주 · 이은지 · 이경숙 · 홍다휘 · 안아람 · 윤선주 | **디자인부** 정현주 · 박경은
마케팅부 김재룡 · 박용철 | **홍보부** 윤수연 | **관리부** 이현아

펴낸곳 글담출판사 | **출판등록** 제7-186호
주소 (121-840) 서울시 마포구 양화로 12길 8-6(서교동) 대륭빌딩 4층
전화 (02)998-7030 | **팩스** (02)998-7924
블로그 http://blog.naver.com/geuldam4u
페이스북 http://www.facebook.com/geuldam4u
이메일 bookmaster@geuldam.com

ISBN 978-89-92814-00-3 43990
잘못 만들어진 책은 바꾸어 드립니다. 책값은 표지에 있습니다.

국립중앙도서관 출판시도서목록(CIP)

교과서를 만든 한국사 인물들 : 역사를 변화시킨 20인의 개혁가들
/ 송영심, 오정현 지음 ; 박정제 그림. —서울 : 글담, 2007
   p. ;   cm. — (교과서를 만든 사람들 ; 7)

ISBN 978-89-92814-00-3 43990 : ₩12800
911-KDC4   CIP2007003217

글담출판사는 독자 여러분의 의견에 항상 귀 기울이고 있습니다.
책에 관한 아이디어와 원고 투고를 언제나 기다리고 있습니다. 머뭇거리지 말고 문을 두드리세요.

머리말

"어제 주몽이 알에서 태어났어요!"

어떻게 하면 역사를
재미있게 가르칠 수 있을까?

교단에 서서 아이들을 가르치며 늘 해결되지 않는 고민이 있습니다. '어떻게 하면 역사를 재미있게 가르칠 수 있을까?' 하는 고민이었죠.

그러던 어느 날 아이들과의 대화 속에서 깨달은 것이 있었습니다.

"선생님, 어제 드라마에서 주몽이 알에서 태어났어요."

"오늘 장보고가 염장한테 죽는 날이래요."

역사 드라마를 보고 와서 이야기하는 아이들의 눈동자는 반짝거렸습니다. '역사 공부'는 재미없지만 '역사'는 재미있다는 것을 아이들은 알고 있었던 것이죠. 확실히 TV에서 생생히 살아 움직이는 인물이 엮어 나가는 역사 이야기는 그 어떤 역사책보다 몰입할 수 있는 재미를 갖추고 있었습니다.

인물의 일생과 생생한 일화를 통해 배우는
흥미로운 역사

특히 교과서에 나오는 어렵고 지루하게만 느껴지는 역사적 사건이나 용어들도 인물에 초점을 맞춰 가르치면 학생들이 쉽고 재미있게 느낄 수 있을 것 같았습니다. 즉 인물을 통해 역사를 배우는 것이죠. 물론 드라마 속의 잘못된 고증도 제대로 알려주면서 말이지요.

이 책을 쓰게 된 동기도 이와 같았습니다. 교과 내용에서 꼭 알아야 할 지식을 인물의 일생과 일화를 통해 배운다면 아이들이 역사에 흥미도 느낄 수 있고, 역사를 지루한 암기 과목으로 여기지 않을 것입니다.

지금의 한국사를 있게 만든 개혁가 20인

이 책은 우리의 역사를 이끌고 변화시킨 개혁적 성격이 강한 여러 인물들이 주인공입니다. 정도전, 조광조 같은 정치가도 있고, 만적 같은 노비도 있으며, 의천과 묘청 같은 승려도 있습니다. 시대나 신분을 초월하여 시대보다 앞선 생각을 한 사람, 낡은 제도나 관습을 혁파하려 한 사람, 사회가 만든 자신의 한계에 당당히 맞선 사람, 시대의 변화를 앞장서 주도했던 사람들 모두를 개혁가로 본 것입니다. 이들 모두는 우리 역사의 변화와 발전을 위하여 개혁을 시도했던 인물들이라는 공통점이 있지요.

개혁가들을 선정한 이유는 그들이 우리 한국사에 없어서는 안 될 인물들이기 때문입니다. 우리 민족이 좀 더 풍족하고 평안하게 살도록 학문을 연구하고, 잘못된 점을 바로잡으려 애썼으며, 용감하게 불의와 싸운 사람들이기 때문입니다. 그들 중에는 자신의 목숨을 내놓고 앞서 싸운 사람도 많았으며, 결국 그 도전과 개혁이 실패로 돌아간 사람도 많았습니다. 하지만 이들의 개혁 정신이 하나하나 후세에 영향을 미쳐 비로소 지금의 우리 역사와 우리가 존재할 수 있는 것이 아닐까요? 이것이 개혁가들을 이 책의 주인공으로 등장시킨 이유입니다.

한 달에 한 번 부모님과
역사책 같이 읽기

역사는 하나의 과목이기 이전에 우리 조상들의 삶입니다. 역사 속에 우리 민족이 살아 숨 쉬며 느꼈던 모든 것이 들어 있습니다. 우리는 과거의 사실인 역사를 배움으로써 현재를 바르게 이해할 수 있으며 삶의 지혜도 얻을 수 있습니다. 그런데 우리는 지금까지 아무리 강조해도 지나치지 않을 만큼 중요한 역사 교육을 소홀히 대해 왔습니다. 매스컴에서 일본과 중국의 역사 왜곡 사실이 전해지면 모두들 역사 교육이 중요하다고 외치지만 그때뿐이지요. 역사 교육은 일상 속에서 이루어져야 합니다. 한 달에 한 번 아니 두 달에 한 번이라도 부모님과 함께 역사책을 읽고 대화를 나눈다면 그보다 더 좋은 역사 교육은 없을 것입니다. 이 책이 그런 역할을 해주길 기대해 봅니다.

부디 아이들이 이 책을 읽으며 우리 역사를 이끌어 갔던 개혁가들의 삶을 따라 재미있게 공부할 수 있기를 바랍니다. 책이 나올 때까지 곁에서 도와준 가족들은 말할 것도 없고, 꼼꼼하게 읽어 주며 함께 고민했던 글담출판사 편집부에도 고마움을 전합니다. 끝으로 역사 공부를 지루하고 재미없게만 생각하던 학생들에게 생각의 전환을 가져올 수 있는, 그런 한 줄기 밝은 빛과 같은 책이 되기를 소망해 봅니다.

2007년 가을
송영심, 오정현

현직 선생님이 먼저 읽어 본
"교과서를 만든 한국사 인물들"

역사적 교양도 얻고, 학교 공부에도 도움이 되는 책!

이 책은 한국을 개혁해 나간 역사적 인물만을 모아 엮은 책으로서 청소년들
에게 교과서에서는 알려 주지 않는 깊이 있는 역사적 사실과 흥미로운 일화
들을 제공해 줍니다. 특히 이와 관련된 내용의 교과서 지문도 함께 수록하고
있어 청소년들이 역사적 교양도 얻고, 학교 공부에도 많은 도움을 받을 수 있
으리라 생각됩니다. 중·고등학교에서 다년간 역사 교사로 재직하고 있는 선
생님들이 쓰신 책이어서 역사적 사고력과 상상력을 높여 주는 완성도 높은
책이 만들어진 것 같습니다.

—조경남(서현고등학교 역사 선생님)

선생님에게는 풍부한 자료가 도움이 되고, 청소년에게는 역사 논술 준비에 안성맞춤인 책!

역사 수업을 하다 보면 늘 관계된 사료를 쉽게 찾을 수 없어서 애를 태우곤 했습니다. 그런데 이 책에는 역사적 인물과 관련한 사료가 풍부하게 담겨 있답니다. 그중에는 교육 현장에서 쉽게 접할 수 없는 사료들도 많이 있어요. 그러한 점에 있어서 이 책은 역사 선생님들에게도 많은 도움을 줄 수 있는 책입니다. 게다가 〈궁금한 건 못 참아!〉, 〈역사 토막 뉴스〉 등을 통해 생각해 보아야 할 문제를 제시하고, 교과서 외 역사적 지식을 제공하고 있습니다. 이러한 구성은 역사 논술을 준비하는 청소년들에게 사고력을 확장하는 데 있어서 안성맞춤이라는 생각이 듭니다.

—남정화(태원고등학교 역사 선생님)

'개혁'이라는 키워드를 통해 만나보는 한국사 인물들

한국사의 수많은 인물들 중 개혁가만을 모아놓았다는 것이 매우 흥미롭습니다. 아이들에게 '개혁'이란 말을 어떻게 설명해야 할지 어려웠었는데, 이 책을 읽고 개혁에 대한 다양한 의미를 되짚어 볼 수 있는 계기가 되었습니다. 그들이 일생을 통해 무엇을 바꾸려고 했고, 무엇을 바꾸었는지, 그리고 오늘날 그들을 왜 개혁가의 범주에 집어넣는지, 그 이유를 다양한 인물을 통해 쉽게 설명해 주는 좋은 책입니다.

—박신애(강북중학교 역사 선생님)

차례 Contents

I. 고조선 · 삼국 시대

· **위만 – 철기 문화로 강력한 고조선을 만든 왕** 16

우리나라 최초의 국가는 고조선이에요. 기원전 2세기경(고조선 후반기)에는 위만이라는 사람이
집권하게 되었지요. 그는 중국에서 자신을 따르는 무리를 이끌고 내려와 서쪽 지방의 국경 수비를 맡고 있다가
세력이 커지자 고조선의 왕을 내쫓고 왕이 된답니다. 위만이 고조선의 왕이 될 수 있었던 것은
그가 우수한 철제 무기를 소유하고 있었기 때문이에요.

· **을파소 – 사회 복지 제도를 실현시켜 가난한 백성을 구제한 국상** 29

을파소는 고구려 고국천왕 때의 국상이에요. 당시 고구려는 잦은 전쟁으로 백성들의 삶이 매우 고달팠고
흉년과 가뭄이 계속되면서 굶어죽는 사람들이 속출하였습니다. 을파소가 건의하여 시행한 진대법은
어려운 백성을 살리는 정책이었을 뿐만 아니라 2세기에 한국 최초로 사회 복지제도를 시행한 것이어서
역사적으로 매우 중요한 의의를 가집니다.

· **연개소문 – 당나라에 당당히 맞서 고구려의 자존심을 드높인 대막리지** 43

고구려의 대막리지 연개소문은 당을 막기 위해 쌓은 천리장성의 공사를 완수한 사람이에요.
그는 중국 역사상 최고의 강대국이라는 당나라의 침입을 당당히 막아 내었지요. 지금도 중국 사람들이
가장 즐겨 보는 경극에 중국인들을 두려움에 떨게 한 인물로 연개소문이 설정되어 있답니다.

· **원광 – 불교의 토착화에 힘쓰고 화랑도의 세속오계를 만든 승려** 61

원광법사는 중국 수나라에서 이름난 고승으로 활동하다가 돌아온 신라의 명승이에요. 화랑이 지켜야 할
세속오계를 만들어 화랑도가 국가 발전의 밑거름이 되게 하였답니다. 고구려의 공격으로 위기에 빠진
신라를 구하기 위하여 수나라를 설득하는 명문장을 쓴 사람으로도 유명합니다.

· **장보고 – 해상기지를 세워 신라인을 보호하고 국제무역을 주도한 장군** 75

청해진은 당으로 가는 안전한 바닷길을 위해 세운 해상 무역 기지예요. 청해진을 세운 장보고는
신라 시대의 '해상왕'이었습니다. 그는 해적을 소탕하였고, 당나라에서 일본으로 가는 안전한 국제 무역 항로를
열어 국제 사회에 큰 명성을 남겼습니다.

II. 고려 시대

· **최승로** – 「시무 28조」로 고려 발전의 밑바탕을 마련한 문신 92

최승로는 신라 6두품 가문에서 태어나 고려 성종 때 문하시중에까지 오른 사람이에요.
그가 건의한 「시무 28조」에 의하여 유교는 고려의 통치이념이 되었고,
정치 · 경제 · 사회 제도가 정비되었답니다.

· **의천** – 천태종을 개창하고 교종과 선종의 통합에 힘쓴 승려 110

의천은 문종의 넷째 아들로 태어나 출가하여 스님이 되었습니다. 송나라에 유학을 갔다 돌아와서
고려에서 처음으로 천태종을 열었지요. 그는 교장도감을 설치하여 교장을 간행하고 교종과 선종의 통합에
힘쓰는 한편 화폐 유통을 건의하던 개혁가였습니다.

· **묘청** – 서경 천도로 고려의 자주성을 회복하려던 승려 127

묘청은 '이자겸의 난'으로 추락한 왕권을 강화시키고 민심을 되살리기 위하여 풍수지리설을 바탕으로
서경 천도 운동을 전개한 인물이에요. 그는 사대 관계를 맺고 있던 금국을 정벌하고 고려의 왕을 황제라 칭하며
연호도 제정하자는 주장을 펴서 고려인의 자주성을 회복하려고 하였습니다.

· **만적** – 삼한에서 천민을 없애려던 노비 143

만적은 고려 무신정권의 최고 집권자인 최충헌의 개인 노비였어요. 고려의 수도인 개경에서 노비들을
모아 놓고 "삼한에서 천민을 모두 없애자"고 주장하는 대규모의 노비 신분 해방 운동을
계획하였던 사람입니다.

차례 Contents

III. 조선 시대

· **정도전** – 조선 건국의 주역인 문신이자 학자 158

정도전이라는 이름을 들으면 이성계를 도와 조선을 건국했던 인물로만 기억할 거예요. 그러나 정도전은 혁명뿐만 아니라 문물제도를 개혁하는 데도 앞장섰으며, 동대문, 남대문 등의 사대문과 경복궁의 이름을 짓기도 한 지혜로운 문신이자 학자이기도 합니다.

· **조광조** – 사림 정치로 국가를 개혁하려 한 정치가 171

조광조는 조선 전기의 학자이면서 정치가예요. 아마도 그의 이름을 들으면 많은 사람들이 '벌레가 파먹은 나뭇잎'을 떠올릴 것입니다. '주초위왕(走肖爲王)', 조(趙=走+肖) 씨가 왕이 된다는 이 나뭇잎이 결정적인 역할을 하는 바람에 중종의 총애를 받던 조광조는 결국 사형에 처해졌습니다.

· **이이** – 현실적인 개혁 정치를 구상한 대학자 183

개혁 정치를 펼치며 세상을 다스리는 능력이 뛰어났던 이이는 이황과 함께 조선 성리학을 대표하는 인물이에요. 16살의 어린 나이에 어머니인 신사임당을 잃고 금강산에서 도를 닦으며 성장했던 이이는 뛰어난 철학으로 개혁 정치를 펼쳤습니다. 그가 이 세상을 떠날 때 자손들에게 남긴 재산은 없었지만 그가 남긴 저서들은 지금까지 우리들에게 그의 사상을 전하고 있답니다.

· **박지원** – 청의 문물을 받아들이자고 주장한 북학파의 거두 195

'이용후생'의 실학을 강조한 박지원은 청에 가서 많은 것을 접하고 배우며 생각을 바꾼 북학파의 거두예요. 그의 주장은 이렇습니다. 상공업을 진흥시킬 것, 물자를 운반할 때에는 수레와 선박을 이용할 것, 그리고 화폐를 유통시킬 것 등입니다. 그는 또한 허례허식에 빠진 양반 사회를 문학으로 날카롭게 비판한 소설가이기도 합니다.

· **홍경래** – 서북 지방의 차별대우에 항거한 반란군 대장 207

평안도 지방 출신의 홍경래는 지역에 의해 차별 받는 부당함을 없애고, 세도 정치하에서 고통 받으며 생활하는 백성들을 위해 난을 일으킨 인물이에요. 그는 10여 년간의 준비 끝에 마침내 자신과 뜻을 함께하는 사람들과 함께 봉기를 일으켰답니다.

IV. 조선 말기 · 대한제국

· **박규수** – 나라의 문을 활짝 연 개화사상가 **220**

당시의 초기 개화파가 중인 출신이었던 것에 비해 박규수는 양반 출신으로 개화사상을 주장하고 또 직접 실천에 옮긴 사람이에요. 그는 성리학적 세계관에서 탈피하여 우리나라를 둘러싼 중국과 일본의 상황을 파악하고 우리 스스로 문호를 개방해야 한다고 주장하였습니다.

· **김옥균** – 근대적 자주 국가를 열망한 급진개화파 **231**

김옥균은 양반이면서도 양반 체제를 타도해야만 조선이 발전할 수 있다고 주장한 사람이에요. 그리고 그는 근대 국가를 좀 더 앞당기기 위한 개혁을 시도했지만 결국 '3일 천하'로 끝났습니다.

· **전봉준** – 반봉건, 반외세 투쟁을 전개한 혁명가 **244**

전봉준은 그 유명한 녹두장군이에요. 19세기 말 백성들을 괴롭히는 부패한 관리에 저항하고, 청 · 일 전쟁을 일으키면서 조선의 내정에 간섭하려 한 일본에 항거하여 동학 농민 운동을 일으켰지요. 그때 혁명적 개혁 조항을 실천에 옮겼던 조선을 대표하는 혁명가였답니다.

V. 일제 강점기

· **신채호** – 민족사관을 수립한 역사학자이자 독립 운동가 **260**

신채호는 단호하고 대쪽 같은 성격으로 일생을 살았어요. 여러 독립 운동 단체에서 활동했으며, 무엇보다 민중 혁명을 통하여 독립을 이룰 것을 주장하였고, 근대 민족주의 역사학의 기반을 마련하였습니다.

· **한용운** – 민족시인이자 조선의 독립을 위해 투쟁한 승려 **273**

한용운은 시인이자 독립 운동가이며 승려예요. 빼앗긴 나라를 되찾기 위해 독립 운동에 앞장섰으며, 우리 불교계를 일본의 지배로부터 지키기 위해 개혁할 것을 주장하였습니다. 한용운은 일제에 저항하다 궁핍한 생활로 생을 마감했지만 우리는 지금도 그가 지은 「님의 침묵」을 기억하고 있습니다.

· **김구** – 조국의 독립을 위해 몸 바친 임시 정부의 주석 **285**

김구는 대한민국 임시정부의 주석으로 독립을 위해 끝까지 투쟁하였고, 광복 이후에는 38선을 넘나들며 우리 민족의 통일을 위해 노력하였습니다. 그러나 통일을 보지 않고서는 눈을 감을 수 없다던 김구는 안타깝게도 이미 세상을 떠났고, 우리는 아직까지 분단의 아픔을 안고 있습니다.

1. 고조선 삼국 시대

- **위만** – 철기 문화로 강력한 고조선을 만든 왕
- **올파소** – 사회 복지 제도를 실현시켜 가난한 백성을 구제한 국상
- **연개소문** – 당나라에 당당히 맞서 고구려의 자존심을 드높인 대막리지
- **원광** – 불교의 토착화에 힘쓰고 화랑도의 세속오계를 만든 승려
- **장보고** – 해상기지를 세워 신라인을 보호하고 국제무역을 주도한 장군

철기 문화로 강력한 고조선을 만든 왕
위만
(衛滿, 재위 기원전 194~?)

●● 우리나라 최초의 국가는 고조선이에요. 기원전 2세기경(고조선 후반기)에는 위만이라는 사람이 집권하게 되었지요. 그는 중국에서 자신을 따르는 무리를 이끌고 내려와 서쪽 지방의 국경 수비를 맡고 있다가 세력이 커지자 고조선의 왕을 내쫓고 왕이 된답니다. 위만이 고조선의 왕이 될 수 있었던 것은 그가 우수한 철제 무기를 소유하고 있었기 때문이에요.

위만이 살았던 곳이 고조선이 아니라고?

고조선은 청동기 시대 때 세워진 우리나라 최초의 국가입니다. 고조선을 세운 사람은 단군 왕검이었으며, 그 후 고조선은 단군의 자손들이 왕위를 계승하며 통치하고 있었습니다. 그러다가 기원전 2세기 말에 쿠데타가 일어나 고조선의 왕조가 교체되는 역사적 사건이 일어납니다. 과연 누가 고조선의 왕위를 차지하게 되었을까요? 그 사람이 바로 '위만' 입니다.

위만이 살았던 곳은 원래 고조선이 아니었습니다. 그런데 그가 어떻게 고조선의 왕이 될 수 있었을까요? 위만이 살았던 시기의 중국은 '진(秦)·한(漢) 교체기'의 혼란의 시대였습니다. 오랜 분열의 시대이던 전국 시대(기원전 403~

단군의 영정

16

기원전 221를 통일한 진나라가 기원전 206년에 멸망하고, 수십 년간에 걸친 전쟁과 혼란을 수습한 한나라가 새로운 국가체제를 갖추는 시기였답니다. 그러던 중 한나라가 국가의 영역을 정비하고 각 지역을 다스리는 제후들을 임명하는 과정에서 많은 사람들이 살던 터전에서 쫓겨나 유랑을 하게 되었는데, 이들을 '유민'이라고 합니다. 위만은 사실 이러한 유민들을 이끄는 지도자였습니다. 그가 살았던 나라는 전국 시대에 가장 세력이 컸던 7웅 중 하나인 연(燕)나라였는데, 위치가 고조선과 가장 가까웠습니다.

　　위만은 연나라 왕인 노관의 신하였습니다. 노관은 한나라가 중국을 통일하고 천하를 정비하는 과정에서 적극 협력하던 사람이었습니다. 그러나 나라가 틀을 갖추게 되자 한나라 조정은 한나라 왕실과 성이 다른 이성(異姓) 제후들을 정치적으로 탄압하기 시작하였고, 이에 노관은 같은 입장에 있었던 이성 제후 7명과 함께 반란을 일으켰다가 관군에게 진압당하였습니다.

　　그래서 노관은 흉노족이 있는 곳으로 망명을 가게 되었고, 위만도 한나라 군대가 연나라를 점령하면서 신변이 위험해지자 서둘러 자신을 따르는 무리 1,000여 명을 이끌고 남하하여 고조선에 망명을 요청하였습니다. 이때가 노관이 반란을 일으킨 다음해인 기원전 194년이었습니다.

위만이 살았던 시대에 중국에서 사용된 명도전 화폐 우리나라에서도 발견되어 고조선이 연나라와 교류하였음을 알려 준다.

최첨단 하이테크 농기구를 들고 망명한 위만

당시 고조선의 국왕은 '준왕'이었습니다. 중국을 최초로 통일한 나라인 진나라의 진시황이 만리장성을 쌓을 때라고 기록이 전하고 있습니다. 준왕이 즉위하여 20여 년이 지났을 때, 중국의 진·한 교체기의 혼란을 피하여 연(燕)·제(齊)·조(趙) 지역의 주민이 내려와 고조선에 살기를 간청하였습니다. 준왕은 이들을 받아들여 서쪽 국경 지역에 살도록 하였습니다.

특히 위만은 1,000여 명이나 되는 무리를 거느리고 있었는데, 정중히 준왕에게 고조선의 국경을 지키는 임무를 맡겨 달라고 청하였습니다. 준왕이 보니 1,000여 명의 무리들이 소유한 무기는 철제 무기였고, 그들의 짐 속에는 고조선에 꼭 필요한 철제 농기구들도 있었습니다. 흡족한 마음이 든 준왕은 쾌히 위만의 제의를 받아들여 그로 하여금 서쪽 변경을 수비하는 일을 맡겼고, 벼슬도 내리어 그에게 박사(博士)라는 관직을 주었습니다. 그뿐만이 아니었습니다. 100리나 되는 토지도 하사하였고 신임한다는 표식으로 '규(圭)'도 주었습니다. '규(圭)'란 황제가 제후에게 주는 것인데 옥으로 만든 도끼와 창 등을 말한답니다. 그러한 사실로 준왕이 위만을 신임했다는 사실을 알 수 있지요.

그러나 위만의 야심은 매우 컸습니다. 고조선의 일개 국경수비대장에 해당하는 직함으로는 만족할 수가 없었던 것입니다. 그래서

농업 생산량의 향상을 가져왔던 철제 농기구 중 철제 보습

18

그는 자신이 데리고 내려온 유민들을 훈련시켜 강한 군단으로 만든 다음, 준왕에게 사람을 보내어 거짓 보고를 합니다. 한나라의 병사가 지금 쳐들어오고 있으니 당장 군대를 이끌고 수도로 들어가 왕을 호위하겠다는 내용이었습니다. 지금같이 통신이 발달한 시대가 아니기 때문에 국경에서 일어난 일은 국경을 수비하는 신하의 말을 그대로 믿을 수밖에 없던 것이 당시의 상황이었습니다. 준왕은 크게 놀라 그렇게 하라고 허락하였답니다. 그러자 위만은 갑자기 군사를 몰고 쳐들어가 준왕을 왕위에서 내쫓고 스스로 왕이 되었습니다. 그리고 도읍지를 왕검성(王儉城)에 정하였습니다.

위만 왕조의 고조선, 더욱 강력해지다

위만에게 왕위를 빼앗긴 준왕은 어떻게 되었을까요? 준왕은 위만의 공격을 도저히 막아 낼 수 없는 지경에 이르자 신하들과 궁궐 사람들을 이끌고 배를 타고 남쪽으로 탈출을 시도하였습니다. 당시 고조선의 영역에 속하지 않던 한반도 남쪽 지역은 한반도 북쪽의 고조선보다 사회 발전 단계가 뒤떨어진 모습이었습니다. 전하는 기록에 의하면 준왕은 이곳에서 왕이 되어 자신을 한왕(韓王)으로 칭하였다고 합니다.

한편 위만은 자신이 왕이 되었다 해서 국호를 새로 바꾸지 않았습니다. 그대로 '조선'이라 하고 강대한 통일제국인 한나라의 울타리 밑에 있기를 자처하였습니다. 만약 협력하지 않을 경우 한나라가 쳐들어올지 모른다고 생각하였기 때문입니다. 때는 한의 혜제(惠帝, 기원전 195~기원전 188)와 고후(高后, 기원전 188~기원전 180) 시절이었습니다. 위만은 중국 변방의 이민족들이 침입해 들어오지 못하도록 우수한 철제 무기를 바탕으로 견제하면서 고조선의 영토를 넓히는 데 노력하였습니다. 그리하여 위만 통치 시기에 고조선은 한의 군현인 진번과 임둔을 포함한 주변 지역을 차지하여 사방 수천 리가 고조선의 영토가 되었고, 고조선 역사상 가장 경제적으로 윤택한 시기가 되었습니다.

위만이 다스리는 고조선은 발달된 철기 문화를 바탕으로 주변 부족과 활발한 교류를 하였을 뿐만 아니라, 중계무역으로 막대한 이익을 독점하였습니다. 특히 우거왕 때에 이르러서는 군사력과 경제력에서 강대국이 되어 남쪽의 진국(辰國)을 비롯한 여러 나라가 한과 직접 통교하는 것을 가로막고 중계무역의 이익을 독차지하였습니다. 중계무역은 고조선에 막대한 부를 가져다주었지만, 한나라는 고조선을 눈엣가시와 같은 존재로 여기게 되었습니다. 드디어 한나라의 무제는 고조선의 세력 확장을 막는 동시에 고조선이 북방의 흉노족과 연결되는 것을 미연에 방지하기 위해 대규모 침공을 감행합니다.

우거왕은 수도인 왕검성의 성문을 굳게 닫고 근 1년간 굳게 항전하였습니다. 이때 고조선이 로마와 승부를 벌일 정도의 세계 대제국이었던 한나라와 싸우면서 1년 가까이 버틸 수 있었던 것은 철기 문화를 바탕으로 하는 강력한 철제 무기를 보유하고 있었기 때문입니다. 이 당시의 묘를 발굴하면 한결같이 철제 단검, 철제 창, 철제 도끼들이 대량으로 발굴됩니다. 게다가 전쟁용 전차로 추정되는 거여구(車輿具)도 발견되고 있습니다. 고조선이 정복 활동이 활발한 군사대국이었음을 입증하는 유물입니다.

고조선 시대 철제 무기들

그러나 치열한 항쟁을 벌였던 고조선은 안타깝게도 기원전 108년 결국 한나라에 멸망당합니다. 그리고 고조선 영토에는 낙랑, 진번, 임둔, 현도 등의 한사군(漢四郡)이 설치되었습니다.

위만이 쓴 국사 교과서

철제 농기구 사용을 권장한 위만

우리나라에 철기 문화가 처음 들어온 것은 기원전 5세기경으로 생각됩니다. 그러나 한반도 남부 지역에 철기 문화가 전파된 것은 그로부터 수백 년이 지난 시기였답니다. 워낙 사회 발전 단계가 늦은 시기였기 때문에 위만이 남하하기 전까지만 하여도 고조선은 아직도 청동기를 사용하는 국가 단계에 머물러 있었던 것이 사실입니다. 철제 무기나 철제 농기구가 일반화되지 못하다 보니 고조선의 일반 백성들은 아직도 돌도끼나 홈자귀, 괭이 그리고 나무로 만든 농기구로 땅을 개간하여 곡식을 심고, 가을에는 반달돌칼로 이삭을 잘라 추수하던 상황이어서 농업 생산력은 크게 향상되지 못하였습니다.

준왕을 내몰고 고조선의 왕으로 즉위한 위만의 입장에서는 고조선 백성들의 마음을 사로잡는 것이 중요하였습니다. 또한 새로운 집권자로서 고조선을 정치적으로 안정시키고 경제적으로 부강하게 만드는 것이 필요하였습니다. 따라서 위만은 철제 무기로 무장하여 반대 세력을 제어하는 한편 백성들에게는 나무나 돌로 만든 농기구 대신에 철제 농기구를 사용하도록 널리 권장하여 농업 생산력을 향상시켰습니다.

22

위만 왕조가 성립되면서 고조선 전역으로 확산된 철제 농기구의 사용은 농업 생산력을 비약적으로 향상시켜 농업과 수공업이 더욱 발전하였고, 대외교역도 확대되었습니다. 생산력의 향상은 더욱 많은 잉여 생산물을 만들어 냈고, 지배층은 피지배층에 비하여 더욱 많은 생산물을 차지하게 되면서 사회의 계급 분화가 촉진되기 시작하였습니다.

농민들 중에는 철제 농기구를 사용하기 위하여 무리하게 빚을 끌어서 농사를 짓다가 흉년이 들어 빚을 갚지 못하고 노비로 전락하는 사람들이 발생하게 되었습니다. 반대로 지배층 중에는 위만의 집권 과정에 참여한 대가로 하사받은 토지를 농민들에게 빌려 주어 많은 수확량을 올리기도 했습니다. 그리고 빚을 진 농민들을 노비로 거느리면서 정치적 권력은 물론 경제적인 부까지 획득하게 된 사람들이 나타나게 되었답니다. 이와 같이 위만의 집권은 단순한 정권 교체가 아니라 사회 전체 구조를 흔들어 놓는 결과를 낳았다고 할 수 있지요.

교과서로 점프

●● 중학교 국사 – 고조선의 성장과 변천
기원전 2세기경 서쪽 지방에서 세력을 키운 위만이 준왕을 몰아내고 고조선의 왕이 되었다(기원전 194). 이 시기에 철기 문화가 확산되면서 고조선은 이를 바탕으로 주위의 여러 부족을 통합하여 세력을 크게 확장하였다.

철기의 사용으로 더욱 강력해진 고조선

위만은 경제적 발전을 기반으로 정치적 통합에도 박차를 가하였습니다. 중국에서 내려온 유민 집단으로만 지배층을 구성할 경우 고조선에 소속되어 있던 토착 세력의 반발이 있으리라는 사실을 간파한 위만은 토착 세력과 유민 세력을 결합시킨 연합정권을 구성하였습니다. 위만 왕조의 고조선이 확고한 부자상속제를 실시하였다는 사실은 입증할 길이 없으나 고조선 멸망 당시의 왕이 위만의 손자였던 우거왕이었던 것으로 추정해 볼 때, 고조선의 왕위 계승은 부자상속제가 실시된 것으로 생각됩니다. 위만은 토착 세력의 반발을 막기 위하여 고조선의 각 지방에서 강력한 힘을 발휘하고 있는 족장들을 중앙 관직으로 편입시켜 국가체제를 갖추어 나갔습니다. 당시 관직으로는 문관에 해당하는 상(相), 대신(大臣)이 있고, 무관에 해당하는 장군직이 있었으며, 국가의 정점에 국왕이 존재하는 통치체제를 갖추고 있었습니다.

그러나 중앙집권체제를 이루던 삼국시대같이 율령이 정해지거나 관리의 등급에 따라 복색을 갖추는 모습은 아니었고, 중앙에서 지방을 다스리기 위하여 관리가 파견되는 국가 구조도 아니었답니다. 그렇지만 강력한 철제 무기를 소유하고 있었기 때문에 주변 지역을 아우를 수 있었습니다. 우수한 철제 무기와 군사력을 바탕으로 주변 지역을 쳐들어가 광대한 영토를 확보하였으며, 정복 지역에 대해서는 절대 복종을 요구하고 공물을 바치도록 하는 등의 지배 관계를 이끌어 갔던 것입니다.

위만이 집권한 고조선의 사회 구성은 왕과 지배층인 귀족, 촌락

24

의 일반 백성 그리고 노비로 구분됩니다. 지배층은 토지와 노예를 소유하고, 말이 끄는 수레를 타고 다녔으며 금빛 나는 청동 단추가 장식된 장화를 신고 다녔답니다. 아직 발굴이 진행되고 있지는 않지만 역사학자들은 위만 집권 시기에 왕이 머무르는 궁궐이 기와를 얹은 목조 가옥 형태로 지어졌을 것이라 생각합니다. 그 근거는 무엇일까요? 그 이유는 연나라의 수도이던 연하도에서 많은 기와가 발굴되었기 때문입니다. 위만이 연나라에서 내려왔기 때문에 연왕이 살았던 궁궐이나 연의 지배층이 살았던 가옥을 모방하여 궁궐을 건축하였을 것으로 추정하는 것이랍니다. 또한 평양이었을 것으로 짐작되는 당시 수도인 왕검성의 인구는 수천 명 이상일 것으로 추산하고 있으며, 지배층들이 거주하는 지역이 따로 생겨났을 것으로 추측됩니다.

한편 고조선에서 자체적으로 화폐를 만들었다는 기록은 나오지 않으나 중국의 화폐인 명도전, 오수전 같은 화폐가 발굴되고 있는 것으로 보아 지배층 사이에서 제한적이나마 이러한 중국 화폐가 유통되었을 가능성도 있습니다.

이 당시 고조선의 백성들은 미송리식 토기로 명명된 표주박 형의 무늬 없는 토기를 사용하였으며, 자급자족을 넘는 풍족한 생산 단계에 이르러 곡물은 물론, 철제 무기, 철제 공구, 철제 농기구 등의 물건을 교역하는 수준이 되어 시장도 발생하였을 것으로 추정됩니다.

고조선에서 주로 사용된 미송리식 토기

교과서로 점프

●● 고등학교 국사 – 국가의 형성

그 후 위만은 수도인 왕검성에 쳐들어가 준왕을 몰아내고 스스로 왕이 되었다 (기원전 194). 위만 왕조의 고조선은 철기 문화를 본격적으로 수용하였다. 철기의 사용은 농업과 무기 생산을 중심으로 한 수공업을 더욱 융성하게 하였고, 그에 따라 상업과 무역도 발달하였다.

궁금한 건 못 참아!

중국의 유민이던 위만이 집권한 고조선을 중국의 정복왕조로 보지 않는 이유는 무엇일까요?

만약 위만이 중국 사람이고 위만이 집권한 나라가 중국 사람이 세운 정복왕조라고 한다면 위만이 왕이 된 다음에는 가장 먼저 국호부터 바꾸었을 것입니다. 중국 왕조가 세운 나라들은 진(秦),한(漢)과 같이 한자어 한 글자로 되어 있답니다. 그런데 위만은 자신이 내몰았던 준왕의 국가체제를 그대로 이어받아 국호를 바꾸지 않고 그대로 '조선'으로 칭하였습니다.

게다가 자신이 데리고 내려온 유민 세력들에게만 지배층의 권력을 주거나 고조선 사람들을 탄압하는 정치를 행하지 않았다는 점도 주목해야 합니다. 우리나라 역사상 최초의 연합정권이라는 역사적 평가에 걸맞게 지배층에는 토착 세력 출신으로 높은 지위에 오른 자가 많았습니다. 따라서 역사학자들은 위만이 집권한 고조선을 중국의 정복왕조로 보지 않고 고조선 내의 권력 이동에 의해 생긴 정권으로 보고 있습니다.

역사 토막 뉴스

위만과 상투

위만이 집권하는 과정을 기록한 역사서로는 중국 전한의 역사학자 사마천이 쓴 『사기(史記)』와 후한의 역사학자 반고가 쓴 『한서(漢書)』가 있습니다.

이러한 역사서들에서 위만은 '연나라 사람'으로 기록되어 있습니다. 일제 강점기 식민지 시대 역사학자들은 이러한 기록을 근거로 위만이 집권한 시기의 고조선을 중국인이 조선 땅에 세운 식민 정권으로 보았습니다. 그렇다면 과연 위만은 중국 사람이었을까요? 최근의 연구 성과는 그렇지 않을 가능성이 높다는 결론을 내리고 있습니다. 중국의 역사서는 하나같이 위만이 고조선으로 내려올 때에 1,000여 명의 무리를 데리고 오면서 "상투를 틀고 오랑캐의 복장[만이복(蠻夷服)]"을 하고 왔다고 적어 놓고 있기 때문입니다.

'상투'란 우리나라 성인 남자의 전통적인 머리 형태로, 성년이 되기 전에 머리를 길게 늘어뜨리고 있다가 혼인하거나 성년이 되는 관례를 치르면서 머리카락을 틀어 올려 잡아매는 것을 말합니다. '만복'이란 '오랑캐들이 입는 옷'이라는 뜻입니다. 중국은 전통적으로 우리나라를 동쪽 오랑캐로 불러 왔습니다. 따라서 만복이란 우리 민족이 입는 한복을 말하는 것이랍니다. 그렇다면 위만은 왜 한민족임을 나타내는 상투와 한복의 복장으로 내려온 것일까요?

단지 준왕의 호감을 사기 위한 것일까요?

　근래에 학자들은 중국 동북 지역에 동이족(조선족)이 살고 있었다는 사실과 위만이 준왕을 몰아내고 왕이 된 다음에도 고조선의 국가체제를 그대로 이어 간 것, 또 고조선 주민의 지지를 받았던 점으로 보아 그가 연나라 사람이기보 다는 연나라에 살고 있던 동이족, 즉 한민족일 가능성을 강력히 제기하고 있 습니다. 또한 위만이 정권을 차지한 후 지배계층에 토착 세력을 등용했다는 점도 주목하고 있습니다. 따라서 중·고등학교 국사 교과서에서도 고조선과 구분되는 위만 조선이라는 칭호보다는 "위만 왕조의 고조선"으로 칭하거나 위 만이 준왕을 내쫓고 "고조선의 왕"이 되었다고 표현하고 있답니다.

농사꾼 을파소, 국상이 되다

을파소는 고구려 제2대 왕인 유리왕 때의 대신 을소(乙素)의 후손입니다. 그는 서압곡(西鴨谷) 좌물촌(左勿村)에서 농사를 짓고 있던 농민이었습니다. 그러던 그가 어떻게 하여 지금의 국무총리직과 같은 국상 자리에 오른 것일까요? 그 이유를 알기 위해서는 먼저 그를 국상 자리에 오르게 한 고국천왕에 대하여 알아보는 것이 필요합니다. 고국천왕은 고구려 19대 왕입니다. 왕이 되기 전의 이름은 이이모인데 18대 왕인 신대왕의 둘째 아들이었습니다. 왕자로서 위엄 있는 면모에 매우 용맹할 뿐만 아니라 힘도 세서 무거운 가마솥도 번쩍 들었다고 전해집니다. 게다가 지혜롭고 마음도 너그러워 대신들 사이에 신망이 두터웠습니다. 이에 비하여 신대왕의 장남인 발기는 생각이 짧고 어리석어 왕이 될 자질이 부족하였습니다. 당시 고구려는 아직 부자상속제가 실시되지 않은

29

상태여서 왕이 죽으면 왕위를 계승할 자격이 있는 사람들 중 현명한 사람을 추천하여 왕으로 삼고 있었습니다. 대신들은 당연히 발기 대신 둘째 아들인 이이모를 추천하여 왕으로 세우니, 그가 고국천왕입니다. 이때가 179년이었습니다.

즉위 후 5년째 되던 해인 184년에 고국천왕은 후한 요동 태수의 침략을 좌원에서 막아 냈고, 190년과 191년 사이에는 막강한 권력을 휘두르고 있었던 귀족 세력인 좌가려(左可慮)와 어비류(於卑留)의 반란을 진압하였습니다. 고국천왕은 반란을 진압한 다음에 어지러운 국정을 이끌어 나갈 인물을 널리 구하게 되었는데, 권력의 단맛을 알고 있는 귀족 가문보다는 집안이 별 볼 일 없다 하더라도 백성들의 어려움이 무엇인지 잘 알고 있는 사람을 등용해야겠다고 생각하였습니다. 주변에서 처음에는 안류라는 사람을 추천하였으나 안류가 오히려 극구 사양하면서 을파소를 추천하게 됩니다. 을파소는 먹고 살기 위해 농사를 짓고 있으나 지혜롭고 곧은 사람으로 나라를 이끌어 가기에 매우 적합한 사람이라는 것이었습니다. 이 말을 들은 고국천왕은 크게 흡족해하며 예를 갖추어 사람을 보내 을파소를 데려오게 하였습니다.

궁궐에서 심부름 나간 사람들이 좌물촌에 도착하였을 때 을파소는 농사를 짓고 있었습니다. 얼굴에는 땀이 비오듯 흘러내리고 있었으며 복장은 매우 남루하였습니다. 그러나 감히 함부로 하기 어려운 위엄과 날카롭게 반짝이는 눈빛을 가지고 있었습니다. 그가 원래부터 농민이었던 것은 아닙니다. 그의 할아버지인 을소는 고구려 2대 왕인 유리왕의 대신이었답니다. 그러나 을소 이후 집안이 몰락하여 부친은 관직

에 나가지 못하였고, 을파소도 생계를 이어가기 위해 농사를 지을 수밖에 없었던 것입니다. 그는 학식이 깊으면서 날카로운 식견을 소유하고 있었고 관용을 알면서도 단호한 점이 있었습니다. 다만 자신을 알아주는 사람이 나타나지 않았으므로 한적한 시골에서 농사를 짓고 있었던 것입니다. 이러한 그를 고국천왕이 불러들여 국상에 임명하기로 한 것이지요.

　　을파소가 국상에 임명되자 중앙 귀족들은 그를 시기하고 미워하며 복종하려 하지 않았습니다. 보잘것없는 가문 출신의 사람이 갑자기 왕의 명령에 의하여 국가의 재상이 되었으니 귀족들의 불만은 이만저만이 아니었습니다. 이렇게 보고 저렇게 보아도 자신들보다 능력이 없어 보였기 때문입니다. 그래서 그들은 두세 명만 모이면 을파소를 헐뜯고, 어떻게 하면 그를 국상에서 내쫓을까 궁리하였습니다. 그러던 어느 날, 귀족들이 을파소 말을 제대로 듣지 않고, 은밀히 모의를 하고 있다는 말이 고국천왕의 귀에 들어갔습니다. 고국천왕은 크게 노하여 귀천을 막론하고 국상에게 복종하지 않는 자는 큰 벌을 내리며 가족들까지 목숨을 보전할 수 없다는 점을 분명하게 밝혔습니다. 그러자 귀족들의 시기와 모략이 잠잠해졌습니다. 을파소는 이러한 고국천왕이 고마워 다음과 같이 말하였고, 올바른 정치를 하기 위해 더욱 노력했답니다.

> 때를 만나지 못하면 숨어서 살고, 때를 만나면 나아가 벼슬하는 것은 선비의 당연한 일이다. 지금 임금께서 정성으로 따뜻하게 나를 대우하시니, 어찌 과거의 숨어 지내던 은거를 다시 생각할 것인가?
>
> —『삼국사기』 권 45, 「을파소전」

고구려는 2세기, 서양은 17세기?

을파소가 시행한 가장 대표적인 정책은 고국천왕 때인 194년 10월에 실시한 '진대법(賑貸法)'입니다. 진대법에서 '진'이란 흉년에 굶주리는 사람들에게 곡식을 무상으로 나누어 주는 것을 뜻하고, '대'란 가난한 사람들에게 봄에 양곡을 대여하고 가을에 추수 후 거두어들인다는 뜻입니다. 고국천왕은 을파소가 건의한 진대법을 그대로 시행하게 하였습니다. 이에 따라 매년 음력 3~7월 사이에 관가의 곡식을 호구 수에 따라 차등을 두어 대여하였다가 10월에 반납하게 하는 진대법이 시행되었습니다. 이러한 진대법은 2세기에 우리나라에서 최초로 시행한 것이며, 사회 복지 제도가 잘 되어 있는 서양보다 훨씬 앞선 것이었습니다. 서양에선 17세기 엘리자베스 여왕 시대에 '구빈법'이라는 사회 복지 제도를 처음으로 실시했으니까요.

　　『삼국사기』에는 203년 8월 을파소가 죽었을 때 온 나라 사람들이 통곡하며 슬퍼하였다는 기록이 있습니다. 이것은 그가 행한 일들이 얼마나 백성의 입장에서 백성을 살리기 위하여 실시하였던 정책들이었는지를 여실히 보여 주는 것입니다.

고구려 국상 을파소의 이야기가 실려 있는 『삼국사기』

을파소가 쓴 국사 교과서

삼국 시대 농민들의 비참한 현실

을파소가 살던 삼국 시대 초기는 고대국가가 성립되는 시기로 주변 부족들을 대상으로 활발한 정복 활동이 전개되던 때입니다. 삼국은 정복 지역의 전쟁 포로를 귀족이나 전쟁 중에 공을 세운 사람에게 나누어 주었는데, 이 과정에서 농민들은 토지를 잃고 노비로 전락하거나 귀족들의 토지를 경작하여 세금을 바치는 가난한 소작 농민이 되었답니다. 정복당한 사람들로서 새로운 주인을 섬기게 된 농민들은 삼국의 일반 백성들보다 더 많은 노동을 해야 했고, 신분적 차별을 받으며 수모를 겪어야 했습니다.

그렇다고 일반 농민들의 모습도 경제적으로 여유가 있는 것은 아니었습니다. 국가에서는 전쟁을 수행할 때마다 필요한 군수물자를 농민에게 거두었고, 그들 자신이 군사가 되어 전쟁에 참가해야 했기 때문입니다. 게다가 귀족들은 부를 향유하는 소비계층일 뿐이었고, 모든 생산 활동은 백성들의 몫이었습니다. 성벽을 쌓고 산성을 수리하는 일도 '부역' 이라는 이름하에 의무적으로 참가해야 했습니다. 백성들이 국가에 내야 하는 세금도 힘에 겨웠습니다. 고구려의 경우, 농민들은 인두세라고 하여 한 사람당 포목 5필에 곡식 5섬을 내야 했고, 특산물이라 하여 왕족이나 귀족들의 식탁에 오르는 과일, 고기와 가죽 등 여러 가지 물건들도 바쳐야 했답니다. 홍수나 가뭄이 닥치지 않은 평년작 정도의 작황이라면 근근이 국가에서 요구하는 세금이나 귀족들에게 바쳐야 하는 각종 특산물까지 그런 대로 감당할 수 있었지만 가뭄이 계속되어 흉년이 닥치면 굶어 죽는 사람이 속출하였습니다. 게다가 귀족들은 백성들에게 비싼 이자로 곡식을 꿔주다가 갚지 못하면 노비로 삼는 일까지 자행했으니 농촌 사회는 평화롭기보다는 흉년이 닥치면 노비로 신분이 바뀔지 모른다는 불안감 속에서 암울한 모습이었습니다.

을파소는 이러한 시기에 국상이 되어서 흉년이나 가뭄이 들어도 농민들이 안심하고 생계를 유지할 수 있도록 하는 국가적 제도를 실행하도록 건의한 사람입니다.

교과서로 점프

●● 고등학교 국사 – 삼국의 사회 모습
백성들은 대부분 자영 농민으로서 국가에 조세를 바치고 병역의 의무를 지며 토목 공사에도 동원되었다. 이들의 생활은 불안정하여 흉년이 들거나 빚을 갚지 못하면 노비로 전락하기도 하였다. 고국천왕 때 시행한 진대법은 가난한 농민을 구제하기 위한 시책인데, 먹을거리가 부족한 봄에 곡식을 빌려 주었다가 가을에 추수한 것으로 갚도록 한 제도였다.

진대법을 시행하여 국가 경제를 살린 을파소

만약 고국천왕이 시행하도록 허용하지 않았다면 진대법은 시행되기가 어려웠을 것입니다. 을파소가 연구하여 건의한 진대법이 실시되기까지에는 고국천왕 자신이 겪은 경험이 중요한 계기가 되었습니다.

을파소가 국사를 관장한 지 3년째 되는 해인 194년 가을이었습니다. 7월에 서리가 내리는 바람에 애써 농민들이 잘 경작해 오던 곡식이 헛된 농사가 되고 말았답니다. 겨울이 되었을 때 고국천왕은 질양이란 곳으로 사냥을 나갔습니다. 즐거운 마음으로 말을 달리며 사냥터를 향하여 가고 있는데 갑자기 이상한 광경이 눈앞에 들어왔습니다. 어느 농부가 길바닥에 주저앉아 서럽게 울고 있는 것입니다. 고국천왕이 다가가서 그 농부에게 왜 우느냐고 물어보았습니다. 그랬더니 그가 다음과 같이 대답하는 것이었습니다. "신은 가난하고 궁해서 항상 품을 팔아 어머니를 봉양하였는데, 올해 흉년이 들어 품 팔 데가 없어 한 되, 한 말의 곡식도 얻을 수가 없습니다. 어머니께서 굶으실 생각을 하니 억장이 무너지는 것 같아서 울고 있사옵니다." 이 말을 들은 고국천왕은 크게 뉘우치며 탄식하였습니다. "아! 내가 백성의 부모가 되어 백성들을 이런 극도의 상황까지 이르게 하였으니 이 모든 것은 나의 죄로다." 그러고는 그 농부에게 옷과 음식을 주어 위로하고, 국상인 을파소로 하여금 그들을 도울 수 있는 방법을 모색하도록 하였습니다.

백성들과 함께 동고동락하며 농사를 지어 보았던 을파소는 가뭄이 들면 먹을 것이 없어 굶어 죽기 일쑤이고, 가뭄이 들지 않는다 하여도 봄이 지나면 지난해에 추수한 곡식이 떨어져서 끼니를 제대로 이어

갈 수 없다는 사실을 잘 알고 있었습니다. 그는 왕의 뜻대로 지방 담당 관청들이 홀아비, 과부, 고아, 자식 없는 늙은이, 늙어 병들고 가난하여 스스로 살 수 없는 자들을 널리 찾아 구제해 주도록 하였습니다. 그리고 진대법을 만들어서 각 관청에서 시행하게 하였습니다. 진대법이란 음력 3월에서 7월 사이에 끼니를 이어 갈 수 없을 정도로 식량이 떨어져 굶주리는 백성들에게 가구 수에 따라 차등을 두어 관청이 보유하고 있는 곡식을 빌려 주고, 추수가 끝나는 10월이 되면 빌려 간 곡식을 다시 관청에 갚도록 하는 제도였답니다.

진대법이 시행되자 굶주림을 면하기 위하여 귀족들에게 비싼 이자를 감수하고 양식을 빌렸던 농민들이 이제는 안심하고 국가에서 빌리게 되었습니다. 이러한 진대법은 고구려 사회의 민생 안정과 국가 경제에 큰 도움이 되었습니다. 왜냐하면 진대법이 시행되기 전에는 귀족에게 빌린 곡식을 갚지 못할 경우 노비 신분으로 전락하는 농민이 부지기수로 늘면서 고구려 사회가 매우 혼란스러웠고, 노비가 되지 않기 위하여 야밤에 고향을 등지고 국경을 넘어 백제나 신라로 도망가는 농민들까지 나타났기 때문입니다. 국가의 백성인 농민들이 자꾸 이탈하면 거두어들일 세금이 부족하게 되고, 군대에 갈 사람도 없어지게 되는 것이죠.

진대법뿐만 아니라 을파소는 국상으로 있으면서 강력한 왕위계승제의 필요성도 역설하였습니다. 을파소의 의견을 받아들여 고국천왕은 지금까지 행해졌던 '대신추천제' 나 '형제상속제' 등의 왕위계승제를 '부자상속제' 로 바꾸어 왕권을 강화하였습니다.

을파소가 명재상이었던 것은 고국천왕에 이어 즉위한 산상왕 때에도 재상을 지냈다는 것을 보면 잘 알 수 있습니다. 『삼국사기』에는 을파소가 대를 이을 자식이 없어서 괴로워하는 산상왕을 달래는 내용이 기록되어 있습니다. 그는 누구보다 정치를 잘 해나간 능력 있는 재상이었기에 2대에 걸쳐서 임금을 섬길 수 있었던 것입니다.

교과서로 점프

●● 고등학교 국사 – 삼국의 경제 정책

아울러 농민 경제를 안정시키기 위하여 농업 생산력을 높일 수 있는 시책과 구휼 정책을 시행하였다. 홍수, 가뭄 등으로 흉년이 들면 백성에게 곡식을 나누어 주거나 빌려 주었다. 고구려 고국천왕 때 시행한 진대법이 바로 그것이다.

궁금한 건 못 참아!

삼국 시대부터 조선 시대까지 우리나라의 가난한 백성을 구제하기 위한 제도들에는 어떤 것이 있었을까요?

삼국 시대에 가난한 백성을 구제하기 위하여 실시한 제도는 고구려 때의 진대법뿐이었습니다. 그러다가 고려 시대에 이르러 태조 왕건이 '흑창'이라는 제도를 실시합니다. 흑창의 내용은 고구려의 진대법과 크게 다르지 않았습니다. 즉 봄에 무상으로 어려운 사람들에게 곡식을 꿔주었다가 가을에 갚게 하는 것입니다. 이 흑창 제도의 이름을 바꾸고 재원을 더욱 확충하여 실시한 것이 고려 성종 때 실시한 '의창'입니다.

또 고려 광종 때에는 빈민의 질병과 구호를 목적으로 하는 '제위보'라는 구휼기관도 있었습니다. 조선에서도 고려의 의창 제도를 계승하여 1392년 나라를 개국한 해에 실시하였습니다. 조선 후기에는 '환곡'이라는 이름으로 실시되었는데, 탐관오리들의 부정부패로 말미암아 백성들은 빌리지도 않은 곡식을 물어내는 사태까지 발생하게 됩니다. 이에 흥선 대원군은 환곡 제도를 과감히 없애고, 고을의 덕망 있는 사람을 사수에 임명하여 빌려 주는 곡식을 책임지고 관리하게 하는 '사창'을 실시하였습니다

 구휼 : 재난을 당한 사람이나 가난한 사람에게 식량이나 금품을 제공하여 도와주는 것

그래, 국상이라는 더 큰 직함이 필요해!

고국천왕 때 왕비를 배출한 집안들의 세력이 연합하여 반란을 일으킨 적이 있습니다. 이 난이 어비류와 좌가려의 난입니다. 고구려의 관리인 어비류와 좌가려는 모두 고국천왕의 왕후인 우씨 부인의 친척이었습니다. 이들의 난을 진압한 후 고국천왕은 권세 있는 집안이지만 덕이 없는 사람보다는 비록 집안은 별 볼 일 없어도 현명하고 덕망을 갖춘 사람을 등용해야겠다고 생각했습니다.

이때 신하들이 추천한 사람은 안류라는 사람이었습니다. 고국천왕이 안류를 불러 국사를 맡기려고 하자 안류는 극구 사양하면서 자신은 어리석고 능력이 없으나 서압록곡 좌물촌에 사는 을파소는 지혜로운 데다가 능력과 덕망을 한 몸에 갖춘 사람이니 불러서 등용하라고 간곡히 권유하였습니다. 고국천왕이 이 말을 듣고 을파소를 불러 이렇게 말하였습니다. "내가 선왕의 업을 이어 신민을 다스리고 있으나 덕이 부족하고 재주가 미치지 못하며 정치를 능히 잘하지 못하오. 선생은 능력을 감추고 지혜를 나타내지 않으면서 구차한 모습으로 시골에서 생활한 지 오래되었소. 앞으로 많은 가르침을 받으려 하니 공은 마음을 다하여 일해 주기를 바라오." 그러고는 당시로서는 매우 중책인 실무를

40

담당하는 관직인 '중외대부' 직에 임명하고 '우태'라는 명예로운 관등까지 내렸습니다. 그런데 정작 을파소는 이것을 정중하게 거절하면서 이렇게 말하였습니다. "신은 어리석고 느려서 엄명을 감당할 수 없사옵니다. 원컨대 대왕께서는 어질고 착한 사람을 뽑아 높은 관직을 주어 대업을 이루십시오." 전혀 관직에 오르지도 못한 사람에게 일거에 중요 관직과 관등까지 내렸는데 눈 하나 깜박하지 않고 거절해 버린 것입니다.

고국천왕은 괘씸하게 여기면서도 그 이유가 무엇인지 밤새 생각하였습니다. 그러다가 무릎을 탁 치며 다음과 같이 생각하였습니다. '더 높은 관직을 원하는 것일 게야. 그것도 그렇겠지. 왕후 집안을 비롯하여 중앙에 내로라하는 집안들이 줄줄이 있어 권력 다툼을 하고 있는데, 큰일을 하려면 더 큰 직함이 필요할 거야.' 이런 결론을 내린 고국천왕은 다시 을파소에게 지금의 국무총리에 해당하는 '국상'에 임명한다는 소식을 전하게 하였습니다. 아니나 다를까, 그 말을 들은 을파소는 그 직을 수행하겠다는 뜻을 밝혔습니다. 그리고 과거의 어느 재상보다 더 훌륭한 업적을 남겼답니다.

을파소는 이렇게 배짱과 용기를 가진 사람이었기 때문에 역사에 길이 이름을 남긴 명재상이 되었던 것입니다. 한편 고국천왕은 자신에게 내려진 벼슬을 마다하고 더 적격자인 을파소를 천거하였던 안류에게도 고마운 마음에 대사자의 직함을 내렸다고 전합니다.

연개소문

(淵蓋蘇文, ?~665)

●● 고구려의 대막리지 연개소문은 당을 막기 위해 쌓은 천리장성의 공사를 완수한 사람이에요. 그는 중국 역사상 최고의 강대국이라는 당나라의 침입을 당당히 막아 내었지요. 지금도 중국 사람들이 가장 즐겨 보는 경극에 중국인들을 두려움에 떨게 한 인물로 연개소문이 설정되어 있답니다.

영웅 중의 영웅 연개소문

연개소문에 대하여 일제 강점기의 민족 사학자였던 단재 신채호는 다음과 같이 평가하였습니다. "연개소문은 우리 4,000년 역사에서 첫째로 꼽을 수 있는 영웅이다." 그는 어떤 인물이었기에 이러한 역사적 평가를 받은 것일까요?

2005년, 연개소문의 장남 천남생의 묘지가 1,300여 년의 세월을 거쳐 낙양에서 모습을 드러냈습니다. 고구려가 멸망할 시기에 막리지를 지냈던 그의 묘지명에 의하면, 연개소문의 집안은 할아버지인 자유(子遊), 아버지인 태조(太祚)가 모두 막리지였던 고구려 최고 귀족 집안이었습니다.

연개소문의 어린 시절에 대한 기록은 거의 남아 있지 않습니다. 신채호는 중국 소설인 『갓쉰동전』이 바로 연개소문의 성장 과정을

43

나타낸 소설이라고 주장하였습니다. 갓쉰동의 '갓'은 연개소문의 이름 중 '개(蓋)'자를 '갓'이라고 읽었기 때문이며, '소문(蘇文)'은 중국어에서 '쉰'으로 읽으므로 '갓쉰동'은 곧 '연개소문'을 말하는 것으로 해석하였습니다. 또 강화도에서는 예로부터 연개소문이 강화도 고려산 북쪽 시루미산 태생으로 치마대(馳馬臺)와 오정(五井)에서 무예를 단련하였다는 전설이 내려오고 있습니다.

연개소문에 대한 가장 많은 역사적 기록을 남기고 있는 역사서는 고려 인종 때 김부식이 편찬한 『삼국사기』입니다. 그러나 『삼국사기』 열전에서는 그의 모습을 "매우 흉악하고 잔인한 사람"으로 표현하고 있습니다. 이것에 대하여 신채호나 박은식 같은 일제 강점기 때의 민족 사학자들은 김부식의 조상인 김춘추가 연개소문에게 붙잡혀 모진 수난을 겪었기 때문에 연개소문에 대한 객관적인 평가가 이루어지지 않고

44

왜곡된 시각으로 묘사되어 있다고 비판하고 있답니다. 그러면서도 『삼국사기』에는 연개소문의 모습을 위엄이 넘치고 웅대하며, 의지가 굳고 씩씩하여 절개가 있었다고 기록하고 있습니다.

연개소문이 막리지 자리에 오를 수 있었던 것은 동부대인이며 막리지였던 그의 아버지의 직위를 계승한 것이었습니다. 하지만 연개소문의 성품이 잔인하고 모가 난 점이 있어서 계승할 당시에 주변의 반대가 매우 심하였답니다. 그래서 연개소문은 임시로 동부대인직을 계승하는 것뿐이며, 만약 제대로 수행하지 못하면 물러가겠다고 귀족들을 간곡히 설득하여 겨우 직위를 승계 받을 수 있었습니다. 그 후 연개소문은 아버지의 직위를 이었을 뿐만 아니라 아버지의 뒤를 이어 천리장성 축조 책임자가 되었습니다.

연개소문 vs. 영류왕

연개소문이 정권의 실세를 잡은 것은 언제부터였을까요? 권력을 손에 쥐게 되는 결정적 시기는 642년(영류왕 25)입니다. 당시 그는 아버지의 뒤를 이어 천리장성 축조를 감독하고 있었습니다. 당시의 고구려 왕은 영류왕이었는데 연개소문의 존재를 매우 부담스러워하였습니다. 왜냐하면 연개소문은 누구보다도 용감하고 거침이 없으며 매서운 성격이어서 왕을 두려워하지 않았기 때문입니다. 마침내 영류왕은 귀족들과 함께 연개소문을 제거하기로 마음먹었습니다. 그러나 이 사실을 미리 알아 챈 연개소문은 동부의 군사를 사열한다고 하면서 귀족들을 초청한 다음 사열식에 열중하고 있는 틈을 타 귀족들을 죽이고, 그 길로 궁궐로 쳐들어가 영류왕을 죽인 정변을 일으켰습니다. 정변이 성공한 후에 연개소문은 왕의 조카인 장(臧)을 보장왕에 옹립하고 자신은 스스로 대막리지에 올라 실권을 잡았습니다.

널리 도교를 유행시켜라!

연개소문이 정변을 일으켜 정권을 잡을 당시의 동아시아의 정세는 숨 가쁘게 돌아가고 있었습니다. 수나라에 이어 새로운 중국의 주인공으로 당나라가 세워지면서 천하를 호령하고 있을 때이기 때문입니다. 그러나 당 건국 초기에는 당나라도 고구려도 서로 맞대응하는 것을 피했습니다. 고구려는 수나라와의 전쟁에서 입은 피해를 복구하는 것이 급선무였고, 당은 민심을 다스리는 한편 돌궐이나 고창국(비단길의 요지인 투루판에 위치)을 정복해야 하는 과제가 있었습니다. 이에 따라 두 나라는 사신을 교류하고 수나라와의 전쟁 때 붙잡혀 간 포로들을 교환하는 등 평화적 친선 관계를 유지하였습니다.

이러한 가운데 영류왕은 624년 당 고조에게 청하여 당나라에서 도교를 받아들였습니다. 642년 영류왕을 죽이고 정권을 잡은 연개소문은 도교에 대해 깊은 관심을 갖고 있었습니다. 그는 도교를 더 널리 유행시켜야겠다고 생각하였습니다. 그리하여 보장왕에게 다음

사신도 중 백호도 고구려에서 도교가 유행했음을 보여 준다.

과 같이 건의하였답니다. "삼교(三敎 : 유교, 불교, 도교)는 솥을 받치는 받침대와 같아서 하나라도 없어서는 안 되는 것입니다. 중국에서는 삼교가 함께 성행하고 있는데, 우리나라에서는 아직도 도교가 유행하고 있지 않으니 당나라에 사신을 보내어 도와 달라고 청하시기 바랍니다." 이에 왕이 643년 당나라에 사신을 파견하여 숙달(叔達) 등 도교의 도사(道士) 8명과 노자가 지었다고 전하는 『도덕경』을 고구려에 들여오게 하였습니다.

이후 연개소문에 의하여 도교는 고구려의 국가적인 종교가 되어 정책적으로 장려되었습니다. 이것은 연개소문이 불교를 믿고 있는 귀족들의 세력을 누르기 위하여 의도적으로 도교를 장려한 것으로 생각됩니다. 7세기경에 축조된 강서 우현리 대묘에 도교의 영향을 받은 사신도가 그려져 있는 것은 당시 고구려 상류층에 도교가 유행하고 있었다는 것을 증명하는 것입니다.

 ## 연개소문, 당나라에 당당히 맞서다

당 고조에 이어 당 태종 이세민이 황제가 되면서 당과 고구려 사이에는 다시 긴장이 고조되었습니다. 당 태종은 '현무문의 변'을 일으

---

tip **현무문의 변** : 당 태종 이세민이 왕위에 오르게 된 사건을 말한다. 이세민은 당 고조의 둘째 아들이었다. 당 고조의 맏아들이며 태자인 건성은 왕위를 동생에게 빼앗길 것을 두려워해 이세민의 공직을 빼앗고 그를 암살할 음모를 꾸미었다. 이 사실을 알게 된 이세민은 그의 지지자들과 궁궐문인 현무문(玄武門)에 숨어 있다가 입궐하는 형 건성과 그를 따르는 무리들을 모두 화살로 쏘아 죽이고 정권을 잡았다. 그래서 이 사건을 '현무문의 변'이라고 한다.

켜 그의 형을 화살로 쏘아 죽이고 왕위에 오른 잔인한 인물이었습니다. 하지만 '정관의 치'로 불릴 정도로 훌륭한 정치를 편 황제로도 유명합니다. 당 고조 시절부터 당의 천하 통일을 위하여 고구려의 오랜 동맹국인 돌궐을 만리장성 밖으로 몰아내었고, 그가 황제가 된 다음에는 고창국까지 멸망시켜 고구려를 제외하고는 당나라 주변의 나라들을 거의 제압하였습니다. 그러고는 고구려에 신라의 무리한 요구를 들어주라고 하는 등 여러 차례 압력을 가하여 왔습니다.

연개소문이 맞섰던 당 태종

　　　그러나 연개소문은 당 태종의 명령을 듣지 않고 강경책으로 맞섰습니다. 그러자 당 태종은 644년(보장왕 3)에 10년 동안 훈련시킨 정예 부대 20만 명을 이끌고 드디어 고구려를 공격해 들어왔습니다. 그가 내세운 고구려 침입의 구실을 알아볼까요? 첫째, 그는 고구려의 연개소문이 신하로서 왕(영류왕)을 죽인 것에 대하여 문책하겠다는 구실을 내세웠습니다. 둘째, 고구려가 신라를 못살게 굴며 신라 땅을 침범하지 말라는 당의 요구를 무시하였다는 구실도 내세웠지요.

tip

정관의 치 : 당나라 2대 임금인 태종의 훌륭한 정치를 일컬어 부르는 말이다. 당나라의 실질적 창업자인 당 태종은 밖으로는 이민족을 제압하여 국위를 떨쳤고, 안으로는 중앙집권을 강화하고 율령체제를 정비하였다. 또한 국자감을 세워 학문을 발달시키고 과거제도를 정착시켰으며, 재정, 조세, 토지 제도를 재정비하였다. 당시 태종의 연호가 '정관'이었다.

이때 당은 당차, 포차 등의 신무기를 앞세워 요동의 관문인 요동성과 요동 지방에 있는 난공불락(難攻不落)의 성으로 이름 높았던 백암성을 함락시키고 안시성을 포위하였습니다. 하지만 안시성은 함락되지 않았습니다. 60여 일이 넘는 사투를 벌이며 고구려군은 당나라의 공격을 막아 낸 것입니다. 퇴각 후에 당 태종은 연개소문에게 적군이지만 잘 싸웠다는 의미로 활과 의복을 보냈습니다. 그러나 연개소문은 이는 받되 답례품을 보내지 않았으며, 이후에도 당나라에서 사신을 통하여 글을 보내도 고분고분하게 응해 주지 않는 당당한 태도를 보여 주었습니다.

중국 경극에 연개소문이 등장한다고?

연개소문은 대막리지 자리에 있으면서 귀족들의 암투로 어지러웠던 정치를 바로잡고 권력을 자신에게 집중시켰습니다. 연개소문에게 감히 얼굴을 똑바로 들어 쳐다볼 자가 없을 만큼 반대자는 처형하여 엄중하게 다루었으며, 독재적인 면모를 보였습니다. 그렇다면 전쟁에서는 어떠하였을까요?

당 태종은 고구려를 패배시키지 못한 것에 한이 맺혀서 고구려를 치기 위하여 군함 수백 척을 건조하였고, 30만 대군을 이끌고 4번

tip 당차 : 당과 고구려와의 전쟁에서 당이 사용하였던 무기로 성문을 부수는 데 사용하였다. 커다란 쇠망치를 앞뒤로 흔들어 성문에 충격을 가하여 파괴하였다.
　　포차 : 당이 사용하던 무기로 성벽을 공격할 때 사용하였다. 일종의 투석기(投石機)로서 대포의 원리로 돌이 발사되는 것이다. 포차에 바퀴를 달아 끌고 다녔다.

고구려 벽화 수렵도 벽화 속의 주인공처럼 연개소문은 무예, 말타기, 활쏘기에 뛰어났다.

째 고구려 침공에 나설 준비를 하다가 숨을 거두었습니다. 연개소문은 안시성 싸움 이후에도 당나라가 일으킨 침공을 모두 막아 내었습니다. 당나라는 655년(보장왕 14), 658년(보장왕 17), 그리고 백제를 멸망(660)시킨 여세를 몰아 661년에도 침입해 왔습니다. 마지막으로 662년에는 당나라 장군 소정방이 평양성을 공격해 왔지만 연개소문이 진두지휘하는 고구려를 무너뜨릴 수 없었습니다. 특히 662년에 당군이 침입할 때는 연개소문이 직접 나서서 사수(蛇水) 언덕에서 접전을 벌여 당의 장수 방효태와 그의 아들 13명은 물론 당의 군대를 거의 몰살시키는 대승을 거두었습니다.

　　이 정도이다 보니 둔황의 막고굴에서 발견된 『토원책부(兎園策府)』(당나라의 과거시험 문제와 답안을 적어 놓은 책)에는 고구려 원정의 필요성이나 고구려 공격을 위한 각종 다양한 전술을 논하라는 문제들이 실려 있기도 합니다. 그뿐만이 아닙니다. 지금도 중국인들이 가장 즐겨 보는 경극 중에는 연개소문이 설인귀(당나라 장군)와 함께 주인공으로 등장하는 이야기가 있을 정도입니다. 이야기의 구성은 연개소문이 당 태종을 죽이려 하고 이것을 설인귀가 구해 주는 것으로 되어 있습니다. 중국을 둘러싼 수많은 이민족의 나라가 있었는데도 1,400여 년 전의 인물인 연개소문이 현재도 중국 경극의 주요 인물로 그려지고 있다는 것은 그가 얼

마나 중국인들을 공포에 떨게 만들던 전설적 인물이었는가를 여실히 보
여 주는 것입니다.

연개소문이 쓴 국사 교과서

당나라의 눈엣가시, 천리장성과 연개소문

연개소문은 7세기에 생존하였던 인물입니다. 고구려는 수나라의 백만 대군을 물리친 다음 새롭게 중국의 주인공으로 부상한 당나라의 침입을 막아 내기 위해 천리장성을 쌓았습니다. 천리장성은 그 이름처럼 무려 약 400km에 달하는 긴 장성입니다. 장성을 쌓은 기간은 631년(영왕 14)부터 647년(보장왕 5)까지 16년에 걸쳐 건설되었습니다. 연개소문이 막리지가 되기 전부터 연개소문의 아버지인 연태조는 천리장성의 축조 책임을 맡고 있었고, 그가 죽은 다음에는 연개소문이 그 직위를 이어받아 천리장성 축조의 책임을 맡았습니다. 그는 정변을 일으킨 다음에도 계속 공사를 하였는데, 당 태종의 1차 침입으로 잠시 공사가 중단되었다가 당 태종이 물러난 후에 속개하여 드디어 완공시켰습니다. 천리장성은 북으로 부여성[지금의 눙안(농안)]에서부터 남으로 비사성[지금의

천리장성 연개소문이 아버지의 뒤를 이어 축조 책임을 맡아 16년간의 공사 끝에 완성하였다.

다롄(대련)]까지 이어집니다. 천리장성은 연개소문의 당나라에 대한 강경책의 의지를 보여 주는 건축물이었고, 실제로 667년까지 수차례 당나라의 침입을 막아 내던 고구려의 굳건한 보루였습니다.

한편 신라는 7세기 무렵 한강 유역을 되찾기 위한 백제와 고구려의 공격을 받고 있었습니다. 훗날 태종 무열왕으로 등극하게 되는 신라의 김춘추는 능란한 외교 전술가로서 백제가 대야성 등 40여 개 성을 탈취하자 고구려를 찾아가 원군을 요청합니다. 그러나 고구려의 실권자였던 연개소문은 원병을 얻고 싶다면 신라가 빼앗아 간 고구려의 땅인 죽령 서북쪽의 땅을 먼저 내놓으라고 요구하였습니다. 김춘추가 승낙하지 않자 연개소문은 그를 감금시켜 버렸습니다. 기지를 발휘하여 고구려를 겨우 빠져나간 김춘추는 당나라에 이와 같은 사정을 전하며 고구려의 침입을 막아 달라고 간절히 청합니다.

당 태종은 신라의 청원을 들어주기 위하여 사농승(司農丞) 상리현장을 사신으로 보내 신라에 대한 공격을 그칠 것을 고구려에 요구하였습니다. 그러나 연개소문은 상리현장에게 이렇게 말하며 입장을 분명히 하였습니다. "지난 번 수나라 사람들이 우리를 침입하였을 때 신라가 그 틈을 타서 우리의 성읍 500리를 빼앗아 갔소. 이로부터 신라와 돌이킬 수 없는 틈이 벌어진 지 오래되었으니, 만약 우리에게 신라가 침략한 땅을 돌려주지 않는다면 전쟁을 그만둘 수 없소이다." 이 소식을 전해 들은 당 태종은 괘씸하게 여기면서도 다시 사신을 보내어 재차 요구하였습니다. 이때 연개소문의 태도는 어떠하였을까요? 연개소문은 당의 사신 장엄을 굴실(동굴을 이용한 감옥)에 가두고 당의 말을 무시해 버렸답니다. 이 사실을 알게 된 당 태종은 분하여 참을 길이 없었습니다. 644년 당 태종이 대대적으로 고구려로 쳐들어온 표면적인 구실은 연개소문의 정변을 벌주겠다는 것이었지만 사실은 이렇게 당당하게 당나라에 맞서며 굴복하지 않는 연개소문을 괘씸하게 여겼기 때문입니다.

교과서로 점프

●● 중학교 국사 – 고구려가 수 · 당의 침략을 막아 낼 수 있었던 원동력은?
연개소문은 강경한 대외 정책을 써서 신라와 당에 맞섰다. 백제와 힘을 합해 신라에 대한 공격을 한층 더 강화하였으며, 신라에 대한 공격을 중지할 것을 요구하는 당의 간섭을 단호히 물리쳤다.

●● 고등학교 국사 – 고구려와 수 · 당의 전쟁
천리장성
고구려가 당의 침략에 대비하여 647년(보장왕 6)에 16년의 공사 끝에 완성한 성으로 북쪽의 부여성(눙안)에서 남쪽의 비사성(다롄)에 이른다. 연개소문은 이 성곽 축조를 감독하면서 요동 지방의 군사력을 장악하여 정권을 잡을 수 있었다.

당 태종도 울고 간 무적불패의 연개소문

연개소문이 대막리지로 집권한 시기는 642~665년까지 23년간입니다. 이 시기에 당나라는 당을 대표하는 장군들인 설인귀, 이세적, 장손무기, 이정, 소정방 등을 보내어 수차례 고구려를 공격해 왔습니다. 그들은 한 번 공격해 올 때마다 전함 400~500척과 수십만 명의 군대를 이끌고 쳐들어왔습니다. 게다가 남쪽에서는 신라가, 북쪽에서는 거란이 함께 고구려를 협공하기도 했습니다. 그러나 연개소문은 결코 물러서지 않았습니다. 당나라의 사신이 평양성까지 와서 신라를 공격하지 말라고 보장왕에게 요구하는 그 순간에도 연개소문은 군사를 친히 이끌고 남쪽의 변방에서 신라의 성을 공격하고 있었습니다. 643년 신라가 당나라에 보고한 사실에 의하면 연개소문은 백제와 동맹을 맺어 신라를 공격해 온 것으로 되어 있습니다. 이른바 여·제 동맹도 연개소문 당대에 행해진 것입니다.

안시성 싸움에서 패한 당 태종은 죽는 날까지도 계속해서 고구려를 공격하였습니다. 647년에는 산성에 의지하여 싸우고 있는 고구려를 무려 100여 차례나 공격하였고, 648년에는 압록강을 넘어 공격해 들어오기까지 하였습니다. 그러나 한두 성이 함락되었다 하여서 당나라에 무릎 꿇을 연개소문이 아니었습니다. 그러다 보니 이 성, 저 성 공격하다가 결국은 당나라가 지쳐 돌아가는 사태가 반복되었습니다. 중국인들이 중국 역대 황제 중에서 가장 강력한 통치력을 행사한 황제였다고 자부심을 가지고 있는 당 태종이지만 결국 고구려 연개소문의 항복은 받아내지 못한 것입니다.

그러나 고구려는 665년 연개소문이 죽은 이후 멸망의 길을 걷고야 맙니다. 그의 맏아들 남생, 남건, 남산과 그의 동생인 연정토 사이에서 내분이 일어나 남생과 남산은 당에 투항하였고, 연정토는 신라에 투항하였습니다. 그의 둘째 아들인 남건이 평양성 문을 굳게 닫고 항전하였으나 안타깝게도 나·당 연합군에 의하여 멸망하였습니다(668). 그리고 연개소문이 호령하던 고구려에는 안동도호부 등 9도독부(당나라의

55

통치기관)가 세워지고 말았답니다.

　　단재 신채호와 함께 민족 사학자로 이름이 높았던 은암 박은식은 연개소문을 민족적 영웅으로 평가하는 전기를 쓰면서 다음과 같은 글을 적었습니다.

> 지금 중국의 북경 봉천 등지에는 개소문의 역사와 연극을 만들어 사람들의 이목을 진동케 하거늘, 우리나라 사람들은 그의 평생을 서술한 문자 하나가 없다. 그의 풍채를 묘사한 화첩도 없고, 그의 무예와 검술을 연출해 내는 희곡도 없을 뿐만 아니라, 한번 입에 올리면 흉적이라 꾸짖을 뿐이니, 하나로서 백 가지를 덮으며 죄가 있다고 하여, 그것으로 공적을 가려 버리는 것이 과연 옳은 일인가?
>
> 　　　　　　　　　　　　　　　　　　－『천개소문전(泉蓋蘇文傳)』

　　이제 우리는 연개소문에 대한 왜곡된 평가에서 벗어나 삼국의 대외 항쟁사에 우뚝 서 있는 그에 대하여 올바르게 자리매김을 해야 할 것입니다.

교과서로 점프

●● 고등학교 국사 – 고구려와 수·당의 전쟁
수의 뒤를 이은 당은 건국 초에는 유화 정책을 취했으나 곧이어 동북아시아 방면으로 세력을 뻗쳐 왔다. 이에 고구려는 국경 지방에 천리장성을 쌓고, 방어체제를 강화하는 등 당의 침략에 대비하였다. 특히 연개소문은 반대 세력을 숙청하고 권력을 장악하면서 대내적으로 독재정치를 단행하고, 대외적으로는 당에 대하여 강경 정책을 추진하였다.

영토를 확장하고 한강 유역을 차지하기 위하여 삼국 간의 항쟁이 벌어지는 동안 삼국 간의 동맹 관계는 어떻게 변화하였을까요?

원래 한강 유역은 백제의 고유 영토였습니다. 그러나 5세기에 전성기를 맞이한 고구려 장수왕이 백제를 공격하면서 개로왕을 죽이고 한강 유역을 차지하자 백제의 비유왕과 신라의 눌지왕은 고구려를 막기 위하여 나·제 동맹을 결성하였습니다(433). 6세기에 이르러 백제 성왕은 신라 진흥왕과 함께 고구려를 공격하여 한강 유역을 회복합니다.

그러나 신라가 약속을 깨고 백제가 갖기로 되어 있던 한강 하류를 빼앗아 가버리자 다시 신라 진흥왕과 백제 성왕은 관산성(지금의 옥천)에서 싸움을 벌였습니다. 이 싸움에서 백제는 성왕이 전사하면서 대패하였고, 120년간 계속된 나·제 동맹도 깨지고 말았습니다. 이후 신라가 전성기를 맞이하니, 신라를 공격하기 위하여 백제와 고구려가 동맹을 맺는 여·제 동맹이 결성되었습니다. 그때 고구려의 실권자가 바로 연개소문이었습니다.

1000리 장성

안시성 성주의 숨은 공로

2006년 SBS에서 방영된 드라마 〈연개소문〉에서 연개소문으로 출연한 주인공은 모두 다섯 개의 칼을 차고 등장합니다. 정말 연개소문의 모습은 그러하였을까요? 『삼국사기』의 「연개소문 열전」에 의하면 그는 몸에 다섯 개의 칼을 차고 다녔으며, 좌우에서 감히 쳐다보지 못할 정도로 위엄이 넘쳤다고 합니다. 항상 말을 타거나 내릴 때마다 귀족 출신의 장수로 하여금 땅에 엎드리게 하고 그 등을 밟고 디뎠으며, 외출할 때는 반드시 군대를 먼저 풀어서 앞에 인도하는 자가 큰 소리로 외쳐 사람들에게 그의 출현을 알리도록 하였고, 백성들은 그 소리를 듣고 깊이 머리를 숙이며 도랑으로 뛰어들어 갔다고 기록되어 있습니다.

그렇다면 드라마의 안시성 싸움에서 연개소문이 나타나 당 태종과 일대 결전을 벌이던 장면은 어떠했을까요? 이것은 역사를 조금만 깊게 공부한 사람이라면 불가능한 설정이라는 것을 쉽게 알 수 있습니다. 연개소문이 100여 명의 귀족을 죽이고 집권한 것에 대하여 안시성의 성주는 그 정당성을 문제 삼고 강력히 반발하였습니다. 연개소문은 이러한 안시성 성주를 평양성으로 소환하였지만 그는 연개소문의 소환에도 불응하고 평양성으로 가지 않았습니다.

결국 두 사람은 상대방의 존재를 인정하는 선에서 공존하며 타협점을 이루

58

기는 하였으나 여전히 불편한 관계였습니다. 이러한 팽팽한 라이벌 관계였던 두 사람이 화해를 하고, 성주가 안시성 성내의 작전통제권을 연개소문에게 이양하는 것은 있을 수 없는 일입니다. 더욱이 사료에 의하면 연개소문은 안시성을 지원하기 위하여 그 자신이 아닌 북부 욕살 고연수와 남부 욕살 고혜진이 이끄는 15만 명의 군대를 보내어 말갈군과 합세하여 당나라군과 맞서도록 하였습니다. 그리고 그 자신은 당나라의 다른 군대와 맞서 싸우고 있었습니다.

안시성 승리의 과정은 언제 읽어 보아도 영화만큼 흥미롭습니다. 이때 쳐들어온 당의 군대는 늘어선 길이만 40여 리였다고 하니 얼마나 많은 인원이 안시성 공격에 동원되었는지를 잘 알 수 있습니다. 그러나 60여 일을 포위 공격하여도 안시성은 함락되지 않았습니다. 당나라군은 작전을 바꾸고, 무려 50만명을 동원하여 안시성을 내려다볼 수 있는 높이의 토산을 쌓았습니다. 그런데

이 토산이 무너지면서 안시성곽도 일부 무너졌습니다. 이때 용감한 고구려 군사들이 결사항전으로 당군과 싸워 당나라 군대가 심혈을 기울여 쌓았던 토산을 차지해 버렸습니다. 안시성 성주는 토산 주변에 해자(성 주위에 둘러 판 인공 연못)를 만들어 당군의 공격에 맞섰답니다. 그러는 가운데 추위가 닥치고 식량이 떨어지자 결국 당 태종의 명으로 당군은 안시성을 포기하고 물러나게 되었던 것이죠.

그런데 하나 논의되고 있는 사실이 있습니다. 안시성 성주 이름을 양만춘으로 알고 있는데 정말 그의 이름이 양만춘일까 하는 의문이지요. 그럴 수도 있고 전혀 아닐 수도 있습니다. 『삼국사기』는 안시성 싸움에 대하여 매우 자세하게 기록하고 있는 반면, 성주의 이름은 어떤 역사책에도 전해지지 않는다고 분명히 밝혀 놓고 있습니다. 조선 시대 유학자인 동춘당 송준길이 그의 문집에서 안시성 성주의 이름이 양만춘이라고 한 이래, 전설처럼 안시성 성주의 이름을 양만춘으로 불러 왔지만 그의 이름은 동시대를 기록한 어느 역사서에서도 거론되지 않고 있어 역사학자들은 양만춘을 안시성 성주의 이름으로 단정 짓지 못하고 있답니다. 결론적으로 말하면 연개소문과 안시성 성주는 동시대를 살아간 민족의 영웅으로서 당나라를 막아 낸 주역이라고 할 수 있습니다. 또한 정치적 경쟁자인 관계에서도 전폭적으로 안시성의 성주를 믿고 신뢰하며 15만 명의 원군을 보내어 도운 연개소문의 지원과 배려가 있었기 때문에 안시성 싸움의 대승이 가능하였다고 할 수 있습니다.

원광

(圓光, 555~638)

●● 원광법사는 중국 수나라에서 이름난 고승으로 활동하다가 돌아온 신라의 명승이에요. 화랑들이 지켜야 할 세속오계를 만들어 화랑도가 국가 발전의 밑거름이 되게 하였답니다. 고구려의 공격으로 위기에 빠진 신라를 구하기 위하여 수나라를 설득하는 명문장을 쓴 사람으로도 유명합니다.

신라 유학승 원광의 설법은 귀에 쏙쏙 들어와!

원광법사는 6두품 출신의 귀족 가문에서 태어났는데, 속세의 성은 박 씨 혹은 설 씨라고 합니다. 어려서부터 총명하였고, 학문에 뜻을 두어 노장사상과 유학은 물론 제자백가사상을 깊이 있게 공부하였으며, 역사에도 밝았답니다. 그는 13세에 불교에 뜻을 두고 출가하였는데, 당시 경주에서는 신라 최대 사찰인 황룡사가 창건된 직후였습니다. 그는 후에 황룡사에서 국가의 안녕을 기원하는 호국법회를 열고, 마지막 입적도 황룡사에서 하게 되니 황룡사와 원광법사는 깊은 인연을 가지고 있다고 할 수 있습니다.

다음 이야기는 원광이 대승이 되게끔 만들었던 한 계기가 된 일화입니다. 원광법사가 30세 때 경주 안강의 삼기산에 금곡사를 창건하고 그 뒤에 위치한 암자에 들어가 수도를 한 적이 있었습니다. 그런데 원광법사가 기거하던 암자 근처의 또 다른 암자에서 기거하던 한 승려는 주술을 좋아하여 수도는 제대로 하지 않고 사람들을 모아 놓고 주변을 소란스럽게 하였답니다. 원광법사는 2년여를 인내하며 수도하다가 보다 못하여 그 승려를 찾아가 타이르며 올바르게 수도할 것을 충고하였습니다. 그러나 그 승려는 원광법사에게 참견하지 말라고 하며 말을 듣지 않았답니다. 그런데 얼마 안 있어 놀랍게도 산사태가 나서 그 승려는 뜻하지 않은 화를 입어 죽고 말았습니다. 이것을 본 원광법사는 크게 깨달은 바 있어 불교 공부를 더 깊게 하여 사람들을 어리석음에서 구제해야겠다고 다짐한 것입니다.

589년(진평왕 11)에 원광법사는 남조의 진(陳)나라로 머나먼 유학길을 떠났습니다. 신라는 소백산맥에 가로막힌 지리적 위치 때문에 주로 고구려를 통하여 북조와 수교하였습니다. 그러다가 5세기에 나·제 동맹을 맺으면서 백제가 수교하고 있던 남조의 국가들과도 활발한 교류를 하게 되었답니다. 특히 진나라는 불교가 흥하여 사원만 700여 개가 넘었으며, 승려 명관을 통하여 신라 진흥왕 때에 불경 1,700여 권을 보내 준 나라입니다. 그래서 원광법사도 남조의 진나라로 유학을 떠난 것입니다. 당시 진나라의 수도는 금릉[지금의 난징(남경)]이었습니다. 원광법사는 금릉의 큰 사찰인 장엄사에 머물면서 강론을 열심히 듣고, 『성실론』, 『열반경』 등을 깊이 공부하였습니다. 『성실론』은 3~4세기경 인도의 하리발마라는 사람이 설법한 불교의 한 종파인데, 원광법사가 신라 사람으로는 처음으로 이 종파를 연구하여 신라에 성실종을 최초로 소개하게 됩니다.

　　진나라에서 공부를 마친 후 원광법사는 오나라로 가서 호구산이라는 곳에서 수행에 힘쓰며 세속과의 인연을 끊으려 하였습니다. 그러나 그의 깊은 수행을 알게 된 불교 신자들이 몰려들어 그에게 설법을 간청하여 마침내 그가 공부하던 『성실론』, 『반야경』 등을 설법하게 되는데, 한 번 들으면 눈앞이 밝아지는 느낌을 받을 정도로 깊이 있고 이해하기 쉬운 강론을 하니 점점 수많은 불도들이 원광법사의 설법을 듣기 위하여 찾아왔답니다.

수나라에서도 명성이 자자했던 원광

　　원광법사가 신라를 떠나 진나라에 유학하던 때는 수나라가 천하를 통일시킬 때였습니다. 589년 후량(後梁)을 멸망시킨 수나라는 마침내 원광법사가 머무르고 있는 진나라 금릉까지 쳐들어왔습니다. 이때 원광법사도 수나라 군사에게 붙잡혀 처형될 뻔하다가 기적적으로 살아 났습니다. 분명히 수나라 군사가 원광이 있던 장엄사에 불을 질렀는데 불이 저절로 꺼져 버린 것입니다. 이것을 목격한 수나라의 장수는 원광 법사의 도통력이 보통이 아니라 생각하고 처형의 위기에서 풀어 줬다고 합니다. 원광법사는 이렇게 목숨을 구한 후 수나라 수도인 장안의 흥선 사로 가서 섭론종을 깊이 연구하여 중국 불교계에 크게 이름을 떨쳤습 니다.

신라 26대 진평왕의 왕릉(재위 579~632)

신라의 한 고승이 수나 라에서 명성을 얻고 있다는 소식 을 들은 신라의 진평왕은 친히 국 서를 수나라에 보내어 원광법사를 귀국시켜 신라에도 불교를 일으킬 수 있게 해달라고 요청하였습니 다. 그리하여 원광법사는 중국에 온 지 10여 년 만에 신라로 귀국하였습 니다(600). 진평왕은 크게 기뻐하여 그에게 가마를 타고 궁궐로 들어오도 록 하였으며, 그를 받들고 존경하면서 의복과 약재, 음식 등을 하사하며 극진히 대접했습니다.

그는 6세기 후반 중국 불교계에서 연구되던 성실론, 열반론, 섭대승론 등 모든 불교사상을 잘 이해하고 있었답니다. 그는 1년에 두 차례씩 중국에서 연구해 온 불교사상을 강론하며 제자 양성에도 힘썼는 데, 이 과정에서 중국 불교사상이 직접 신라에 전래될 수 있었습니다. 이 시기에 그가 저술한 『여래장경』은 신라인이 최초로 '불성(佛性)'에 대하여 저술한 것으로서 의의가 있습니다. 이것을 계기로 신라에는 그의 제자 원안 등 불교의 교리 연구에 힘을 기울이는 승려들이 많이 나오게 되었습니다.

그는 또한 불교의 토착화에 노력하였습니다. 당시 신라는 불교가 공인된 지 수십 년밖에 되지 않았기 때문에 많은 사람들이 점술이나 부적, 무당 등의 말을 믿으며, 불교는 어렵다고 멀리하려 하였습니다. 원광법사는 중국에서 배워 온 불교식 '점찰법'을 신라에 널리 알리는 한편 가서사에 점찰보를 만들어 기금을 모은 다음, 점찰법회를 정기적으로 열어 사람들이 미신에 빠지지 않도록 하였답니다. 특히 왕이 병이 들어 약으로 고칠 수 없을 때 설법을 하고 계를 주어 참회하게 하는 것으로 병을 치유하게 하였답니다.

점찰법(占察法) : 깨끗한 마음으로 간자(簡子, 나무막대)를 굴려서 전생의 업보를 점쳐 본 다음, 그 결과에 따라 참회하는 수행을 하고 선행을 닦으면 깨달음의 길로 나아갈 수 있다고 하는 가르침을 말한다.

가서사 : 경상북도 청도군 운문산에 있던 절로 원광법사가 창건하였다. 원광법사가 화랑도가 지켜야 할 계율인 세속오계를 귀산과 추항에게 주었던 곳도 바로 이 절이었다.

점찰보(占察寶) : 점찰법을 행하는 기금을 마련하기 위한 재단을 말한다. '보(寶)'는 시주를 받은 곡식이나 전답을 바탕으로 이자를 벌어들여 사회사업을 하는 것이었는데, 원광법사의 점찰보가 우리나라 '보'의 시작이 되었다.

계(戒) : 불교에서 승려나 신자가 지켜야 할 행동 규범을 말하는 것이다.

국가의 원동력이 된 화랑도의 세속오계

원광법사가 역사책에 이름을 남긴 중요한 업적이 있습니다. 그것은 화랑들이 지켜야 할 다섯 가지 계율인 세속오계(世俗五戒)를 만들었다는 점입니다. 이 세속오계는 불경은 물론 유교 경전에도 밝았던 원광법사가 불교의 교리에 유교사상을 결합하여 창안해 낸 것으로 신라 화랑도들이 꼭 지켜야 할 이념이 되었습니다. 신라 화랑들이 세속오계의 이념을 실천함에 따라 국가를 위하여 몸을 헌신하는 애국 청년들이 많이 배출되었고, 그로 인해 신라가 삼국을 통일하는 데도 큰 힘이 되었

경주 금곡사지에 있는 원광법사의 부도

답니다. 또한 원광법사는 고구려의 공격으로 위기에 빠진 신라를 구하기 위하여 수나라에 군사를 요청하는 글인 「걸사표(乞師表)」를 짓기도 하였는데, 그 명문장이 수 양제를 감동시켰다고 전합니다.

원광법사는 640년에 자신의 죽음을 미리 알아 유언을 하고, 황룡사의 한 방에서 단정히 앉은 자세로 입적하였습니다. 이때가 84세라는 설도 있고 99세라는 설도 있습니다. 경주 삼기산 금곡사에는 원광법사의 것으로 전해지는 부도가 남아 있습니다.

원광이 쓴 국사 교과서

세속오계를 따른 신라의 청소년들

원광이 가르친 세속오계는 신라 사회를 흐르는 맑은 대동맥이 되었습니다. 화랑들은 원광법사의 가르침을 따라 부지런히 유명한 산과 계곡을 찾아다니며 마음 수양을 하였고, 몸과 마음을 정결히 하였을 뿐만 아니라 나라에 충성을 바치면서 국가를 위하여 목숨도 서슴지 않고 내놓았습니다.

역사에 기록된 화랑들은 많이 있습니다. 신라의 6두품 출신으로 문장가로 이름을 날리던 김대문은 『화랑세기』에서 "어진 재상과 충신이 여기서 배출되고 훌륭한 장군과 용감한 병사들이 이곳에서 생겨났다."라고 하였습니다. 또한 나·당 연합을 성공시켜 삼국통일을 이루는 데 결정적 역할을 한 태종 무열왕 김춘추와 삼국통일을 이룬 명장 김유신은 모두 화랑 출신이었습니다. 대가야와의

신라의 기마인물상 화랑의 모습도 이와 같았을 것이다.

전투에서 목숨을 걸고 앞장서서 싸웠던 사다함도 화랑입니다. 진흥왕이 가야와의 전투에서 최고의 공을 세운 사다함에게 가장 좋은 농토와 포로 200명을 상으로 주었는데, 사다함은 받지 않겠다고 세 번이나 사양하였습니다. 그런데도 왕이 재차 하사하자 포로는 풀어 주어 양민으로 만들어 주고, 농토는 병사에게 나누어 주었답니다. 또한 세속오계에서 강조하는 '붕우유신(朋友有信)'의 뜻을 따라 친구인 화랑 무관이 죽자 7일 동안을 무덤가에서 슬피 울다가 생을 마쳤습니다. 그리고 나·당 연합군이 백제를 공격할 때 계백의 5,000여 결사대의 결사항전으로 어려움에 빠진 상황에서도 화랑 관창은 계백의 목을 베겠다고 적진에 용감히 뛰어들었다가 죽임을 당함으로써 신라군에게 백배의 용기를 주어 백제를 멸망시킬 수 있었습니다. 당나라와의 싸움에서는 김유신의 아들인 원술랑이 낭도들과 함께 힘을 합쳐 당군을 물리치기도 했습니다.

　　이처럼 화랑도는 신라가 삼국통일을 하는 데 가장 중요한 역할을 하였습니다. 한 사람의 법승이 창출해 낸 청소년의 계율이 나라를 살리고 통일을 이루는 근본이 되었던 것입니다.

교과서로 점프

●● 고등학교 국사 – 신라의 골품 제도와 화랑도
화랑도는 신라가 정복 활동을 강화하던 진흥왕 시대에 국가 차원에서 그 활동을 장려하여 조직이 확대되었다. 여기서 훈련을 받은 청소년은 스스로 나라의 일꾼으로 자처하였고, 이러한 청소년들에게 원광은 세속 5계를 가르쳐 마음가짐과 행동의 규범을 제시하였다. 화랑도 활동을 통하여 국가가 필요로 하는 인재가 양성되었다.

수나라를 감탄시킨 「걸사표」를 지은 원광

7세기 초 신라는 백제와 고구려의 잦은 공격으로 어려움에 빠져 있었습니다. 원광법사에게서 세속오계를 받았던 귀산과 추항도 진평왕 때에 백제의 공격으로 전사했고, 고구려는 북한산성으로 쳐들어와 신라를 괴롭혔습니다. 진평왕은 고구려를 막으려면 수나라의 힘을 빌려야 한다고 생각했습니다. 그래서 수나라에 고구려를 공격해 달라는 글을 보내려고 하였는데, 수나라를 설득할 명문장을 지을 사람이 마땅하지가 않았습니다. 그런데 그때 원광법사가 생각났습니다. 그는 학문이 깊을 뿐만 아니라 수나라에서 오랫동안 있었기 때문에 수나라 황제를 감동시킬 명문장을 충분히 구사할 수 있으리라고 생각한 것입니다.

원광은 진평왕의 부탁에 마지못해 「걸사표(乞師表)」를 지었습니다(608). 「걸사표」란 지금으로 치면 '군대 파견 요청서'라고 할 수 있습니다. 그런데 '걸(乞)' 자는 구걸할 때나 간청할 때 사용하는 글자이므로 그냥 파견이 아니라 제발 군사를 보내 달라고 애청하는 글이라고 풀이할 수 있습니다. 원광이 지었다는 「걸사표」는 현재 전하지 않으나, 중국의 옛 고사를 예로 들어 현재의 수나라가 신라를 도와주지 않으면 안 되는 이유를 구구절절이 표현하였다고 합니다. 수나라의 양제는 「걸사표」를 읽고 감탄하였습니다. 611년에 신라가 군사요청을 원하는 표를 또다시 올리자, 수 양제는 고구려를 침공하게 됩니다. 이 공격은 살수대첩이 일어나게 된 시발점이 되기도 합니다. 살수대첩은 수 양제의 30만 별동대를 살수(지금의 청천강)에서 을지문덕 장군이 막아 낸 유명한 싸움입니다.

바로 다음해인 613년에는 수나라 사신 왕세의가 신라의 황룡사에서 '백고좌회'를 개최하였는데 원광법사는 가장 큰 스님으로 이 행사를 주관하였습니다. 고구려는 전란을 막아 내고 그 뒷수습에 정신이 없을 때 신라는 수나라의 사신과 더불어 대대적인 불교 행사를 개최한 것입니다. 여기에서 당시 삼국 간에는 현재와 같은 '한민족'이라는 민족의식이 존재하지 않았음을 잘 알 수 있습니다. 삼국 간에는 오직 각국이 별개의 국가라는 국가의식만 있었답니다.

교과서로 점프

●● 중학교 국사 - 고구려가 수·당의 침략을 막아 낼 수 있었던 원동력은?
당시 고구려의 줄기찬 공격을 받아 고전하던 신라는 원광을 수에 보내어 군사 원조를 요청하였다.

※ 이 내용은 교과서의 오류로 생각된다. 원광법사가 지은 「걸사표」는 사신을 통하여 수나라에 전달되었으며, 원광법사가 직접 수에 가지는 않았기 때문이다.

궁금한 건 못 참아!

화랑도가 삼국통일을 가져온 원동력이었던 반면에 골품 제도는 신라를 멸망시키는 중요한 원인이 되었습니다. 그 이유는 무엇일까요?

삼국 중 신라에만 존재하던 골품 제도는 엄격한 신분 제도였습니다. 실력이나 능력이 아니라 골품에 따라 일상생활과 정치생활이 결정되는 제도였답니다. 골품에는 부모 모두 왕족인 성골과 한 쪽만이 왕족인 진골 그리고 귀족인 6~4두품과 하층민에 속하는

3~1두품이 있었습니다. 하지만 성골이 진덕여왕을 끝으로 대가 끊긴 이후, 진골이 왕위는 물론 모든 권력을 독점하였습니다.

두품에 따라 승진의 한계가 제한되어 있다 보니, 6두품은 재능과 실력이 뛰어난 사람이 많았지만 6등급인 아찬까지밖에 올라가지 못하였습니다. 당나라 과거시험에 합격하고 돌아온 최치원도 6두품이라는 이유로 높은 관직에 등용되지 못하였습니다. 결국 신라 말기에 6두품의 불만은 폭발하였고, 지방 호족과 결탁하여 반(反)신라 세력이 되어 신라 멸망의 원인으로 작용하게 됩니다.

 백고좌회 : 왕을 중심으로 법회를 여는 것인데, 100개의 불상과 100개의 보살상을 놓고 100개의 사자좌를 마련하여 100명의 법사들을 초청하는 국가적인 행사이다.

역사 토막 뉴스

귀산과 추항 이야기

원광법사는 왜 귀산과 추항에게 세속오계를 주었을까요? 그것은 두 젊은이가 원광법사를 직접 찾아간 것이 계기가 되었답니다.

귀산은 신라 6부 중의 한 곳인 사량부 사람이었습니다. 그에게는 절친한 친구 추항이 있었답니다. 두 사람은 이왕 학문을 닦을 바에는 덕이 높은 사람을 찾아가서 몸과 마음을 수양할 수 있는 방법을 물어보는 것이 좋겠다고 생각했습니다.

그래서 마침 수나라에서 유학하고 돌아와 가서사에서 수양하고 있는 원광법사를 찾아갑니다. 두 사람이 찾아갔을 때는 이미 많은 사람들이 원광을 만나보기 위하여 예의를 갖추고 기다리고 있었습니다. 이 두 사람도 옷매무새를 다듬고 단정히 기다리고 있다가 순서가 되어 원광법사를 만나게 되었습니다. 이들은 원광법사에게 세속인들이 평생을 지킬 수 있는 교훈을 만들어 달라고 청하였습니다. 이때 원광법사가 다음과 같이 말하였습니다.

"불계에는 보살계가 있는데 그 종목이 열 가지이다. 그러나 너희들이 지키기에는 힘에 겹다. 그래서 세속오계를 만들어 주겠노라. 첫째는 임금 섬기기를 충(忠)으로써 할 것, 둘째는 어버이 섬기기를 효(孝)로써 할 것, 셋째는 친구 사

귀기를 신(信)으로써 할 것, 넷째는 전쟁에 임해서는 물러서지 말 것, 다섯째는 생명 있는 것을 죽이되 가려서 할 것이다. 너희들은 이를 실행함에 소홀히 하지 말도록 하라!"

　귀산과 추항은 원광법사에게 크게 감사하며 원광법사의 말씀을 잊지 않겠다고 약속하였습니다. 두 사람은 이후 원광법사가 가르쳐 준 세속오계를 열심히 실천하는 한편 다른 화랑들에게 이 계율을 알려 함께 실천해 나갔습니다.

　그러던 중 진평왕 때 백제와 크게 전쟁을 벌이게 되었는데, 귀산과 추항도 전선에 나가게 되었습니다. 전투에서 이들은 세속오계의 규범을 실천하다 장렬히 전사하게 되는데 역사에 기록된 상황을 그려 보자면 다음과 같습니다. 신라군이 거의 다 이긴 전투였으나 그만 복병을 만나서 위태롭게 되었을 때 귀산이 큰 소리로 외쳤습니다. "내가 일찍이 스승에게 들으니, 공부하는 사람이라면 전투에서 결코 물러서지 않는다고 하였다. 어찌 감히 달아나겠는가!" 하며 백제인 수십 명을 죽이고, 자기 말로 부친을 안전하게 태워 보낸 다음 추항과 함께 칼과 창을 휘두르며 있는 힘을 다하여 싸웠습니다. 이때 백제군의 시체가 들판에 가득하였으며, 백제군은 한 필의 말, 한 명의 군사도 살아 돌아가지 못하였습니다. 그러나 귀산과 추항도 온몸이 칼에 베여 피를 많이 흘린 상태여서 돌아오는 길에 그만 눈을 감고 말았습니다. 진평왕이 친히 이들 시신이 쓰러져 있는 들판까지 나와 통곡을 하였고, 귀산에게는 관등 나마를, 추항에게는 대사직을 내렸답니다.

장보고

(張保皐, ?~846)

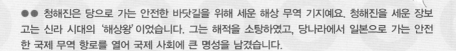

●● 청해진은 당으로 가는 안전한 바닷길을 위해 세운 해상 무역 기지예요. 청해진을 세운 장보고는 신라 시대의 '해상왕'이었습니다. 그는 해적을 소탕하였고, 당나라에서 일본으로 가는 안전한 국제 무역 항로를 열어 국제 사회에 큰 명성을 남겼습니다.

섬 소년 장보고, 당나라 군대의 소장이 되다

장보고의 어릴 때 이름은 궁복(弓福)입니다. 태어난 곳이 어디인지는 확실치 않으나 섬사람이었던 것은 분명합니다. 왜냐하면 중앙 귀족들이 그를 '해도인(海島人)'으로 지칭하였기 때문입니다. 그의 고향은 지금의 완도일 가능성이 높습니다. 장보고와 함께 자란 정년이라는 사람이 훗날 당나라에서 생활이 어려워지자 장보고를 찾아가 도움을 요청하기로 결심하면서 고향으로 낙향하였는데, 그 낙향한 곳이 지금의 완도인 청해였기 때문입니다.

그는 무예에 매우 뛰어났습니다. '활을 잘 쏘는 사람'이라는 뜻인 궁복이라는 이름만 보아도 잘 알 수 있답니다. 10년 아래의 고향 후배로 장보고가 아끼며 우정을 나누던 정년은 수영을 매우 잘 하였는데, 바다 속에 들어가 쉬지 않고 50리를 갈 수 있을 정도였다고 합니다.

75

장보고는 정년과 함께 당나라로 건너갈 것을 결심하게 되는데, 그 이유는 골품 제도라는 엄격한 신분 제도에 얽매여 섬에서 태어난 하층민 출신은 출세할 수 없었기 때문입니다. 그래서 장보고는 신분보다는 능력을 우대해 주는 당나라로 건너가 군대에 들어갔습니다. 장보고는 무예 중에서도 특히 말을 타고 창을 쓰는 데는 대적할 사람이 없을 정도로 매우 뛰어난 솜씨를 가지고 있었답니다. 그러다 보니 말단 군인으로 시작한 신라인이기는 하나 군대에서 승진을 거듭하여 서주(徐州) 지방의 무령군에서 장교에 해당하는 소장이 되었습니다. 무령군이라는 군단명은 805년 처음 생겨났기 때문에 그가 당나라에 건너간 시기는 805년 전후라고 추정됩니다. 장보고가 귀국하는 것이 828년이므로 그는 약 20여 년간을 당에 머물렀다고 볼 수 있습니다.

신라인을 노예로 팔리게 할 순 없어!

장보고가 속한 무령군이 당시에 맡은 주요 임무는 당 조정에 반기를 든 이사도라는 사람이 이끄는 평로군을 진압하는 것이었습니다. 이사도는 고구려 유민 출신 집안의 사람이었는데, 3대 55년 동안 산동(산동) 반도를 중심으로 15개 주를 장악하고, 약 10만 명의 대군을 거느리고 있으면서 막강한 경제력을 가진 사람이었습니다. 그럴 수밖에 없는 것이 그는 당의 조정으로부터 발해와 신라의 해상 교역을 관장하는 '해운압신라발해양번사(海運押新羅勃海兩藩使)'의 업무를 위임받고 있었습니다. 더욱이 산동 반도에는 많은 신라인들이 살면서 특유의 부지런함과 협동심으로 활발한 해상무역을 전개하여 이사도에게 막대한 이익을 안겨 주고 있었습니다. 당에 반기를 든 평로군은 819년 완전히 진압되는데 장보고는 그 과정에 동참하였을 것으로 추정됩니다. 그 기간 동안 장보고는 재당 신라인들의 해상 활동과 생활 모습, 이사도가 당과 발해, 신라 사이에서 어떻게 이윤을 남기며 해양업을 이끌어 나가는지를 관찰하고 배웠을 것이라고 역사학자들은 생각하고 있습니다.

장보고는 따뜻한 마음과 신라인으로서의 자긍심을 가졌고, 같은 신라인이 당나라 사람들 사이에서 수모를 받지 않도록 배려해 주었습니다. 그러한 가운데 어느 날 충격적인 장면을 목격하게 됩니다. 당나라 해적들이 신라의 해변에서 노략질을 하고 수많은 신라인을 잡아 와서 장터에서 노비로 팔고 있던 것입니다. 마치 도살장에 끌려가는 소같이 줄줄이 밧줄에 묶여 있었고, 그중에는 울고 있는 사람, 한탄하며 하늘을 쳐다보는 사람, 반항하다가 채찍질을 당하는 사람들도 있었으며, 아주 불쌍한 어린 소년 소녀들도 있었습니다. 그는 이러한 참상을 목격하고 귀국을 결심합니다. 자신의 힘으로 해적들을 소탕하겠다고 마음먹은 장보고는 무령군에서의 경험을 살려 해적들의 노략질을 막고, 안전하게 신라와 당나라가 서로 왕래할 수 있도록 보호해 줄 수 있는 해상기지를 세워야겠다는 결심을 한 것입니다.

나는야 국제무역을 주도한 '바다의 왕자'

신라로 돌아온 장보고는 흥덕왕(신라 42대 왕, 재위 ?~836)을 만나기를 청합니다. 예전같이 하층민의 신분이라면 감히 왕을 만날 수 없겠지만 이제 그는 당나라에서 무공을 세우고 무령군 소장까지 올랐던 사

청해진(지금의 완도) 전경

람이므로 어려움 없이 흥덕왕을 만날 수 있었습니다. 흥덕왕을 배알한 자리에서 장보고는 자신이 본 참상을 이야기하고 다음과 같이 청합니다. "중국을 두루 돌아보니 우리나라 사람들을 노비로 삼고 있습니다. 바라건대 청해에 진영을 설치하여 해적들이 사람을 붙잡아 서쪽으로 데려가지 못하도록 해주시옵소서."

이 말을 들은 흥덕왕은 장보고에게 군사 1만 명을 주어 청해진을 세우도록 하였습니다. 이때 당시 시중(집사부의 장관으로 기밀사무를 담당하던 관직)였던 우징이라는 사람이 장보고가 청한 일을 흥덕왕이 허락하도록 많은 도움을 주었습니다. 그리하여 장보고는 청해진대사(淸海鎭大使)에 임명되었고, 청해진을 관장하는 모든 권한이 주어졌습니다.

흥덕왕의 명을 받은 장보고는 청해진에 해상기지를 만들어 어지럽던 황해의 해상권을 장악해 나가기 시작합니다. 우선 가리포에 성책을 쌓아 해적들이 침입해 들어오지 못하도록 하고, 항만 시설을 보수하여 전략 거점을 마련하였답니다. 무기를 갖추고 군사들을 잘 훈련시켰으며 큰 돛이 달린 선박을 여러 척 마련하여 해적선을 따라잡을 수 있도록 하였습니다. 그 결과 해적들은 완전히 소탕되었고, 서해안과 남해안은 해적들의 노략질에서 해방되었답니다.

장보고는 무역 선단(船團)도 보호해 주었습니다. 신라에서 출발하여 당과 일본으로 가는 선단은 물론 당에서 출발하여 신라와 일본으

78

로 가는 선단과 일본에서 출발하여 당이나 신라로 가는 선단 모두를 보호하고 지켜 주니, 청해진은 당, 신라, 일본을 연결하는 국제무역의 중심이 되었습니다. 이렇듯 장보고의 무역선으로 수병도 함께 타고 있던 교관선은 산둥 반도와 일본은 물론 멀리 남중국해까지 출항하여 해상권을 완전히 장악하고 동아시아 해상 질서를 주도하였습니다. 9세기 초에 신라는 당, 신라, 일본 3국의 국제무역의 중심이 된 것입니다.

장보고는 청해진대사로서 외교 사절의 역할도 훌륭히 행하였습니다. 장보고가 당과 일본에 보낸 견당매물사와 회역사는 신라 조정

---

tip

견당매물사 : 청해진대사인 장보고가 해적을 소탕한 후 당나라에 파견한 무역 사절단이다.

회역사 : 장보고가 일본에 파견한 무역 사절단을 말한다. 일본 역사서인 『속일본후기』에 의하면 장보고는 840년(문성왕 2)에 처음으로 일본에 회역사를 보냈으며, 일본 조정도 회역사의 무역 활동을 묵인해 주었다고 한다.

장보고가 세웠다는 법화원 **일본의 유학승 엔닌의 후손들에 의하여 최근 복원되었다.**

을 대신하기도 하였고, 일본의 유학승이나 유학생들까지 보호해 주었기 때문에 일본 사람들 사이에 장보고에 대한 칭송이 자자하였습니다.

게다가 재당 신라인들이 살고 있는 신라방들을 보호해 주었습니다. 신라인들이 많이 살고 있던 산둥 성 원덩 현(문등현) 츠산 촌(적산촌)에는 손수 법화원이라는 절을 지어 신라인들의 친목과 안녕을 기원하도록 하는 한편 신라인들의 구심점이 되도록 하였답니다.

역사 속으로 사라지고 만 해상왕국

장보고는 국제무역을 관장하면서 막대한 부를 손에 쥐게 되었습니다. 또한 해안가에 살고 있는 사람들은 장보고를 왕처럼 받들고 존경하였답니다. 그의 부는 더욱 강력한 군대를 가질 수 있게 했고, 항상 만여 명의 잘 훈련된 군사가 청해진을 지키고 있었습니다. 그런데 당시 중앙에서는 심한 왕위 다툼이 벌어지고 있었고, 청해진을 세우는 데 도움을 줬던 우징이라는 사람이 왕위 계승 다툼에서 밀려나자 청해진에 와서 장보고에게 군사 지원을 요청하기에 이르렀습니다. 장보고는 흥덕왕 시절에 청해진을 세우도록 도와준 것에 대한 옛정을 생각하는 한편 하층민 출신이라는 오점을 지울 수 있는 좋은 기회라고 생각하여 군사를 지원하게 됩니다. 우징은 장보고의 군사를 얻어서 839년에 드디어 민애왕의 군사를 격파하고 민애왕마저 죽인 다음 신무왕에 오르게 됩니다. 그 대가로 장보고는 감의군사의 관직과 식읍 2,000호를 받았습니다. 신무왕이 죽고 그의 아들 문성왕이 즉위하자 그는 더욱 승진하여 진해장군이 되었습니다.

그런데 문성왕이 장보고의 딸을 그의 둘째 왕비로 맞이하려고 하자 중앙 귀족들이 심하게 반대하는 사건이 발생했습니다. 이른바 해도인(섬사람)의 딸을 어떻게 왕실의 배우자로 맞을 수 있겠냐는 것이었습니다. 장보고는 배신에 치를 떨었습니다. 우징을 돕지 않았다면 문성왕이나 그 밑의 중앙 귀족들도 지금의 위치에 있지 못할 것이기 때문입니다. 그리하여 846년 장보고는 반란을 일으킵니다. 조정에서는 그를 토벌하자니 세력이 너무 커서 쉽게 제거할 수 없고, 그냥 두자니 그 죄를 용서할 수 없어 고민하다가 자객 염장을 보내어 살해해 버립니다.

억울하게 죽은 장보고를 추모하는 진혼제 모습

장보고가 죽은 후 851년에 청해진은 폐쇄되고, 청해진에 있던 사람들은 벽골군(지금의 김제)으로 옮겨 살게 됩니다. 결국 장보고가 이루었던 청해진의 해상왕국은 역사 속으로 사라지고 말았습니다.

장보고가 쓴 국사 교과서

청해진을 세워 국제무역을 장악한 장보고

장보고는 왜 완도에 청해진을 세운 것일까요? 자신의 고향이었기 때문일까요? 청해는 지금의 완도인데, 신라 시대에는 바닷길의 요충지에 해당됩니다. 당시의 수도는 금성(지금의 경주)이었으므로 울산항에서 출발하여 남해안을 거쳐 당으로 갈 때 중간에 위치한 곳이 청해였고, 또 당에서 남해안을 거쳐 일본 북규슈로 갈 때도 꼭 지나가야 하는 곳도 청해여서 국제무역 항로의 요지에 위치하고 있다고 할 수 있습니다. 더욱이 청해는 장보고의 고향이기도 하여 인근의 암초와 절벽, 해상 경비에 유리한 위치, 조석 간만의 차이 등을 잘 알고 있었습니다. 이렇게 해상기지에 필요한 모든 정보를 손바닥 보듯이 잘 알고 있었기 때문에 손쉽게 기지를 구축할 수 있었던 것입니다.

장보고는 청해진의 해변에 빼곡하게 목책을 세웠습니다. 그래서 어떠한 해적의

발굴된 청해진의 목책들 외부의 침입을 막기 위해 세워 놓았던 것으로 추정된다.

침입에도 방어할 수 있도록 하였지요. 또한 청해진에는 각종 철제 무기와 잘 훈련된 병사 그리고 여러 채의 궁궐 같은 건물들이 늘어서 있었습니다. 이러한 사실은 청해진을 발굴하는 과정에서 확인되었습니다. 성벽이 890m에 달하는 판축토성이 발견되었고, 성 안에는 수많은 건물이 있었을 것으로 추정되는 내부 건물지가 발견되었습니다. 또한 해안을 따라 둘러쳐져 있는 목책의 범위가 331m에 달하는 것으로 밝혀졌고, 목책이 박혀 있던 구덩이들이 원형 그대로 발굴되었답니다.

이러한 군사 시설을 중심으로 장보고는 해적 소탕에 나섰습니다. 당시 해적들은 중국인들이 대부분이었지만 한반도 서남해 연안 지대나 혹은 도서 지방에 기반을 둔 신라인들로 구성된 해상 세력들도 있었습니다. 특히 9세기 초 신라에서 가뭄과 흉년이 계속되고 식량이 부족하여 굶어 죽는 자가 속출하였는데, 이러한 과정에서 해적이 되어 무역선을 노략질하고, 해안 마을로 들어가 사람들을 폭행, 납치하여 중국으로 끌고 가서 노비로 파는 만행을 자행하였습니다. 당시 신라에서는 당나라 조정에 이 문제를 해결해 줄 것을 요청하였고, 당 조정에서 노예무역을 금지시키는 금령을 거듭 내렸는데도, 이른바 '신라노(新羅奴)'는 산둥 성을 중심으로 중국 해안 지대 곳곳에서 매매되고 있었습니다. 장보고는 이러한 문제를 해결하기 위하여 당과 신라 양국에서 골칫거리였던 해적들을 완전히 소탕하여 황해의 해상권을 장악하였으며, 9세기 초의

 tip 　판축토성 : 사방에 나무 기둥을 세우고 나무판을 댄 뒤 흙을 차곡차곡 다져 만든 성이다. 대표적인 판축토성으로는 백제의 풍납토성이 있다. 판축토성을 만들기 위해서는 대규모의 노동력을 동원해야 한다.

신라에 강력한 영향력을 행사하는 해상 세력으로 부상하게 된 것입니다.

일본에서도 명성을 날린 장보고

장보고가 살던 9세기의 통일신라는 국제무역이 발달한 때였습
니다. 금성의 외항이었던 울산항에는 멀리 아라비아 상인들이 진귀한
보석과 모직물, 향료 등을 가지고 들어왔고, 귀족들은 이른바 '명품'에
빠져 있어서 흥덕왕은 귀족들에게 "외래품을 사용하지 말라."는 사치금
지령을 내릴 정도였습니다. 당나라에서는 비단과 옷, 책, 각종 공예품이
들어왔고, 일본에서는 신라의 칼이 큰 인기를 끌 정도로 국제무역이 활
발하였습니다. 이러한 국제무역의 중심에 청해진이 있었던 것입니다.
장보고가 일본에 보낸 무역사절단은 회역사라 하였는데 매우 활기찬 활
동을 전개하였습니다. 당으로 가는 일본의 상인이나 유학생, 유학승 등
은 장보고의 도움을 받아 안전하게 당에 갈 수가 있었습니다. 이것은 중

국을 순례하고 법화원에서 신세를 진 일본의 승려 엔닌(圓仁)이 본국으로 돌아갈 배편을 구하면서 840년에 장보고에게 보낸 다음과 같은 편지를 통해서도 잘 알 수 있습니다.

생전에 귀하를 뵈온 적은 없으나 높으신 이름을 오래 전에 들었기에 우러러 보는 마음이 더욱 깊어만 갑니다……

−『입당구법순례행기』

엔닌이 남긴 『입당구법순례행기(入唐求法巡禮行記)』에는 엔닌의 유학길을 돌보아 줄 것을 청하는 일본 관리의 글도 남아 있어 장보고가 국제적으로 얼마나 명성을 가지고 있었는지 잘 알 수 있습니다.

신라인을 위해 법화원을 지은 장보고

9세기에 신라인들은 당나라에 진출하여 산둥 반도와 남중국에 '신라방' 이라는 신라인들의 마을을 이루며 살고 있었습니다. 또 '신라 소' 라는 신라인들을 위한 자치 행정 기구도 있었답니다. 장보고는 그 자신이 재당 신라인으로 20여 년 생활하였기 때문에 신라인들이 고국을 그리는 마음을 누구보다 잘 알고 있었습니다. 장보고는 이들을 위로하기 위하여 산둥 성에 법화원이라는 신라인을 위한 절('신라원' 이라 통칭)을 지어 주었습니다. 법화원은 연간 500석의 곡식을 수확하는 장전(庄田)을 소유하고 있었으며, 겨울에는 『묘법연화경』을 , 여름에는 『금광명경』을 강의하였다고 합니다. 법화원에서 839년에 시작된 강회에는 매일 40여 명의 사람들이 참석하였고, 강회의 마지막 2일간은 250명과 200명이 참여하였다는 기록이 남아 있어, 법화원이 신라인들의 마음의 안식처였고, 신라인들을 단결시키는 민단 기구의 역할도 하였음을 알 수 있습니다.

　　장보고가 있는 한 '당-신라-일본'을 잇는 삼각 무역의 중심에는 신라 상인들이 있었고, 신라 상인들의 중개무역은 신라에 많은 경제적 이윤을 가져다주었습니다. 또한 당에 오는 신라 유학생들인 숙위학생이나 유학승들도 모두 청해진대사 장보고의 도움을 받았습니다.

　　그러나 안타깝게도 장보고의 죽음은 동북아시아 국제무역의 중심이 신라 상인에서 당나라 상인으로 넘어가는 결과를 낳았으며, 이후부터 오랫동안 무역의 주도권은 우리나라로 돌아오지 않았습니다.

교과서로 점프

●● 고등학교 국사 – 통일신라의 경제 활동
8세기 이후 동아시아의 무역 활동이 활발해져 장보고는 지금의 완도에 청해진을 설치하고 해적을 소탕하여 남해와 황해의 해상 무역권을 장악하였다.

●● 고등학교 국사 – 해상 세력의 성장
장보고는 신라로 돌아와 흥덕왕을 찾아보고 말하기를 "중국에서는 널리 우리 사람들을 노비로 삼으니 청해진을 만들어 적으로 하여금 사람들을 약탈하지 못하도록 하기를 원하나이다."라고 하였다. 청해는 신라의 요충으로 지금의 완도를 말하는데, 대왕은 그 말을 따라 장보고에게 군사 만 명을 거느리고 해상을 방비하게 하니, 그 후로는 해상으로 나간 사람들이 잡혀가는 일이 없었다.
－『삼국사기』

신라가 멸망하게 된 원인에는 장보고 같은 해상 세력의 반발 외에 어떤 이유들이 있었을까요?

신라를 뿌리부터 흔든 가장 근본적인 원인은 골품 제도의 모순 때문이었습니다. 진골 귀족만이 권력을 독점하면서 출세가 제한적이었던 6두품의 불만이 매우 높아졌는데, 그들은 당에서 유학하고 돌아와 지방 호족들과 결합하면서 반신라 세력이 되었습니다.

그리고 왕위 계승 싸움도 신라 멸망에 한몫하였습니다. 중앙에서는 진골 귀족 간에 왕위 계승 싸움이 계속되어 150년간 20번이나 왕이 교체되었습니다. 지방 호족 세력들은 저마다 장군이나 성주를 칭하면서 독립적 세력을 가지고 있었고 군진 세력도 각 지방에 주둔한 군대를 중심으로 중앙에 반기를 들고 있었습니다.

진성여왕 때 세금 독촉이 심해지자 농민들이 반란을 일으켰는데, 그것도 신라 멸망의 원인이 되었습니다. 이들 중에서 후백제를 세운 견훤이나 후고구려를 세운 궁예 등은 선종과 유교, 풍수지리설과 결합하여 새로운 사회를 꿈꾸고 있었답니다.

tip

숙위학생 : 신라에서 당나라 국자감에 보내진 유학생을 말한다. 당과 신라의 문물 교류에 중요한 역할을 담당하였으나 신라 말기에는 중앙에 반기를 들고 지방 호족들을 도왔다.

장 보 고 와 염 장

염장은 지금의 광주인 무주 출생입니다. 그는 무예가 뛰어나고 용감했는데, 838년부터 장보고 휘하로 들어가 장군이 되었습니다. 이후 우장(신무왕)이 왕에 오르기 위하여 장보고 군대를 이끌고 민애왕의 군대와 싸울 때 김양·장변·정년·낙금·장건영·이순행 등과 함께 출정하여 용감히 싸웠습니다. 특히 무주 철야현 북쪽에서 김민주가 이끄는 중앙군을 물리치는 데 공을 세웠습니다.

염장은 매우 굳세고 용감하면서 출세하는 것을 중요하게 여겼습니다. 중앙의 진골 귀족들이 '해도인'의 딸을 왕비로 맞아들일 수 없다고 강력히 반대하며 뒤로는 장보고를 제거하고자 마땅한 인물을 물색할 때 스스로 나선 자이기도 합니다. "저를 보내 주십시오. 조정에서 다행히 제 말을 들어준다면, 저는 한 명의 병졸도 수고롭게 하지 않고 혼자서 궁복(장보고)의 목을 베어 바치겠습니다."

중앙 귀족들은 크게 기뻐하며 염장을 청해진으로 내려 보냈습니다. 염장은 자신도 왕에게 반기를 들기로 결정한 것처럼 위장하여 장보고를 찾아갑니다. 장보고는 10년지기이며 자신의 부하였던 염장을 반갑게 맞아들였고, 그를 환영하는 잔치를 열었습니다. 그리고 중앙 귀족들에 대하여 분함을 토로하기 시

작하자 염장은 장보고의 신임을 얻기 위하여 그의 이야기에 맞장구를 치며 중앙으로 쳐들어가도 중앙 귀족들은 장보고를 이길 수 없을 것이라고 비위를 맞추었습니다. 장보고는 곧 기분이 좋아져 거나하게 술에 취하여 곯아떨어집니다. 이때 염장은 장보고가 차고 있던 칼을 꺼내어 장보고의 목을 쳐 죽여 버립니다. 이때가 846년(신라 문성왕 8년)이었습니다.

염장은 그 후 장보고의 반란을 평정한 공으로 아간까지 올랐습니다. 민간에서는 염장의 비겁한 행동을 비난하기 시작했습니다. 그래서 설상가상으로 마음 아픈 일이 발생하였을 때 "염장이 찌른다."라는 말을 하였고, 이것이 수백 년을 내려오면서 "염장을 지른다."라는 말의 어원이 되었다는 설도 있습니다.

II. 고려 시대

· **최승로** - 「시무 28조」로 고려 발전의 밑바탕을 마련한 문신
· **의천** - 천태종을 개창하고 교종과 선종의 통합에 힘쓴 승려
· **묘청** - 서경 천도로 고려의 자주성을 회복하려던 승려
· **만적** - 삼한에서 천민을 없애려던 노비

「시무 28조」로 고려 발전의 밑바탕을 마련한 문신

최승로

(崔承老, 927~989)

●● 최승로는 신라 6두품 가문에서 태어나 고려 성종 때 문하시중에까지 오른 사람이에요. 그가 건의한 「시무 28조」에 의하여 유교는 고려의 통치이념이 되었고, 정치·경제·사회 제도가 정비되었답니다.

신라 사람 최승로가 개경에서 살게 된 이유?

최승로는 신라 6두품 귀족 출신인 아버지 최은함이 경주 남산에 있는 중생사의 관음보살에 정성을 다하여 불공을 드린 결과 어렵게 얻은 아들이라고 합니다. 그런 최승로가 태어난 시기는 10세기 후삼국 시대로 천하통일을 위해 후삼국이 치열한 싸움을 벌이던 격동의 시대였습니다.

당시 6두품 신분은 골품 제도의 한계로 정치적인 진출이 막혀 있었기 때문에 신라 최고의 지성인이면서도 고위직에 등용되지 못하였습니다. 6두품 중에는 이것에 불만을 품고 후백제나 후고구려를 도와 반(反)신라 활동을 하는 사람도 나타났습니다. 최은함과 동시대에 살았으며 당에서 유학하고 돌아온 최승우, 최언위가 그러하였습니다. 최승로의 부친 최은함도 신라가 운명이 다하였다는 것을 잘 알고 있었습니다. 특히 최승로가 태어나던 해는 마침 후백제의 견훤이 신라로 쳐들어온 해이기도 합니다. 신라의 경애왕은 신하들과 함께 포석정에서 연회를 벌이며 마음을 놓은 채 있다가 군사를 이끌고 쳐들어온 견훤에게 크게 당하고 스스로 자살하였습니다. 최은함의 짐작대로 신라는 935년에 고

후백제의 견훤이 쳐들어온 곳인 포석정

려 왕건에게 나라를 넘기고 천년 역사에 종지부를 찍었습니다. 이때가 최승로가 10세 되던 해였답니다.

최은함은 드디어 6두품들에게도 새로운 세상이 열렸다는 사실에 주목합니다. 그래서 아들을 위해서도 태조 왕건이 있는 고려의 수도 개경에서 생활하는 것이 옳겠다고 생각했습니다. 그리하여 그는 새로운 사회에서 능력을 인정받으며 지배층으로서 생활해 보겠다는 다짐을 하며 일가를 이끌고 고향인 경주를 떠나 고려의 수도인 개경으로 이사를 갑니다. 바로 이때부터 6두품 가문에서 태어난 최승로의 성장 무대가 개경이 되었습니다.

태조의 사랑을 받은 신동 최승로

최승로는 어렸을 때부터 매우 총명하고 학문을 좋아하였습니다. 또래 아이들이 천자문을 공부할 때 그는 벌써 사서오경(四書五經)을

사서오경 : 중국의 기본 유교 경전으로 『논어』, 『맹자』, 『중용』, 『대학』의 네 경전과 『시경』, 『서경』, 『주역』, 『예기』, 『춘추』의 다섯 경서를 말한다.

읽기 시작하여 12세 때는 『논어』를 줄줄이 외울 정도가 되었습니다. 그러자 어린아이가 『논어』를 막힘없이 외운다는 소문이 개경에 파다하게 퍼지면서 칭송이 자자했고, 급기야 궁궐까지 이 소식이 전해졌습니다. 당시의 국왕이었던 태조 왕건은 후삼국을 통일하고 널리 인재를 구하고 있었습니다. 태조 왕건은 친히 그 아이를 궁에 들게 하여 직접 자신 앞에서 외우도록 하였습니다. 만인의 하늘과 같은 국왕을 직접 만나게 되니 긴장도 할 만한데 어린 최승로는 조금도 떨거나 실수하지 않고 태조 앞에서 낭랑한 목소리로 소문과 같이 논어를 완벽하게 암송하였습니다.

　　　　태조는 이러한 최승로를 참으로 대단한 아이라고 칭찬을 아끼지 않으면서 염분을 하사하였습니다. 염분이란 소금을 말하는데, 고려 시대만 하여도 소금은 도염원이라는 관청을 두고 업무를 보았을 정도로 귀하게 취급되었답니다. 그것뿐이 아니었습니다. 다음해에는 최승로를 원봉성(元鳳省)의 학생으로 공부할 수 있도록 하면서 말안장을 얹은 말과 예식(例食, 관례에 따라 받는 곡물) 20석을 하사하여서 특별한 관심을 보였답

니다. 원봉성이란 후에 한림원으로 이름을 바꾸는 곳으로 고려 최고의 학자들이 모여 임금의 명을 받들어 문서를 작성하는 곳이었습니다. 최승로가 원봉성의 학

고려 문신이 그려진 경기도 파주의 서곡리 고분벽화 **최승로는 문신으로서 고려의 초석을 닦은 사람이다.**

94

생이 된 것은 그만큼 그가 훌륭한 문장가로 성장할 소양이 충분히 있다고 인정받은 것이었습니다.

왕에게 올린 정책 제안서 「시무 28조」

태조의 총애를 받던 최승로는 성종이 즉위할 때까지 모두 다섯 임금을 모셨습니다. 그중 그가 가장 왕성하게 활동할 수 있었던 시기인 20~40대에는 광종을 모셨습니다. 하지만 광종은 중국 후주(後周) 출신의 쌍기(雙冀)라는 인물을 신임하고 중용하였기 때문에 최승로가 뛰어난 점이 있어도 광종의 눈에 들기 어려웠답니다. 그리하여 그는 광종이 재위하였던 26년의 세월 동안 뜻한 바 있어도 자신의 생각이나 능력을 충분히 발휘하지 못하였습니다.

그러나 성종이 즉위하자 최승로가 뜻을 펼 수 있는 절호의 기회가 생겼습니다. 982년 성종이 개경에서 근무하는 5품 이상의 관리들 모두에게 봉사(封事)를 올려 현재 정치의 옳고 그름에 대해 논하라고 명하였던 것입니다. 이때 최승로의 나이는 55세였고, 그의 직위는 정광행선관어사상주국(正匡行選官御事上柱國)으로서 인사권을 가지고 있는 종2품의 관직에 올라 있었습니다. 이에 그는 먼저 태조에서 경종에 이르는 다섯 왕의 치적을 논함과 동시에 고려의 정치, 사회, 종교에 걸친 폐단을 지적하고 새로운 정치 개혁과 고려 발전을 위한 제도를 건의하는 「시무 28조」를 올렸습니다. 수많은 신하들이 성종의 명을 받들어 시무책을 내놓았으나, 성종의 눈에 든 것은 최승로가 제출한 「시무 28조」였습니다. 성종은 크게 만족해하면서 새로운 국가체제 정비를 위하여 박차를 가하였습니다. 그리고 최승로를 문하시랑평장사(門下侍郎平章事)로 승진시켜 왕 옆에서 정책을 보좌하도록 하였답니다.

　　최승로는 이후 승승장구하여 988년에 국무총리직에 해당하는 문하수시중(門下守侍中)까지 올랐으니, 성종의 신임이 얼마나 두터웠는지를 잘 알 수 있습니다. 그는 62세로 세상을 떠날 때까지 6년 동안 성종을 보필하며 고려 발전에 크게 기여하였습니다. 그리하여 성종 때 실시된 유교 정치 이념과 중앙집권체제 등의 고려 시대 정치의 기본 골격은 최승로의 「시무 28조」의 건의에 의하여 실시된 것이라고 해도 과언이 아닙니다.

봉사 : 왕에게 밀봉하여 올리는 상소 의견서이다. 봉사를 받는 주된 목적은 재능과 학식을 겸비한 현명한 인재를 등용하기 위함이었다.

최승로가 쓴 국사 교과서

「상서문」을 통해 선대 임금들을 논한 최승로

국사 교과서에는 최승로가 올린 문서를 「시무 28조」라고 말하고 있지만 원래의 제목은 「상서문(上書文)」이랍니다.

최승로의 「상서문」은 크게 두 가지 내용으로 되어 있습니다. 첫 번째 내용은 최승로가 모신 다섯 임금인 태조 · 혜종 · 정종 · 광종 · 경종 임금의 치적을 논한 것인데, 이것은 성종으로 하여금 참고와 교훈이 되도록 하기 위하여 쓴 것입니다. 아마도 성종이 최승로의 「상서문」을 다른 어떤 사람들의 글보다 높이 평가한 이유는 「시무 28조」의 내용이 훌륭하기도 했지만 선대 임금이 행한 정치의 잘잘못을 적나라하고 솔직하게 논한 그의 글에 감명을 받았기 때문이라고도 할 수 있습니다.

두 번째 내용에선, 최승로가 33년 동안 관직 생활을 해오면서 자신의 경험을 통해 개혁이 필요하다고 느꼈던 것들을 조목조목 28개 항목으로 나누어 자신의 의견을 논리적으로 펼치고 있습니다. 그러나

『고려사』에 실린 「시무 28조」

97

28조의 내용이 모두 전하는 것이 아니라, 현재는 22개조의 내용만 『고려사』에 기록되어 전하고 있습니다.

그렇다면 그는 다섯 임금에 대하여 각각 어떤 평가를 내렸을까요? 최승로가 성종에게 모범으로 삼으라고 추천한 임금은 어느 임금이었을까요? 최승로가 가장 훌륭한 정치를 한 성군으로 평가한 왕은 바로 태조 왕건이었습니다. 그는 다섯 임금에 대한 치적평을 마치면서 이렇게 말하였습니다.

> 성상께서 만약 태조의 유풍(遺風)을 잘 지키신다면 어찌 현종(玄宗)이 문황(文皇, 당 태종)의 고사(故事)를 추모함과 다르리오.

성종 이전의 다섯 임금 중에서 태조의 정치가 가장 으뜸이었다는 것입니다. 태조 이후의 혜종, 정종, 광종, 경종에 대해서는 칭찬과 비판 양쪽을 균형 있게 말하였습니다. 그러나 광종의 정치에 대해서는 비판이 좀 더 격렬하였습니다. 광종 즉위 이후 8년까지는 정치를 잘 하였으나 956년(광종 7)에 쌍기란 인물을 등용하면서 정치의 폐해가 커졌다는 것입니다. 과거 제도를 실시하는 과정에서 문사를 지나치게 우대했고, 이들과 매일 밤 어울리며 환락 생활을 했으며, 재주 있는 사람만을 중용하여 군신 사이에 대화의 길이 막히고 시기와 암투가 발생하게 되었고, 과도한 불교 행사와 토목 공사로 국가 재정에 큰 손실을 초래한 것을 지적하고 있습니다.

최승로는 다섯 임금들의 장점으로 다음과 같은 점을 들고 있습니다. 혜종은 정종의 모함을 따르지 않았으니 우애의 의로움이 있었고, 정종은 '왕규의 난' 을 초기에 진압하여 지혜롭게 종사를 지켜 나갔다고 합니다. 광종의 8년 정치는 선대 세 임금의 정치와 비교해 보아도 매우 훌륭하였으며, 제도의 정비도 볼 만하여 비록 후에 정치를 잘못하였다 하나 선과 악이 반반이었고, 경종은 광종 때 억울하게 잡혀 들어간 수천 명의 사람을 풀어 주고 광종 때의 잘못된 문서를 불사르는 옳은 일을 하였다고 합니다.

　　　이러한 평을 통해 최승로는 성종이 역대 국왕의 정치 중에서 좋은 정치는 모범으로 삼고 악한 정치는 멀리 하여 길이 후대에 이름을 남길 수 있는 훌륭한 국왕이 될 것을 충고하고 있습니다. 이와 더불어 착한 마음으로 시작한 것을 그대로 이어 나가 유종의 미를 거두어야 하며, 교만하지 않으면서 항상 백성을 걱정한다면 복은 저절로 올 것이고, 오래도록 통치할 수 있어서 국가의 왕위는 만대에 이를 것이라고 예언하고 있답니다.

교과서로 점프

●● 고등학교 국사 – 유교적 정치 질서의 강화
성종 때에는 신라 6두품 출신의 유학자들이 국정을 주도하면서 유교 정치를 실현하고자 하였다. 성종은 즉위 후 국가의 오랜 폐단을 없애고 국정을 쇄신하기 위하여 중앙의 5품 이상의 관리들로 하여금 그동안의 정치에 대한 비판과 정책을 건의하는 글을 올리게 하였다.
이에 최승로는 「시무 28조」를 올려 유교의 진흥과 과도한 재정 낭비를 가져오

「시무 28조」를 통해 국가 기강을 세운 최승로

최승로가 「시무 28조」를 바쳤을 때는 고려가 통일을 하고 47년의 세월이 지난 다음이었지만 아직도 호족들의 세력이 존재했고, 중앙 집권체제는 물론 정치 · 지방 · 사회 · 교육 제도가 제대로 갖추어지지 않을 때였습니다.

이러한 때에 그가 올린 「시무 28조」로 말미암아 국방이 튼튼해지고 중앙 관제와 지방 제도가 갖추어졌으며, 조세 제도가 균형을 이루고, 불교 행사로 인한 각종 폐단과 불필요한 과소비가 사라지면서 국가 재정이 확충되었으며, 백성을 괴롭히던 수많은 민폐가 사라지게 되었습니다.

다음은 최승로의 「시무 28조」 중 현재 전하는 22조의 내용을 이해하기 쉽게 정리한 내용입니다.

❶ 서북 지방의 국경이 정해지지 않아 군량의 소비가 심하니, 신념으로 판단하여 중요한 곳으로 국경을 정하시고, 활 잘 쏘고 말 잘 타는 그 지역 사람을 뽑아 국방을 맡도록 하소서.

❷ 성상께서 공덕제(功德齋, 불교 의식의 하나)를 행하기 위하여 몸소 차(茶)를 가시고, 혹은 친히 밀(麥)도 찧으신다 하는데, 저의 어리석은 생각에는 성상께서 일하시는 것이 애석하나이다. 광종 이래로 백성들의 고혈(膏血, 기름과 피)을 짜냄으로써 불공과 재를 베풀었습니다. 이때가 되면 죄를 지은 자가 중을 가장하고, 구걸하는 무리들이 중들과 서로 섞여 지내는 일이 많습니다. 원컨대 국왕의 체통을 바르게 하여 무익한 일을 하지 마옵소서.

❸ 우리 조정의 시위군졸은 태조 때에는 그 수효가 많지 않았으나, 뒤에 광종이 아첨하는 자들의 말을 믿고 풍채 좋은 자를 뽑아 시위케 하여 그 수가 많아졌습니다. 태조 때의 법을 준수하시어 용감하여 필요한 자들만 남겨 두고 나머지를 모두 돌려보내신다면 원망하는 사람도 없을 것이요, 나라에는 재물이 쌓이게 될 것입니다.

❹ 광종 때 보시(布施, 재물을 베풂)하는 것을 좇아 길 가는 사람들에게 간장과 되에 담은 무국을 무상으로 나누어 주시는데, 이것으로는 많은 사람들에게 두루 은혜를 베풀지 못합니다. 상벌을 밝혀 악을 징계하고 선을 권장한다면 복을 이룰 수 있을 것입니다. 사소한 일은 정치를 행하는 임금의 체통이 아니오니 폐하소서.

❺ 태조께서는 수년에 한 번씩 사신을 보내어 사대의 예를 닦았을 뿐인데, 지금은 사신뿐만 아니라 사무역이 빈번하여 중국에서 천시할 수 있고, 배가 파선하여 목숨을 잃은 자가 많으니, 사신 편에 무역을 겸하게 하고 그 나머지 매매는 일절 금하소서.

❻ 모든 불당의 돈과 곡식은 여러 절의 중들이 각각 주, 군에 사람을 보내 관리하면서 매년 이자를 받아 가므로 백성들을 괴롭히고 소요스럽게 하니 모두 다 금지하소서.

❼ 태조가 삼한을 통일하신 후에 지방에 외관을 두려고 하였으나 대체

로 초창기에 일이 번잡하여 미처 둘 겨를이 없었습니다. 이제 지방의 호족들이 매번 공무를 빙자하여 백성을 매우 괴롭히고 있습니다. 청컨대 지방관을 두소서. 비록 일시에 다 보내지 못한다 하더라도 먼저 10여 주현(州縣)에 관청을 두고, 관에 각각 2, 3인의 관원을 두어 백성을 돌보는 일을 맡기소서.

❽사신을 보내어 굴산의 승 여철을 궐내로 맞아들였는데 저 평범한 중은 복을 가져오지 못합니다. 청컨대 여철을 산으로 돌려보내소서.

❾신라 때에는 의복과 신발, 버선 등 각각 신분에 따라 정해진 의복을 입었습니다. 그런데 우리나라는 마음대로 옷을 입기 때문에 높은 관리라도 가난하면 비단옷을 입지 못하고, 관직이 없어도 부자이면 금수가 놓인 비단 옷을 입습니다. 관료들로 하여금 조회할 때는 중국 및 신라의 제도에 의하여 공복을 입도록 하며, 신분에 따라 지위의 높고 낮음을 구별하여 입도록 하소서.

❿중들이 관현에 왕래하며 공무도 아니면서 객관, 역사에서 숙박하는 것을 금지하여 폐단을 없애소서.

⓫예(禮), 악(樂), 시(詩), 서(書)의 가르침과 군신(君臣), 부자(父子)의 도리는 마땅히 중국의 본을 받아 비루한 것을 고쳐야 할 것이나, 기타 수레와 말, 의복 등의 제도는 토풍(土風, 고려 풍속을 말함)을 따르게 하면 사치와 검약이 중용(中庸, 지나치거나 모자라지 않음)을 얻을 것이요, 반드시 중국과 같이 할 것은 없나이다.

⓬섬의 주민들은 살기가 매우 어렵사옵니다. 청컨대 주군(州郡)의 예를 따라 공물과 요역을 공평하게 하소서.

⓭우리나라에서는 봄에는 연등(煙燈)을 설치하고, 겨울에는 팔관(八關)을 베풀어·사람을 많이 동원하고 노역이 심히 번거로우니, 경감하여 백

성들이 기운 나게 하시며, 우상은 만드는 데 비용도 많이 들고
한 번 쓰면 버리는 것이니, 우상 만드는 것을 허락하지 마소서.

❹ 임금께서는 매일같이 근신하시며 스스로 교만하지 마시고, 아
랫사람을 대하실 때는 공손히 대하고, 혹시 죄를 범한 자가 있거든
그 경한 죄나 중한 죄를 모두 법에 의하여 경중을 따져 벌을 주소서.

❺ 광종 때 불교 행사를 많이 하여 밖에 살던 노비들까지 불러들이니
이들을 먹이는 데 비용이 많이 들었으며, 궁중에서 수많은 말을 기르니
비용이 아주 많이 소비되어 백성들이 그 해를 입고 있습니다. 만약 국
경에 변고가 발생하면 군량이 원활하게 공급되지 못할 것이니, 태조의
제도에 의하여 궁중의 노비와 말의 수를 정하시고 그 나머지는 모두
다 궁궐 밖으로 내보내소서.

❻ 선을 쌓고 소원을 빈다고 사찰을 너무 많이 세우고, 중들이 거처할
곳을 짓는다고 공사에 백성들을 징용하기를 나라의 부역보다도 더 급
하게 부리므로 백성들이 심한 고통을 받고 있으니, 바라건대 엄하고 단
호하게 금지하여 백성의 노역을 덜게 하소서.

❼ 여러 주(州) · 군(郡) · 현(縣) 및 정(亭) · 역(驛) · 진(津) · 도(渡)의 토호들
이 다투어 큰 집을 지어 한 집의 재력을 탕진할 뿐만 아니라 백성을 괴
롭히게 되니, 신분에 따른 가옥 제도를 정하고 모두 준수할 것을 명하
며, 이미 세워진 건물이라도 법에 정한 바에서 초과되는 집들은 철거할
것을 명하여 장래를 경계하소서.

❽ 불경을 필사하고 불상을 조각하는 것은 오래 전하기 위함인데, 진기
한 보석으로 장식하여 도적의 마음을 열게 만들 필요가 있겠습니까?
신라 말기에 불경과 불상을 만드는 데 모두 금 · 은을 사용하여 사치가
지나쳤으므로 마침내 멸망하게 되었나이다. 근래에도 그 풍습이 없어
지지 않았으니 엄중히 금하여 그 폐단을 고치게 하소서.

⓳우리나라에서 삼한공신(후삼국 통일에 공을 세운 신하들)과 세가의 자손들은 신진 관료배들에게 함부로 모욕당하여 불평, 불만이 일어나고 있으며, 광종 말년에 대신들이 죽임을 당하고 쫓겨나 세가 자손들이 가문을 계승하지 못하고 있습니다. 이제 공신 등급에 따라 그 자손들을 등용하소서. 또한 경자년 전과에 합격한 자와 삼한 통합 이후 관직에 들어온 자도 계급에 따른 직위를 헤아려 주면 억울한 마음이 풀어지게 되어 나쁜 일이 생기지 않을 것이옵니다.

⓴불교를 따르고 행하는 것은 자신을 다스리는 근본이요, 유교를 따르고 행하는 것은 국가를 다스리는 근원입니다. 자신을 다스리는 것은 내세의 자원이요, 국가를 다스리는 것은 곧 오늘의 의무입니다. 오늘은 가깝고 내세는 지극히 머니, 가까움을 버리고 먼 것을 구함은 그릇된 것이 아니겠습니까?

㉑우리나라 종묘사직의 제사는 너무 많아 도를 넘습니다. 제사의 비용은 모두 백성의 고혈과 그 노역에서 나오니, 어리석은 신의 생각으로는 만약 백성의 노역을 쉬게 하여 환심을 얻으면 그 복이 반드시 기원하는 복보다 더할 것입니다. 바라건대 성상은 때마다 지내는 제사를 그만두시고, 항상 스스로 삼가고 자신을 반성하는 마음을 품어 그것이 하늘을 감동시킨다면 나쁜 일이 스스로 사라지고 복이 저절로 오게 될 것입니다.

㉒광종이 노비를 안검(광종의 노비안검법을 말함)하니, …… 천한 노예들이 주인을 모함하는 일이 이루 헤아릴 수 없이 많았습니다. 미천한 자가 윗사람을 능욕하지 못하도록 하시고 노비와 상전과의 관계에 대하여 중도를 잡아 처리하소서. 그런즉 선대의 일에 구애되지 말고, 노비와 주인의 송사를 판결할 때는 판결을 상세하고 명백하게 하여 후회함이 없도록 하시며, 전대에 결정한 것을 다시 추궁하여 분쟁을 일으킬 필요는 없나이다.

최승로의 「시무 28조」에서 가장 많이 인용되는 부분은 지방관 파견을 건의한 제7조와 제20조에서 "불교를 따르고 행하는 것은 수신(修身, 자기 자신을 다스리는 것)의 근본이요, 유교를 따르고 행하는 것은 이국(理國, 국가를 다스리는 것)의 근원입니다."라고 한 내용입니다. 그리고 「시무 28조」에서 가장 많은 부분을 차지하는 내용은 불교 의식을 행함으로써 발생하는 각종 폐단과 이로 인한 백성들의 어려움에 대한 내용이랍니다. 이러한 내용이 28조 중 무려 8조에 이릅니다. 최승로는 성종이 광종이 행하였던 것을 그대로 따라 과도하게 불교 행사를 행하여 국가의 재정을 축내며 백성들을 고통에 빠뜨리지 말라고 충언하고 있는 것입니다.

이와 함께 최승로는 백성의 고통스러운 생활을 상세히 밝히고, 이를 구제할 방안을 여러 가지로 건의하고 있습니다. 민생이 안정되어야 국가가 잘 될 수 있다는 것을 성종에게 강조한 것입니다. 최승로의 시무책에서 백성의 민생과 관련되는 조항은 모두 11개조에 달합니다. 토호들과 부호 그리고 중들이 일으키는 각종 공사와 불교 행사에 동원되어 노역에 시달리는 백성들의 힘든 모습을 낱낱이 고하고 있답니다. 이러한 폐단을 고치기 위해서는 세금과 부역이 공평하게 부과되고 백성들을 노역의 고통에서 해방시켜야 한다고 주장하고 있습니다.

노비안검법(奴婢按檢法) : '안검'의 뜻은 칼을 빼려고 칼자루에 손을 댄다는 뜻이다. 광종은 왕권을 강화하고 호족들의 힘을 약화시키기 위하여 호족들에게 붙잡혀 억울하게 노비가 된 사람들을 해방시켜 주는 법을 실시하였다. 즉 노비를 '안검' 하는 것은 호족들에게서 군사력과 경제력을 빼앗는 일인 것이다.

특히 최승로의 시무책이 더욱 빛나 보이는 이유는 모화사상(慕華思想)에 젖어서 무조건 중국 것을 따를 필요는 없다고 주장하는 자주적인 태도입니다. 그는 제5조와 제11조에서 중국에 필요 이상으로 사대할 필요가 없으며, 풍속에 있어서도 중국의 문물을 무조건적으로 받아들이지 말고, 우리의 풍속을 유지하는 것이 사치스럽지 않으면서도 나름대로 의의가 있음을 당당히 밝히고 있습니다.

교과서로 점프

●● 고등학교 국사 – 유학의 발달과 역사서의 편찬
성종 때에는 유교 정치사상이 확고하게 정립되고, 유학 교육 기관이 정비되었다. 이 시기의 대표적 유학자는 최승로였다. 그는 「시무 28조」의 개혁안을 올리고, 유교사상을 치국의 근본으로 삼아 사회 개혁과 새로운 문화의 창조를 추구하였다. 따라서 그의 유교사상은 자주적이고 주체적인 특성을 지녔다.

궁금한 건 못 참아!

최승로는 시무책을 올리며 역대 왕들의 업적을 평가하였는데, 특히 태조 왕건을 성군으로 높이 칭송하였습니다. 태조가 추진한 정책들은 어떤 것들이었을까요?

태조 왕건은 후삼국 시대의 혼란을 수습한 후 국가의 기반을 다지고 사회의 안정을 위해 노력하면서 다음과 같은 정책을 추진하였습니다. 첫째, 북진 정책을 추진하여 나라 이름도 옛 고구려를 계승한다는 뜻으로 '고려'라 하였고, 고구려의 수도였던 서경을 중요하게 생각하여 북진 정책의 전진기지로 삼으면서 고구려 영토 회복에 노력하여 청천강에서 영흥만까지 영토를 확장하였습니다.

둘째, 지방 호족 세력을 포섭하기 위하여 호족들과 혼인 관계를 맺었고, 호족의 자제를 인질로 개경에 머무르게 하는 기인 정책을 실시하고 사심관이라는 관직을 주거나 '왕 씨' 성을 하사하였습니다.

셋째, 후삼국으로 갈라졌던 민족을 융합시키기 위하여 통일신라나 후고구려, 후백제 출신 사람들을 받아들였습니다. 신라의 경순왕은 남경(경주)의 사심관에 임명하였고, 견훤에게는 '상부'라는 칭호를 주었습니다. 또 발해가 망하자 발해의 유민을 이끌고 고려를 찾아온 발해의 왕자인 대광현을 맞아들여 고려에서 왕 씨 성을 가지고 살 수 있도록 해주었습니다.

넷째, 민생 안정책을 실시하여 호족들이 지나치게 세금을 거두지 못하도록 하고, 조세 제도를 합리적으로 조정하여 세율을 10분의 1로 낮추었습니다. 그는 또한 『정계』와 『계백료서』를 지어 관리들이 지켜야 할 규범을 제시하였고, 이러한 정책을 후대 왕들이 지속적으로 지켜 나가도록 「훈요 10조」를 남겼습니다.

모화사상 : 중국의 문물과 사상에 대해 여과 없이 따르고 칭송하는 사상
상부 : 고려 시대에 임금이 특별한 대우로 신하에게 내린 칭호를 말한다.
『정계』, 『계백료서』 : 고려 태조 왕건이 신하들의 예절을 밝게 하려는 목적으로 직접 저술한 책

죽은 뒤에도
왕의 최고 고문이 된 최승로

최승로는 사심이 없는 사람이었습니다. 성종에게 시무책을 올려 성종의 두 터운 신임을 받은 그이지만 관직에 대한 미련은 조금도 없었답니다. 최승로는 성종 2년에 문하시랑평장사 자리로 가게 되면서 이것을 계기로 관직을 사임하려고 하였습니다. 그러나 성종은 허락하지 않았답니다. 드디어 그는 고려의 수상직인 문하시중 자리에 올랐습니다. 이때 성종은 그에게 제후직에 해당하는 '청하후(淸河侯)'를 봉하고 식읍 700호를 내렸습니다. 최승로는 이것을 받지 않겠다고 여러 번 거두어 줄 것을 정중히 청하였지만 성종은 끝까지 그에게 권하였습니다. 최승로는 그 후 6년을 더 문하시중 자리에 있었습니다.

성종 8년에 최승로는 63세의 나이로 생을 마쳤습니다. 성종은 이 소식을 듣고 탄식해 마지않으면서 최승로에게 '문정(文貞)'이라는 시호를 내렸습니다. 하지만 성종의 최승로에 대한 경의는 그것으로 그치지 않았습니다. 교서를 내려 최승로의 훈덕을 높이 평가하였고, 그에게 왕의 최고 고문에게 주는 '태사(太師)'직을 내렸답니다. 태사란 성종 때 만들어진 관직으로 태부, 태보와 함께 삼사라 칭하며 왕의 최고 고문 역할을 하는 직함이었습니다. 최승로는 죽어서도

108

왕의 최고 고문이라는 명예를 가지게 된 것입니다. 이와 함께 성종은 장례에 쓰라고 유향 200냥과 포 1,000필, 국수 300석, 경미(硬米) 500석과 고려 왕실에서만 즐겨 먹는 귀한 차인 뇌원차 200각과 대차 10근을 하사하였습니다. 살아생전 여섯 임금을 모셨으며, 성종 당대에 시무책으로 고려의 기틀을 확립할 수 있도록 해준 것에 대한 당연한 보상이었다고 할 수 있습니다.

시호 : 왕이나 재상, 또는 학식이 높고 덕망 있는 사람들을 추모하여 그들이 죽은 뒤에 그들이 행한 행적에 따라 붙여 주는 이름이다.

교서 : 국왕이 신하, 관청, 백성들에게 내리는 문서이다.

천태종을 개창하고 교종과 선종의 통합에 힘쓴 승려

의천

(義天, 1055~1101)

●● 의천은 문종의 넷째 아들로 태어나 출가하여 스님이 되었습니다. 송나라에 유학을 갔다 돌아와서 고려에서 처음으로 천태종을 열었지요. 그는 교장도감을 설치하여 교장을 간행하고 교종과 선종의 통합에 힘쓰는 한편 화폐 유통을 건의하던 개혁가였습니다.

왕의 아들 의천은 왜 승려가 되었을까?

의천은 1055년(문종 9년) 문종과 인예태후 이씨 사이에서 태어났습니다. 문종과 인예태후 사이에는 모두 10남 2녀가 있었는데, 그는 넷째 아들이었습니다.

대각국사 의천의 초상

문종은 어느 날 여러 왕자들을 불러 놓고 이렇게 말하였습니다. "누가 능히 출가하여 복전(福田, 승려가 되어 부처를 모시는 것)의 이익을 짓겠느냐?" 그러자 왕후(의천)가 나서서 말하기를 "신이 출가할 뜻이 있사오나 오직 부왕이 어명하시는 대로 따르겠나이다."라고 대답하였습니다. 문종은 곧 그가 출가하는 것을 허락하였습니다.

당시 고려의 국교는 불교였습니다. 고려의 사찰들은 부를 누렸으며, 각종 경제적 특권을 가지고 있었습니다. 불교 교단을 장악하는 것은 유력한 정치 세력을 얻는 것과 다름이 없는 시대였습니다. 따라서 귀족 가문들은 다투어서 자제들을 출가시켰는데, 고려 왕실도 예외가 아니었던 것입니다.

의천은 11세에 출가하여 화엄종의 승려인 왕사 난원을 스승으로 모시고 개경의 영통사에서 화엄종의 교리를 배우며 지내게 되었습니다. 의천은 어릴 때부터 매우 총명하고 제자백가의 유학은 물론 역사책을 즐겨 읽었기 때문에 어려운 불교 경전도 깊이 공부해 나갈 수 있었습니다. 의천이 13세 되던 해에는 '우세'라는 호를 받고 승통의 자리에 올랐습니다. 승통은 승과를 통해 승직을 받은 사람들이 여섯 단계를 거쳐 최고위직에 올랐을 때 받는 직함이었습니다. 그는 출가한 지 단 2년 만에 고려 교종의 승려들을 총괄하는 직위에 오른 것입니다. 이것은 고려 왕실이 불교계를 장악하겠다는 생각을 여실히 드러내 보인 것이라고 할 수 있습니다.

개성에 있는 영통사 **남북이 협력하여 복원사업을 벌였다.**

왕후 : 의천의 이름은 원래 후(煦)이고, 의천이란 이름은 자(字)이다. 30여 년 동안 왕후라는 이름으로 불렸으나 그가 32세 때 즉위한 송나라 황제 철종도 이름이 '후'였다. 송나라 황제의 이름을 쓰지 않는 예에 따라 이후 의천을 이름 대신 부르게 되었다.

의천이 송나라로 간 까닭은?

의천의 불교 연구는 고려에서는 더 이상 스승을 구하기 어려울 정도로 그 깊이를 더해 갔습니다. 비단 불교 경전뿐만 아니라 제자백가사상에 통달하여 '법문의 종장'이라고 불렸답니다. 19세 때에는 세자를 대신하여 불교 서적을 간행하는 사업, 즉 '교장(敎藏)'의 필요성을 역설하는 글을 지었고, 이후 교장 사업에 깊은 관심을 가지고 힘을 기울이게 됩니다. 23세 때 처음 불교 강의를 하게 되었는데, 그 해박한 지식과 깊이 있는 설명은 듣는 이들의 감탄을 자아내기에 충분하였습니다.

그러나 고려의 불교 수준은 의천의 불법에 대한 목마름을 해소시키기에는 역부족이었습니다. 그리하여 그는 송나라 유학을 결심합니다. 갖은 어려움을 겪고 1085년 유학에 성공한 그를 송나라 황제 철종은 극진히 대접해 주었습니다. 그리고 가는 곳마다 환영을 받아 1년 4개월 동안 송나라에 머무르면서 고승 50여 명들과 교류하였습니다. 그중에서 그는 변경(북송의 수도)의 각엄사에 머무르고 있던 화엄종의 유성법사를 스승으로 모셨으며, 상국사의 종본선사에게서는 격려의 글을 받았습니다. 종본선사는 의천이 불법을 구하기 위하여 왕자의 몸으로 파도를 헤치고 바다를 건너 송나라를 찾아온 것에 대하여 크게 감탄하면서 다음과 같은 내용이 담긴 글을 주었답니다.

이 세상, 그 누가 만 리의 높은 파도 타고
불법 위해 몸을 돌보지 않고 선재를 본받았던가?
마치 우담발화 꽃이 불 속에서 피어난 것 같구나.
— 「선봉사 대각국사비」

112

변경의 흥국사에서는 인도에서 온 고승 천길상을 만나 한 달 동안 인도의 불교에 대하여 공부하였습니다. 이후 항저우(항주)에 가서도 여러 고승을 만났습니다. 항저우는 약 360여 개의 사찰이 밀집되어 있는 송나라 불교의 중심지였습니다. 의천은 고려를 출발할 때 불교 서적을 많이 가져갔는데, 이것이 소문나면서 학승들이 많이 모였고, 이들과 깊이 있는 토론을 할 수 있었습니다.

특히 상부사의 주지이면서 의천에게 송나라로 유학을 오라고 초대장을 보냈던 정원법사 밑에서는 약 반년을 함께하며 화엄종의 불법을 전수받았답니다. 정원법사가 이듬해에 혜인사로 옮겨 화엄교장을 설립하고 『대장경』 7,500여 권을 구입하여 소장할 때 고려에 귀국해 있던 의천은 고려의 왕자로서 지원할 수 있는 최대의 경제적 지원을 아끼지 않고 금 2,000냥을 보내 주었습니다. 그의 도움이 없었다면 혜인사에는 화엄교장이 세워질 수 없었을 것입니다. 정원대사는 고마움으로 혜인사의 장경각에 의천의 소상(塑像, 점토로 만든 상)을 모셨고, 절의 이름도 '고려사'로 고쳤답니다. 유서 깊은 이 절은 1958년 헐릴 때까지 '혜인고려사'로 불렸습니다.

귀국은 의외로 빨리 다가왔습니다. 형인 선종이 동생에 대한 그리움에 송나라 철종에게 의천의 귀국을 요청하였기 때문입니다. 드디어 그는 29일간의 긴 항해 끝에 1086년 5월 대대적인 환영을 받으며 귀국하였습니다.

불교 경전 간행을 주장한 의천

　　고려에 돌아온 의천은 선종에게 송나라에서 수집해 온 불교 장서 1,000권을 바치고, 고려도 불교 경전 간행을 서둘러야 한다고 역설하였습니다. 그리하여 흥왕사의 주지가 된 의천은 왕에게 허락을 받아 1091년 흥왕사에 교장도감을 설치하고 중국, 일본, 거란 및 국내에서 불교 서적을 수집하여 10여 년에 걸쳐 약 4,700여 권에 달하는 교장을 간행하였습니다.

　　1094년 의천은 흥원사 주지가 되었습니다. 그런데 이 해에 선종이 승하하고 헌종이 즉위하면서 의천은 어려운 시기를 맞이하게 됩니

교장 : 과거의 교과서에는 교장을 '속장경'이라는 일본 학자들이 붙인 이름을 사용하여 왔으나 잘못된 명칭임이 우리 학자들의 연구로 밝혀져서 지금은 교과서에도 교장으로 쓰여 있다.

다. 경원 이씨가 집권하면서 노골적으로 의천을 압박하고 배척하였기 때문입니다. 왜냐하면 경원 이씨는 교종인 법상종 신자들이었기 때문에 천태종을 개창하려고 하는 의천을 눈엣가시처럼 여겼습니다.

> 치욕을 당하면서도 여러 해 서울에 머물렀는데
> 교문에 쌓은 공이 없어 부끄럽구나.
> …… 일이 지난 뒤 몇 번인가 탄식을 일으켰던가?
> 해가 바뀌어도 군친의 은혜를 갚을 길이 없네.
>
> ―『대각국사비』

이것은 자의 반 타의 반으로 홍원사 주지 자리를 내놓고 가야산에 있는 해인사에 가서 은거 생활을 할 때 의천이 지은 시문이랍니다. 이때 심적으로 매우 힘든 시기였다는 것을 잘 알 수 있습니다. 『고려대장경』을 보관하고 있으며 의천이 한동안 머물렀던 해인사에는 지금도 『대각국사문집』의 목판이 보관되어 있답니다.

천태종을 개창하고, 화폐 사용을 주장한 의천

의천의 어려운 시절은 오래 가지 않았습니다. 1096년 그의 셋째 형인 계림공이 경원 이씨 집안에서 일으킨 '이자의의 난'을 진압하고 어린 조카가 왕위(헌종)에 오르자 결국 1년 만에 왕위를 빼앗아 스스로 왕(숙종)으로 즉위하였기 때문입니다. 숙종은 의천을 다시 개경으로 불러들여 흥왕사의 주지를 맡게 합니다. 의천은 흥왕사에서 강의를 하는 한편 고려 천태종의 본산이 될 국청사 건립에 박차를 가하였습니다. 국청사

대각국사 의천을 기리는 비석 개성시 개풍군 용흥리의 영통사터에 있던 비석으로 지금은 복원된 영통사 입구에 있다.

건립에는 역시 형이면서 고려의 국왕인 숙종의 도움이 컸습니다. 드디어 1097년(숙종 2) 2월에 국청사가 완성되었고 의천은 주지가 되어 천태종을 개창하였습니다.

그는 또한 숙종에게 화폐의 필요성을 주장하는 '주전론'이 실린 건의문도 올렸습니다. 그는 네 가지 이유로 주전론을 주장하였습니다. 첫째, 화폐를 사용하면 교환과 운반이 쉽고, 둘째, 수취와 교환에서 부정을 막을 수 있으며, 셋째, 관리들에게 화폐로 녹봉을 줌으로써 세곡(세금으로 내는 곡식)의 독촉에서 오는 백성들의 부담을 덜어 줄 수 있고, 넷째, 곡식을 저축할 수 있어 흉년에 대비할 수 있다는 것이었습니다. 숙종은 이에 동의하여 주전도감을 세우고 '해동통보'와 '삼한통보' 등 여러 화폐를 만들게 하였습니다.

그렇게 열심이던 의천이 병으로 생을 마감하자 숙종은 안타까운 마음이 간절하여 의천에게 '대각국사'라는 시호를 내리고 성대하게 장례를 치렀습니다. 원래 출가한 승려의 장례 때는 상복을 입는 것이 아니었으나 숙종은 물론 대신들까지 모두 상복을 입고 그의 가는 길을 추모하였습니다. 다비식 후에 나온 그의 사리는 개성 영통사에 보관되어 있습니다.

그의 대표적인 저술에는 교장의 총목록인 『신편제종교장총록』 3권과 화엄종의 핵심 사상만을 간추린 『신집원종문류』 22권, 불교학 연구에 도움이 되는 명문장을 모은 『석원사림』 250권이 있고, 의천의 제자들이 그의 삶과 시문 등을 모아 편찬한 『대각국사문집』 23권 등이 전합니다.

의천이 쓴 국사 교과서

교장 간행으로 불교발전사의 금자탑을 이룩하다

의천이 남긴 가장 위대한 업적 중의 하나가 '교장'을 간행한 것입니다. '교장'이란 동아시아에서 발행되었던 불교 서적들을 모아 체계적으로 정리하여 편찬한 것을 말하는 것입니다. 지금으로 치면 불교 서적 전집을 간행하는 것과 같습니다. 그런데 그 규모가 현대에서는 도저히 모방하기 힘든 규모였습니다. 무려 4,700여 권을 약 10년 동안 펴냈던 것입니다. 간행 목록을 적은 목록집만 3권에 달하였는데, 그것이 『신편제종교장총록』입니다.

의천은 송나라에서 유학할 때에 이미 정통 『경장(經藏)』, 『율장(律藏)』을 비롯하여 송나라에서 보관하고 읽혀지고 있는 권위 있는 불교 장서 약 3,000여 권을 수집하여 돌아왔습니다. 그러나 의천은 이것으로 만족하지 않고 사람들을 고려 전국으로 보내어 흩어져 있는 불교 서적을 수집해 오게 하였으며, 바다 건너 멀리 거란과 일본에까지 사람들을 파견하여 송나라에서도 구할 수 없었던 희귀 불교 서적을 수집해 오게 하였습니다. 이와 같은 작업은 일개 개인의 노력으로 이루어질 수 없는 것이었습니다. 어쩌면 그가 왕족이었기 때문에 가능한 작업이었는지도

118

모릅니다. 구하기 힘든 불경과 저명한 불교 논저를 구하기 위해서는 엄청난 자금이 필요하기 때문입니다. 고려 왕실은 이 모든 비용을 부담하고 적극 후원하였습니다.

그러나 이렇게 수집해 온 서적들은 낡아서 글자가 잘 보이지 않거나 겉장이 떨어져 나갔거나 중간의 몇 장이 군데군데 빠져 있어 내용을 잘 알아볼 수 없는 것들이 많았습니다. 그것을 여러 전문 학자와 학승들에게 의뢰하여 마치 퍼즐을 맞추듯이 빠진 부분을 채워 넣고, 오류를 검토하고 정리하여 새로운 불교 서적의 모습으로 탈바꿈시켜 간행하였습니다. 이를 위하여 흥왕사에 설립된 교장도감에서 총목록집인 『신편제종교장총록』을 펴냈고, 이어서 불경과 논저, 불교 서적 등 1,010부, 4,700여 권의 고서를 모두 경판에 일일이 새겨서 마침내 교장을 완성하였습니다.

이 작업은 전쟁과 세월 속에 영원히 사라질지도 모를 동아시아의 불교 서적들을 모두 모아 총서로 간행하였다는 점에서 문화사적으로 매우 중요한 의의를 가집니다. 그리고 동시에 동아시아 불교 발전사에서 고려 불교의 국제적인 위상을 확고히 해주는 위대한 작업이었습니다.

그러나 안타깝게도 교장은 13세기 몽골 침입 때 불타 버렸고, 극히 일부 판본만이 전라남도 순천 송광사와 일본 도다이 사(동대사)에 남아 있답니다.

교과서로 점프

●● 고등학교 국사 – 대장경 간행

『초조대장경』이 만들어진 얼마 후에 의천은 고려는 물론 송과 요의 대장경에 대한 주석서를 모아 교장을 편찬하였다. 이를 위하여 목록인 『신편제종교장총록』을 만들고, 교장도감을 설치하여 10여 년에 걸쳐 신라인의 저술을 포함한 4,700여 권의 전적을 간행하였다.

천태종을 개창하여 교종과 선종을 통합하다

의천은 송나라에 머물고 있을 때 항저우의 상천축사에서 천태종의 고승인 종간을 통하여 천태종의 교리를 전수받게 됩니다. 종간대사는 의천을 위하여 수로(손난로)와 여의(법회 때 법사가 손에 드는 물건)를 주면서 불법을 널리 펼칠 수 있도록 격려하였습니다.

종간 외에도 그는 천태종 승려 원종, 중립, 법린과 교류하면서 천태종을 깊이 있게 공부하였습니다. 의천이 고려에서 천태종을 개창할 결심을 한 것은 송나라의 톈타이 산(천태산) 국청사에 있는 지자대사탑을 참배하면서부터입니다. 그는 지자대사탑에서 깊은 감명을 받고 탑 앞에서 고려에 돌아가면 반드시 천태종을 열겠다는 다짐을 하였습니다.

고려로 귀국한 의천은 어머니인 인예태후에게 국청사의 건립과 천태종 개창의 필요성을 역설하였습니다. 인예태후는 국청사 건립을 적극적으로 후원해 주었고, 선종에 이어 숙종도 국청사가 완성될 수 있도록 지원하였습니다. 1097년(숙종 2) 2월에 드디어 국청사가 완성되자 숙종은 의천을 주지에 임명하였습니다. 이런 후원에 힘입어 의천은 드디어 천태종의 근본 도량이 될 국청사에서 천태종을 개창할 수 있었습니다. 이곳에서 의천이 천태교학을 강론하니 많은 승려들이 천태종을 배우기 위하여 모여 들었는데, 그 수가 1,000여 명에 달하였고 선종 승려 10명 중 약 6, 7명의 승려는 천태종을 받아들였다고 합니다.

당시 고려에는 교종과 선종의 대립이 매우 심각한 상태였습니다. 신라 말부터 유행하여 고려 태조 때부터 목종 때까지 큰 세력을 형성한 선종은 현종 이후에 화엄종과 법상종을 비롯한 교종과 대립하면서 고려 불교계는 혼란을 겪고 있었습니다. 의천은 원래 화엄종 계열의 승려였지만 고려 불교의 폐단을 바로잡겠다는 신념하에 교종과 선종을 일치시킨다는 '교선일치(敎禪一致)' 그리고 교리 연구와 참선을 함께 실행한다는 '교관겸수(敎觀兼修)'를 주장하면서 천태종을 개창하였습니다.

한편 천태종 개창에는 숙종의 적극적인 후원이 큰 역할을 하였습니다. 숙종은 국청사 외에 천태종의 도량으로 천수사 건립도 시작하였고, 승과에 천태종을 포함시켜 1099년 제1회 승선(僧選)을 실시하고, 이후 천태종 대선(大選)도 행하게 하였습니다. 이것은 법상종을 믿으면서 정권을 독점하고 있던 경원 이씨를 몰아내려는 숙종의 정치적 의도가 숨어 있는 것이었습니다.

교과서로 점프

●● 고등학교 국사 – 불교 통합 운동과 천태종
11세기에 이미 종파적 분열상을 보인 고려 불교계에 문종의 왕자로서 승려가 된 의천은 교단통합운동을 펼쳤다. 그는 흥왕사를 근거지로 삼아 화엄종을 중심으로 교종을 통합하려 하였으며, 선종을 통합하기 위하여 국청사를 창건하여 천태종을 창시하였다. 이를 뒷받침할 사상적 바탕으로 의천은 이론의 연마와 실천을 아울러 강조하는 '교관겸수(敎觀兼修)'를 제창하였다.

궁금한 건 못 참아!

 의천은 송나라를 다녀온 후 화폐 유통을 주장하였습니다. 고려 시대의 화폐들에는 어떤 것들이 사용되었으며, 화폐가 유통되자 어떤 변화가 생겼을까요?

고려 시대에 상업 활동이 활발해지면서 화폐를 유통시키자는 논의가 시작되었습니다. 이에 따라 우리나라 역사상 최초의 화폐로 기록되는 '건원중보'가 성종 때 처음 만들어져 유통되었으나 결과는 실패로 돌아왔습니다. 그러나 농업과 공업이 발전하여 상품 유통이 활발해지면서 보관과 운반이 편리하고, 기준가가 분명한 금속 화폐의 필요성이 절실하였습니다.

이때 송나라를 다녀온 의천이 화폐 유통을 강력히 건의하여 주전도감이라는 관청을 설립하고 삼한통보, 해동통보, 해동중보 등 동전과 활구(은병)라는 은전을 만들어 사용하도록 하였습니다. 특히 은전은 우리나라의 지형을 본떠 은 1근으로 만든 고액 화폐로서 은전 하나의 값은 포 100여 필이나 되었습니다. 그러다 보니 실제로 백성들이 사용하기보다는 귀족들이나 상류층에서 사용되었답니다. 결국 고려의 화폐 유통 정책은 실패하였습니다.

자급자족의 경제 활동을 하던 농민들은 화폐보다는 실물 거래를 통한 물물교환을 주로 하였고, 귀족들도 국가가 화폐 발행을 독점하고 강제적으로 사용하게 하는 것에 불만을 표시하였기 때문입니다. 이에 따라 동전 등은 도시에서도 주로 차를 파는 다점이나 술을 파는 주점 등에서만 사용되었고, 일반적인 거래에는 여전히 곡식이나 삼베가 사용되었답니다.

송나라로 밀항한 고려의 왕자

1084년 4월 초파일 밤, 불교 왕국인 고려에서는 '부처님 오신 날'을 맞아 연등 행렬이 장관을 이루고 있었습니다. 개경의 외항이던 예성강 하구의 벽란도에서도 거리마다 연등이 걸려 있어 축제 분위기를 한껏 느낄 수 있었습니다. 사람들마다 걸려 있는 연등을 보며 부처님께 소망을 기원하고 있었고, 이 날만큼은 사람들마다 여유 있는 모습이었습니다. 그런데 벽란도 부두로 삿갓을 깊게 쓰고 연등 한번 쳐다보지 않으면서 잰걸음으로 걸어가는 3명의 젊은 이들이 있었습니다. 그들은 좌우를 조심스럽게 살피더니 누가 볼 새라 재빠르게 송나라 상선에 올라탔습니다. 그들이 올라타자마자 송나라 상선은 돛을 활짝 펼친 채 최고 속도로 미끄러지듯 벽란도항을 빠져나갔습니다.

"오시느라 고생이 많으셨습니다."

"고생은요, 오히려 제가 배를 타게 되서 마음 고생하신 것은 임 대인 아닙니까? 송나라에 도착해서도 잘 부탁 드리겠습니다. 부처님께서 우리의 항해를 보살펴 주실 것입니다."

배 안에서 삿갓을 벗고 송나라 상선의 주인인 임영과 인사를 나누는 사람은 당시 고려의 왕인 선종의 아우이며 출가한 지 20여 년이 지난 31세의 젊은 왕

자 의천이었답니다. 그는 2년 전부터 송나라 화엄종의 고승인 정원법사와 서
신을 주고받고 있었는데, 드디어 정원법사의 초청장을 받고 고려 왕자로서 있
을 수 없는 밀항을 결심한 것입니다.

　당시 고려는 거란과의 3차례 전쟁 끝에 거란, 즉 요나라와 화친을 맺으면서
송과는 외교를 단절한 상태였습니다. 따라서 고려의 왕자가 송나라를 공식적
으로 방문하는 것은 불가능한 것이었고, 만약 그 사실이 요나라에 알려지면
심각한 외교 분쟁이 빚어질 수 있는 상황이었습니다. 그러나 의천은 이미 19
세 때부터 송나라에 유학 가서 불법을 구하겠다는 결심을 하고 있었습니다.
그래서 형인 선종에게 여러 차례 송나라로 유학을 갈 수 있도록 허락해 달라
고 간청하였으나 조정의 대신들은 하나같이 반대 의사를 나타내어 번번이 꿈
을 이루지 못하였습니다. 그 이유는 지체가 높은 왕자가 먼 항해를 하기에는

바닷길이 너무 위험하고, 송나라에 고려의 왕자가 간 사실을 요나라가 알게 되다면 보복을 가해 올 것이기 때문에 뒷감당을 하기 어렵다는 것이었습니다.

하지만 이제 송나라 고승인 정원법사의 초청장을 받게 되자 의천은 더 이상 유학 가는 것을 미룰 수 없다고 생각하였습니다. 그래서 제자 2명과 함께 사월 초파일에 임영이라는 송나라 상인의 배에 올라타고 밀항을 하게 된 것입니다.

의천은 떠나면서 궁궐에 편지를 남겨 놓았는데, 그 내용의 일부를 보면 이렇습니다.

> …… 송나라에 들어가는 배들을 바라보니 불법을 구하고자 하는 마음이 더욱 간절해지옵나이다. 엎드려 바라옵건대, 주상께서는 죄 받는 것을 무릅쓰는 신을 용서하소서. 이제 만 번 죽을 것을 각오하오며, 험한 파도에 몸을 싣습니다. …… ―「대각국사비」

이 편지가 선종에게 전달되자 궁궐에서는 일대 소동이 일어났습니다. 편지를 읽은 선종은 의천의 안전을 걱정하면서 어사 위계정 등에게 명하여 길을 나누어 배를 타고 송나라 상선을 뒤쫓도록 하였지만 돛을 있는 대로 펼치고 전속력으로 항해하고 있는 송나라 상선을 따라잡기에는 역부족이었답니다. 동생의 마음이 굳건하여 결심을 꺾기 어렵다는 것을 안 선종은 동생의 안전이 걱정되어 의천의 제자인 낙진, 혜선, 도린 등을 보내어 잘 도착하였는지 안부를 알아오게 하고 뒤를 보살피게 하였습니다.

한편 송나라는 요나라에 대항하기 위해서는 고려와의 군사적 동맹이 꼭 필요하다고 생각하였습니다. 그러던 차에 고려의 왕자가 송나라에 유학 왔다는 소식을 듣자 황제는 친히 조칙을 내려 의천이 가는 절마다 최고의 대접을 받도록 하였습니다.

의천이 송나라 유학을 마치고 귀국하는 날 의천을 배웅하기 위해 송나라 고관들이 대거 수레를 타고 오는 바람에 의천이 타고 갈 고려 배가 정박해 있던 명주(지금의 저장 성 닝보) 포구는 온통 이들이 타고 온 수레로 발 디딜 곳도 없을 정도였다고 합니다.

의천이 고려로 귀국하는 날 고려도 온통 축제 분위기였습니다. 의천 일행이 탄 배가 예성강에 이르렀다는 소식이 들리자 선종은 친히 인예태후를 모시고 봉은사에 나가 반갑게 맞이하였으며 환영하는 의식을 성대하게 치렀답니다.

서경 천도로 고려의 자주성을 회복하려던 승려
묘청
(妙淸, ?~1135)

●● 묘청은 '이자겸의 난'으로 추락한 왕권을 강화시키고 민심을 되살리기 위하여 풍수지리설을 바탕으로 서경 천도 운동을 전개한 인물이에요. 그는 사대 관계를 맺고 있던 금국을 정벌하고 고려의 왕을 황제라 칭하며 연호도 제정하자는 주장을 펴서 고려인의 자주성을 회복하려고 하였습니다.

개경의 땅 기운이 쇠하였사옵니다!

묘청의 고향은 서경, 즉 지금의 평양이고 속세의 이름은 정심이었습니다. 그는 출가한 후 고려가 국초부터 중요하게 여기던 도참설(풍수지리를 바탕으로 하는 예언설)에 밝아 이름이 유명해졌습니다. 그런데 서경의 승려이던 그가 어떻게 중앙 관계에 진출할 수 있었을까요? 그것은 그가 같은 서경 출신의 중앙 관리였던 백수한을 제자로 두었기 때문이랍니다. 백수한은 자신과 친분이 있는 개경의 중앙 관리들에게 묘청의 신통함을 알렸고, 그의 명성은 불안한 당시의 정치 상황과 맞물려 하루가 다르게 유명해지기 시작하였습니다.

특히 인종 때 일어난 이자겸의 난을 진압하는 데 큰 공을 세웠으며, 고려 12시인 중의 한 사람이었던 정지상이 그를 높이 평가하면서 인종에게까지 그의 신통력이 알려지게 되었답니다. 정지상은 묘청이 주

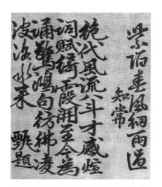

정지상의 글씨 고려 12시인의 한 사람으로 칭송되었으나 묘청의 난 때 김부식에 의하여 죽임을 당했다.

장하는 도참설에 근거하여 왕이 위태롭게 되고 궁궐마저 불타 버린 것은 개경의 땅 기운이 쇠하게 되었기 때문인데, 이것을 미리 예언한 사람이 묘청이라는 서경의 명승이라며 성현으로 칭송하였습니다. 정지상의 의견은 또한 개경에 진출해 있던 서경 출신 관리들의 지지를 받으며 설득력을 얻게 되었습니다. 그들은 홍이서, 이중부, 문공인, 임경청 등이었는데 그들은 한결같이 "묘청은 성현이고 백수한은 그 다음 가는 인물이니, 국가의 일은 모두 이들에게 자문한 뒤에 행하고, 그들의 말을 들어야 국가를 보전해 나갈 수 있습니다."라는 의견을 인종에게 올렸습니다.

이자겸의 난으로 나라의 존망이 위태로운 지경에서 겨우 위기를 넘겼던 인종은 왕실의 체통을 세울 수만 있다면 지푸라기라도 잡고 싶은 심정이었습니다. 하물며 도참설에 용한 명승이 국가의 위기를 넘기기 위한 중요한 방책을 제안하겠다는 데 거절할 턱이 없었습니다. 그리하여 묘청은 인종의 각별한 신임을 얻으면서 왕실의 고문격인 왕사 자리에 오를 수 있었습니다. 이때가 1127년 인종 5년이었습니다.

묘청, 서경 천도와 금국 정벌을 꿈꾸다

묘청은 왕사 자리에 오르자 인종을 설득하여 서경으로 행차해 볼 것을 적극 권하기 시작하였습니다. 개경은 땅 기운이 다하였기 때문

에 고려가 다시 국력을 회복하려면 왕의 기운이 넘치는 서경으로 천도
해야 한다는 주장을 하였습니다. 이른바 '서경 천도 운동'을 본격적으로
전개하기 시작한 것입니다. 서경으로 천도하면 고려 자손만대까지 대대
로 복을 누리게 된다고 주장하면서 인종의 귀가 번쩍 뜨이는 다음과 같
은 주장을 설득력 있게 펼쳐 나갔습니다.

> 신(臣) 등이 서경의 임원역 땅을 보니 이는 음양가에서 말하는 대화
> 세(大華勢)라, 만약 궁궐을 세워 이에 이어(移御, 임금의 거처를 옮
> 기는 것)하시면 천하를 합병할 수 있을 것이요, 금국이 폐백을 가지
> 고 스스로 항복할 것이며, 36국이 다 고려의 신첩이 될 것입니다.
>
> —『고려사』권 127, 「묘청전」

마침 이자겸의 난으로 개경의 궁궐이 불에 타서 인종은 묘청

의 말을 받아들여 서경을 방문하기로 하였습니다. 그리고 드디어는 대화세가 넘쳐난다는 임원역에 신궁인 대화궁까지 건설하였습니다.

당시 백성들은 금나라에 바치는 조공 때문에 막대한 부담을 안고 있었고, 이자겸의 난으로 왕이 독살될 뻔한 데다가 개경의 궁궐이 불타 민심이 흉흉할 때였습니다. 이러한 때에 묘청 등이 서경으로 수도를 옮기기만 하면 금나라가 항복하고 국력도 강해진다고 하자 백성들도 인종과 마찬가지로 서경 천도 운동에 강한 지지를 보냈습니다.

드디어 1129년 대화궁이 완성되자 묘청은 인종을 모시고 서경으로 행차하였으며, 인종에게 금국을 정벌할 것과 칭제건원, 즉 황제라 칭하면서 금의 연호를 사용하지 않고 고려 나름대로의 독자적인 황제 연호를 사용하자는 자주적인 주장을 하기 시작하였습니다. 이제 서경 천도는 이미 정해진 일같이 여겨졌습니다.

그러나 이에 반하여 서경 천도 운동으로 큰 위기를 맞게 된 사람들이 있었습니다. 그들은 개경을 기반으로 하고 있던 중앙 관료들로 김부식 같은 사람들이었습니다. 개경파 문벌 귀족들이 위기의식을 느끼고 어떻게든 서경 천도를 막을 고민을 하고 있을 때, 이들의 고민을 하루아침에 해결해 준 사건이 일어났습니다. 1132년 인종이 서경에 행차하였을 때 갑자기 돌풍과 폭풍우를 만나 말에서 떨어지는 사고가 일어났던 것입니다. 이때를 놓칠세라 개경을 기반으로 하고 있던 문벌 귀족들은 묘청의 예언이 들어맞지 않음을 이유로 하여 적극적인 반대를 펼치기 시작하였습니다.

1134년 묘청은 삼중대통지누각원사(三重大通知漏刻院事)라는 높은 승직에 임명되었으나 바로 이 해에 대화궁에 벼락이 내리쳐 그의 신통력에 문제가 있음이 다시 한 번 드러나고 말았습니다. 이 사건을 계기로 중앙 귀족을 대표하는 김부식은 인종에게 서경 천도를 그만둘 것을 강력히 건의하는 글을 올렸고, 이에 인종이 수락하면서 결국 서경 천도 운동은 실패로 끝날 운명에 처하게 되었습니다.

물거품이 되어 버린 꿈

묘청이 생각하기에 서경 천도 운동은 고려가 선택해야 하는 가장 중요한 결정이었습니다. 금국에 조공을 바치고 사대할 것이 아니라 고려 왕건이 추진하였던 북진 정책을 계승하여 금국을 정벌하는 것이 고려가 마땅히 취해야 할 길이라고 생각하였습니다. 그런데 중앙의 문벌 귀족인 개경파의 심한 반대 때문에 수년 동안 펼쳐 오던 서경 천도 운동이 물거품이 되려는 것입니다. 묘청은 지금까지 쌓아 온 공든 탑을 무너뜨릴 수는 없었습니다.

그래서 그는 1135년 서경에서 분사시랑 조광, 병부상서 유참 등과 함께 반란을 일으켰습니다. 묘청은 스스로 황제에 올라 나라 이름을 대위(大爲), 연호를 천개(天開)라 하였고, 중앙 정부는 물론 앞으로 금국을 정벌하게 될 군대를 천견충의군(天遣忠義軍)으로 불렀습니다. 그는 서

김부식의 초상 묘청의 난을 1년 2개월 만에 진압하였다.

131

북 지방을 순식간에 장악하였고, 그 기세가 한때 대단하였습니다.

　　그러나 날로 목을 조여 오는 평서원수 김부식이 이끄는 관군의 공격 앞에 고민하던 조광의 배신으로 그만 묘청은 살해당하고 맙니다. 그리고 그가 죽은 후 1년여 동안 계속되던 반란도 결국 관군에게 진압되어 그가 그토록 원하던 서경 천도와 금국 정벌은 끝내 이루어지지 못하였답니다.

묘청이 쓴 국사 교과서

금의 압력을 물리치기 위해 서경 천도를 주장하다

묘청의 서경 천도 운동을 이해하기 위해서는 12세기 당시 고려의 국내외 정세를 알아야 합니다. 고려는 국초부터 고구려의 옛 땅을 되찾겠다는 북진 정책을 추진해 왔습니다. 여진족도 예외가 아니었습니다. 12세기 초 여진족이 완안부의 추장 우야소를 중심으로 통합에 나서면서 고려의 동북 지역인 정주까지 남하하여 고려를 위협하자, 고려는 윤관의 건의를 받아들여 여진족 정벌에 나섰습니다. 특히 말을 잘 타는 여진족을 제압하기 위해 기병이 보강된 특수 부대인 별무반을 편성하여 여진족을 내쫓고 동북 지방 일대에 9성을 쌓았습니다(1107). 그러나 여진족은 이곳을 돌려 달라고 고려에 정중히 요청하면서 만약 돌려주기만 한다면 매년 조공을 바치겠다고 제안해 왔습니다. 이에 조정은 이곳을 지키는 것에 국방 경

〈척경입비도〉 윤관이 9성을 개척하고 비석을 세우는 장면을 그린 조선 후기 시대의 그림이다.

비가 너무 많이 사용된다는 구실을 내세워 동북 9성을 쌓은 지 1년 만에 여진족에게 다시 반환하고 말았습니다.

　　그런데 이 사건이 고려에 뜻밖의 위기를 가져오게 되었답니다. 여진족들이 이곳을 기반으로 점점 힘이 강성해지더니 마침내 우야소의 동생인 아구다(아골타(阿骨打))가 만주 일대를 모두 차지하고 금나라를 세웠던 것입니다(1115). 게다가 이들은 적반하장으로 고려에게 군신 관계를 맺어 조공을 바칠 것을 요구해 왔습니다. 윤관의 입장을 계승하려는 북진파들의 반대가 있었지만 당시의 실권자였던 경원 이씨 집안(11세기 이래 최고의 문벌 귀족 가문)의 이자겸은 자신의 정권 유지를 위하여 금의 요구에 굴복하고 말았습니다. 그 후 금에 보내는 막대한 조공 때문에 백성들의 삶은 점점 살기 어려워졌고, 금을 배척하고자 하는 배금사상이 높아지기 시작하였습니다.

　　당시의 최고 집권자였던 이자겸은 인종의 외할아버지였는데, 다시 그의 두 딸을 외손자인 인종에게 주어 왕의 장인이 되면서 나는 새도 떨어뜨릴 만큼의 권세를 휘두르고 있었습니다. 하지만 그는 왕은 아니었습니다. 왕이 되고 싶었던 그는 자신의 딸을 시켜 인종을 독살하고자 하였는데 그만 그 음모가 탄로 나게 되자 척준경과 손을 잡고 반란을 일으켰습니다(이자겸의 난, 1126). 그러나 이자겸과 척준경 사이에 틈이 벌어지면서 결국 이자겸은 척준경에 의하여 쫓겨나게 되었고, 척준경도 정지상의 상소로 탄핵되면서 이자겸의 난은 끝이 났습니다.

　　그러나 이자겸의 난 때 궁궐이 불에 탔고 왕권이 추락하였습니다. 민심은 불안하였고 인종은 무언가 돌파구를 마련하여 실추된 왕권을 회복하고 싶었습니다. 이때 묘청이 정지상 등의 지지를 받으면서 풍수지리설을 바탕으로 한 서경 천도를 주장한 것입니다. 인종은 귀가 솔깃해져서 그의 말을 따르기 시작했습니다. 이것이 묘청의 서경 천도 운동이 일어나게 된 배경입니다.

교과서로 점프

●● 중학교 국사 – 이자겸의 난과 묘청의 서경 천도 운동은 왜 일어났는가?
이때, 서경 출신의 승려 묘청과 문신 정지상 등은 이러한 민심을 이용하여 인종에게 '고려를 황제국이라 칭하고, 독자의 연호를 사용하며, 금을 정벌할 것'을 건의하였다. 그리고 이를 위해서 서경으로 수도를 옮길 것을 강력하게 주장하였다. 인종은 이들의 말에 따라 서경에 대화궁이라는 궁궐을 짓고 자주 행차하였다.

서경 천도 운동의 역사적 의의는 무엇일까?

정지상, 백수한, 묘청 등의 서경파가 인종의 신임을 받고 서경 천도 운동을 적극 추진하고 있었을 때 이러한 사태에 위기의식을 느끼고 있던 사람들이 있었습니다. 그들이 바로 김부식을 중심으로 하는 개경파 중앙 귀족들입니다. 이들 대부분은 유학자였고, 문신이었으며, 금에게 조공을 바치는 사대 관계를 당연하다고 생각하는 사람들이었습니다. 그런데 묘청과 뜻을 같이 하는 사람들이 개경을 버리고 서경으로 천도를 하자고 주장하는 것도 모자라 금나라를 정벌하고 독립적인 고려만의 황제 연호를 사용하자고 주장하니, 이들은 깜짝 놀랄 수밖에 없었습니다. 만약 서경 천도 운동이 성공하게 되면 이들의 권력 기반인 개경은 하루아침에 지방 도시로 떨어지고, 이들이 누리던 각종 기득권도 무너져 내릴 것이 불을 보듯 분명해 보였기 때문입니다.

그래서 개경파들은 서경 천도 운동을 막기 위하여 결사적으로 노력하게 됩니다. 개경파들은 묘청의 주장에 문제가 있다는 증거를 하나둘씩 밝혀내기 시작했고, 인종까지 서경에서 돌풍이 불어 부상을 입는 사태가 발생하자, 김부식이 묘청 일행의 주장을 조목조목 반박하는 내용의 상소를 올려 결국 인종의 마음을 돌려놓았습니다.

하지만 묘청은 포기할 수 없었습니다. 그래서 묘청은 1135년 조광, 유참과 손을 잡고 반란을 일으켰던 것입니다. 이들 서경파는 개경의 중앙 정부에서 파견된 부류현의 수령과 그 밑의 관리들을 모조리 잡아 가두고, 서경으로 통하는 자비령 이북의 땅을 통제했습니다. 그런 다음, 서북 지방의 군대를 모두 서경으로 총 집결시킨 뒤 중앙에 반기를 들고 묘청의 황제 즉위식을 거행하였습니다. 묘청은 국호를 대위국(大爲國)이라 하였고, 자신의 연호를 천개(天開) 그리고 대위국의 군대를 천견충의군(天遣忠義軍)으로 명명하였습니다. 묘청은 서북 지방 내의 모든 관리들을 서북인만으로 임명하고, 개경으로 쳐들어갈 것을 결의하였습니다.

한편 개경에서는 묘청의 반란을 진압하기 위하여 토벌군이 조직되었습니다. 그 토벌군 대장에 임명된 사람이 『삼국사기』(1145) 편찬자로 유명한 김부식입니다. 평서원수로 임명된 김부식은 묘청을 진압하기 위하여 서경으로 떠나기 전 묘청의 기세를 꺾어 놓을 필요가 있었습니다. 그래서 중앙 관리이면서 묘청의 지지자였던 정지상·백수한·김안 등을 붙잡아 단칼에 머리를 베고 그 목을 성문에 걸어 놓아 반란을 일으킨 자들에게 가담한 자들의 최후가 어떠한지를 널리 알렸습니다. 그리고는 관군을 좌·중·우 3군으로 나누어 서북 지방으로 진격해 들어갔습니다.

관군의 진압은 거침없었고, 가는 곳마다 승리하여 순식간에 안주까지 이르렀습니다. 처음에 묘청과 뜻을 같이했던 서북 지방의 주군들은 관군의 기세에 눌려 차례차례 항복을 해왔습니다. 이 기회를 놓칠세라 김부식은 서경에 직접 사람을 7~8차례나 보내어 항복할 것을 적극 권고하였답니다. 물론 묘청은 항복할 생각이 없었습니다. 그러나 묘청과 함께 난을 일으킨 반란군의 2인자 조광이 묘청을 배신하고 맙니다. 조광은 관군과의 싸움에서 승산이 없을 것으로 생각하고, 묘청의 목을 베어 바쳐 반란을 일으킨 죄를 용서받겠다는 결심을 하게 됩니다. 그는 곧 묘청·유참 등을 유인하여 목을 벤 다음 특사를 개경에 보내어 묘청의 목을 바치고 항복을 청하도록 하였습니다. 그러나 고려 조정에서는 오히려 조광의 뜻을 전하러 온 특사를 옥에 가두어 용서할 마음이 없음을 내비쳤습니다. 이 소식을 전해들은 조광은 어차피 죽을 목숨이니 끝까지 싸워 보자는 마음으로 다시 반기를 들게 됩니다.

이후 관군과 조광 군대가 대결하기를 1년, 서경 내의 식량은 모두 떨어지고 하늘을 찌를 듯한 기세로 금방이라도 개경으로 쳐들어갈 것 같던 천견충의군의 사기는 점점 떨어져 더 이상 서경을 사수할 수 없게 되었습니다. 마침내 1136년 2월, 김부식의 명으로 관군의 총공격이 행해지니 끝까지 저항하던 조광은 전사하고 서경은 함락되어 묘청의 난은 대단원의 막을 내렸습니다.

　　묘청의 서경 천도 운동은 실패로 끝났지만 역사에 남긴 의의는 매우 컸습니다. 묘청의 서경 천도 운동은 고려 중기 지배층 사이에서 발생된 북진파와 사대파 간의 갈등을 그대로 보여 준 것입니다. 즉 동북 9성의 반환으로 좌절하던 북진파들이 풍수지리설과 같은 전통사상을 믿는 서경파와 힘을 합쳐 금나라를 정벌하겠다는 뜻을 추진하면서, 중국을 받드는 유교적 사대사상에 젖어 있는 중앙의 개경파들과 한 판 승부를 벌인 것이 서경 천도 운동이었습니다. 비록 결과는 실패하였으나 이 사건에서 고구려의 옛 땅을 되찾겠다는 고려인들의 자주 의식이 12세기까지도 분명하게 살아 있었다는 사실을 잘 알 수 있습니다.

교과서로 점프

●● 고등학교 국사 – 통치체제의 정비

묘청의 서경 천도 운동은 문벌 귀족 사회 내부의 분열과 지역 세력 간의 대립, 풍수지리설이 결부된 자주적 전통사상과 사대적 유교 정치사상의 충돌, 고구려 계승 이념에 대한 이견과 갈등 등이 얽혀 일어난 것으로 귀족 사회 내부의 모순을 드러낸 것이었다.

**일제 강점기 민족 사학자였던 단재 신채호는
묘청의 난을 어떻게 평가하였을까요?**

조선 시대 때 세종의 명을 받아 김종서, 정인지 등이 편찬한 『고려사』 열전에는 묘청을 반역자로 분류하고 있습니다. 그러나 일제 강점기 때의 민족 사학자였던 단재 신채호는 묘청의 난을 단순한 반란 사건이 아니라 우리나라 역사에 획을 그은 '제일의 대사건'으로 평가했습니다.

신채호는 묘청의 난을 단순히 김부식이 이끈 관군에 의하여 진압된 반란으로 보지 않고, 낭(郎, 화랑사상을 말함)·불(佛)의 사상과 유가(儒家)의 치열한 싸움으로 생각하였습니다. 그는 고려의 전통적인 북진 정책을 계승하여 '금나라를 치고, 황제라 칭하자!'라고 주장하는 묘청 등을 '국풍파'라고 하였고, 이에 대립한 김부식 등을 '한학파'로 불렀습니다. 그가 분석한 묘청의 난은 독립당 대 사대당의 싸움으로 진취적 사상과 보수적 사상이 싸운 것이었습니다.

따라서 묘청의 난이 진압되었다는 사실은 우리나라의 전통사상이 가지고 있던 독립적이고 진취적인 기운이 유교사상이 가지고 있는 사대적이고 보수적 사상에 정복된 것이며, 결과적으로 역사의 진취성이 사라지는 결과를 낳게 되었다는 것입니다. 그러므로 그는 묘청의 난을 실로 탄식해 마지않을 "조선 역사상 일천년래 제일대사건(朝鮮歷史上一千年來第一大事件)"으로 평가하고 있습니다.

역사 토막 뉴스

대동강에 몰래 던진 떡

묘청의 서경 천도 운동은 언제부터 무너지기 시작하였을까요? 그것은 묘청도 어찌할 수 없던 기상 변동이 서경에서 일어났기 때문이랍니다.

인종을 설득하여 서경의 임원역이 천하의 명당이라고 짓기 시작한 대화궁이 완성되자, 묘청은 대화궁에 보살과 석가, 육존상 등을 모시는 팔성당을 짓고 인종을 재차 설득하여 서경으로의 천도를 마무리 지으려고 하였습니다. 그리하여 인종과 함께 서경에 행차하여 금암역에 이르렀는데 갑자기 강한 돌풍과 함께 세찬 비가 쏟아져 내려 낮이 마치 밤같이 어둑어둑해지고 말았습니다. 이때 왕의 말고삐를 잡고 있던 호위 군사도 길을 잃고 헤매게 되었습니다. 어두컴컴한 가운데 혼자 말고삐를 쥐게 된 왕은 진흙에 빠지기도 하고 나무와 돌에 부딪혀 옥체가 위태로운 지경에 놓이게 되었답니다. 다행히 왕의 행방은 찾을 수 있었으나 저녁에는 갑자기 눈보라가 불면서 추위가 심해져 사람이 탄 말과 낙타가 죽어 가는 사태가 일어났습니다.

묘청이 말하기를 "내가 일찍이 이날에 비바람이 거셀 줄 알고, 우사(비를 관장하는 신)와 풍백(바람을 관장하는 신)에게 임금의 행차가 있을 것이니 비바람이 불지 않게 하라고 하였던 바, 알았다고 하더니 약속을 어기고 이렇게 비바람

140

을 내보내니 참으로 가증스럽다." 하였습니다. 그러나 사람들은 이날의 기상 악화로 묘청의 신통력에 이미 불신을 보이기 시작하였답니다.

그 후 묘청과 백수한은 인종을 설득하여 말하기를 "대동강에 상서로운 기운 이 있으니 이는 신룡이 침을 토한 것입니다. 이것은 천재일우의 기회이오니, 바라건대 하늘의 뜻에 순응하시고, 민심을 따라 금국을 누르소서."라고 하였습 니다. 그러나 이지저라는 대신이 금국은 그렇게 호락호락한 상대가 아니라며 강력하게 반대하고 나섰고, 인종이 이지저의 주장을 받아들였습니다.

그래서 묘청은 자신의 뜻을 이루려고 계략을 짜내었습니다. 바로 기름떡을 대동강에 던져 넣는 것이었습니다. 묘청 등은 대동강에 상서로운 기운이 있다 는 것을 나타내기 위하여 몰래 큰 떡을 만든 다음, 그 안에 구멍을 뚫어 기름 을 집어넣고, 이 떡을 대동강 물에 던져 넣었습니다. 떡이 물에 잠기면서 대동강 표면에는 무지갯빛의 기름띠가 나타났습니다. 그러자 묘청은 다시 인종에게 말하기를, "저 대동강 물을 보십시오. 신룡이 침을 토하여 오색구름이 있지 않습니까? 이것은 매우 상서로운 징조입니다." 하였습니다. 이 말을 듣고 인종이 반신반의하며 이준양, 문공인 등의 신하를 보내어 자세히 알아보게 하였습니다. 명을 받은 이준양과 문공인이 사방에 사람을 풀어 대동강에 오색 빛이 나는 이유를 알아보고 다녔고, 마구(馬具)에 기름을 치는 일을 업으로 하는 사람이 "기름이 물에 뜨면 이상한 빛이 난다."라고 귀띔해 주었습니다. 이 말을 듣고 짚이는 바가 있어 헤엄을 잘 치는 자로 하여금 대동강 물속을 살피게 하였는데, 과연 기름이 주입된 커다란 떡이 가라앉아 있었습니다. 확실히 조사를 끝낸 이준양과 문공인은 묘청을 내칠 것을 왕에게 간하였고, 김부식을 비롯한 개경에 기반을 둔 조정 대신들이 들고 일어나서 서경 천도를 반대하고 나섰습니다. 이후 궁지에 몰린 묘청은 서경 천도와 금국 정벌의 꿈을 이루기 위해 서경에서 반란을 일으켰던 것입니다.

삼한에서 천민을 없애려던 노비
만적
(萬積, ?~1198)

●● 만적은 고려 무신정권의 최고 집권자인 최충헌의 개인 노비였어요. 고려의 수도인 개경에서 노비들을 모아 놓고 "삼한에서 천민을 모두 없애자!"고 주장하는 대규모의 노비 신분 해방 운동을 계획하였던 사람입니다.

최충헌의 노비였던 만적

만적은 노비이기 때문에 태어난 때나 장소, 혹은 부모에 대한 기록이 전혀 남아 있지 않습니다. 그런데 그의 주인은 당대 고려 무신 집권기의 최고 권력자였던 최충헌이었습니다. 그렇기 때문에 만적은 그의 주인이 집권하기까지의 과정을 옆에서 상세히 지켜볼 수 있었고, 아마도 그런 상황이 그에게 많은 영향을 주었으리라고 짐작할 수 있습니다.

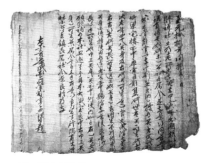

고려 때의 노비문서

최충헌은 평양의 유수였던 조위총이 왕정을 다시 회복시키려고 난을 일으켰을 때 용맹을 떨쳐 섭장군으로 승진하였던 무신이었습니다. 그는 1196년 동생인 최충수와 손을 잡고 당시 최고 집권

자이던 천민 출신의 이의민을 살해하고, 그 일파를 모조리 제거한 다음
정권을 잡는 데 성공합니다.

집권 후에는 민심을 새롭게 하기 위하여 당시의 왕이던 명종
에게 '봉사십조(封事十條)'를 올려 개혁을 추진하였습니다. 그러나 명종
이 봉사십조를 행하지 않고 사치에 빠지자, 군사를 동원하여 명종을 강
제로 폐위시키고, 신종을 새로운 왕으로 추대하였습니다.

4대 60여 년간 지속되었던 최씨 정권은 이렇게 왕까지 마음대
로 폐위, 혹은 즉위시키면서 확고한 집권을 이룩할 수 있었습니다. 그의
권력 앞에서는 형제도 없었습니다. 동생인 최충수가 자신의 딸을 태자
비로 들여 권력을 장악하려 하고, 이를 만류하려는 형인 최충헌까지 제

봉사십조 : 1196년 최충헌이 국왕인 명종에게 올린 10가지의 시무책이다. 토지 겸병과 불법
적 조세의 금지, 그리고 사치 풍조를 금지하는 등의 내용으로 되어 있다.

거하려 하자 최충헌은 1,000여 명의 군사를 동원하여 동생과 권력 쟁탈전을 벌입니다. 이 과정에서 그동안 동고동락하며 갖은 위기를 함께 넘겨 오던 동생 최충수를 금강사에서 제거해 버립니다.

주인의 권력 탈취 과정을 옆에서 지켜보던 만적은 원하는 것이 있다면 그것은 기다리는 것이 아니라 쟁취해서 얻는 것임을 깨닫게 됩니다. 또한 한갓 무신에 지나지 않았던 자신의 주인이 최고 권력자를 제거하고 왕까지 갈아 치우면서 권력을 거머쥐는 것을 보게 되자 아랫사람들도 얼마든지 윗사람을 제거하고 거사를 통하여 신분을 향상시키고 권력을 손에 넣을 수 있다는 생각을 가지게 됩니다. 즉 주인처럼 같은 뜻을 가진 사람들끼리 세력을 만들어 구체적인 계획을 세우고 실행에 옮긴다면 그 뜻은 얼마든지 가능한 일이 될 것이라는 신념을 가지게 된 것입니다.

왕후장상의 종자가 따로 있다더냐?

1198년 신종이 즉위한 해에 드디어 만적은 노비 신분 해방 운동에 대한 구체적 계획을 세워 실행에 옮기기 시작합니다. 그해 5월에 미조이(味助伊)·연복(延福)·성복(成福)·소삼(小三)·효삼(孝三) 등과 함께 개성 북산으로 나무를 하러 갔을 때, 모여 있던 공·사 노비들 앞에서 "삼한에서 노비를 없애자!"고 선동연설을 한 것입니다. 그의 주장은 이러하였습니다.

경계년(무신정변이 일어난 해)이 일어난 이래 공경대부(높은 관직

145

에 오른 사람들을 말함)가 천한 노예 계급에서 많이 나왔다. 왕후장상(왕과 제후, 장수와 재상)이 어디 종자가 따로 있다더냐? 때가 오면 누구나 할 수 있을 것이다. 어찌 우리들은 고달프게 일하면서 주인의 매질 밑에서 근골(근육과 뼈)을 고통스럽게 하며, 곤욕을 당해야만 하는가? 최충헌을 비롯하여 각기 자기 상전을 죽이고 노예 문서를 불 지르면 삼한에서 천인이 사라질 것이며 우리도 공경대부 같은 높은 벼슬자리를 차지할 수 있다.

-『고려사』 권 129, 「최충헌 전」

　　그 자리에 모여 있던 노비들은 이 말에 모두 찬성하였습니다. 그러나 거사 당일이 되었지만 약속한 사람들은 모이지 않았습니다. 원래 계획은 수천 명이 함께 봉기하는 것이었으나 모인 사람들은 고작 수백 명에 지나지 않았던 것입니다. 그래서 날짜와 장소를 다시 정하고 재차 모이기로 약속한 다음, 절대 이 사실을 발설치 말 것을 노비들에게 신신당부하였습니다.

강물에 던져진 만적

그러나 세상에 비밀은 없는 법인가 봅니다. 율학박사 한충유라는 사람의 개인 노비였던 순정이 그만 거사 계획을 자신의 주인에게 밀고하는 바람에 물거품이 되고 말았으니까요.

　　밀고의 결과는 참혹하였습니다. 이 사실을 보고받은 최충헌은 주동을 한 만적을 비롯하여 처음부터 계획에 참가하였던 일당들을 모조리 잡아들이게 하였습니다. 그러나 사건의 뚜껑을 열고 조사해 보니 가담자가 수백 명을 넘었습니다. 그들을 모두 처형한다면 그 파장이 만만치 않아 잘못하면 이들의 죽음에 항거하는 더 큰 난리가 일어날 수 있었습니다. 그리하여 최충헌은 적극적으로 가담한 노비를 100명으로 가려내었습니다.

이때 만적은 가장 먼저 강물에 던져졌습니다. 그러나 고려의 수도인 개경에서 그것도 최고 집권자인 최충헌의 개인 노비인 만적이 일으킨 이 거사 계획은 무신 정권 시기에 신분질서가 크게 흔들렸으며, 하층민의 신분 상승에 대한 열망이 매우 강렬하였음을 나타내는 역사적으로 매우 의미 있는 중요한 사건이었습니다.

만적이 쓴 국사 교과서

만적은 왜 신분 해방 운동을 펼치려 했을까?

만적이 일으킨 신분 해방 운동은 1170년부터 시작된 고려 무신 정권기의 시대상을 반영하는 것이었습니다. 무신정권기의 권력 다툼은 아랫사람이 윗사람을 제거하는 '하극상(下剋上)'의 풍조를 여실히 보여 주는 것으로 정중부 이후 최충헌이 집권하기까지 무신들끼리 죽고 죽이는 권력 다툼이 계속되었습니다. 정중부, 이고, 이의방에 의하여 시작되었던 무신정변은 정중부가 이고에게, 이고는 다시 이의방에게 정권을 빼앗기는 정권쟁탈전의 양상을 보였습니다. 그리고 경대승이 다시 이의방에게서 정권을 빼앗은 다음, 그 자신을 보호하기 위한 사병집단인 도방까지 만들었는데 그는 그만 병으로 죽고 맙니다. 그러자 이번에는 천민 출신의 이의민이 정권을 잡으면서 하층민들의 민심을 자극하였습니다.

이의민이 정권을 잡았을 때 전국에서 민란이 많이 일어난 이유는 이의민의 지식과 덕이 부족하여 무자비한 통치를 하기도 하였지만, 이의민같이 권력을 가진 지배층이 되고 싶다는 하층민들의 신분상승의 염원이 반영되었기 때문이기도 합니다.

148

또한 무신정권이 수립된 후 무신 집권자들은 사병을 소유하고, 토지를 빼앗아 대농장을 소유하였습니다. 그들은 문신들이 집권했을 때보다 더욱 무겁게 세금 부담을 주며 농민들을 괴롭혔습니다. 권력에만 관심이 있는 무신 집권자들 밑에서 각 고을의 행정을 맡은 관리들의 부정부패는 날이 갈수록 심해졌고, 고리대금이 성행하여 빚을 갚지 못하고 노비로 전락하는 농민들이 많이 나타났습니다.

이렇듯 하극상이 난무하는 권력쟁탈전과 관리들의 부정부패에 신음하던 농민과 천민들은 각지에서 민란을 일으킵니다. 경상도의 운문(청도)과 초전(울산)에서는 김사미와 효심이 저항 운동을 일으키면서 서로 연합하여 신라의 부흥을 주장하였습니다. 농민보다 더 밑바닥의 삶을 살아야 했던 하층민의 봉기도 이어졌습니다. 강제로 무거운 의무를 짊어져야 했던 향·소·부곡 등 특수 행정 구역의 주민이 봉기하는가 하면, 관청에 소속된 노비들의 봉기도 일어나 전국이 민란으로 들끓었습니다.

그중 공주 명학소에서는 무거운 조세 부담에 시달리던 주민들이 망이, 망소이 형제를 중심으로 봉기하였습니다. 또 전주에서는 지방관의 횡포에 반발하여 관노비들이 봉기하여 한때 전주를 점령하기도 하였습니다. 이러한 때에 고려의 수도였던 개경에서 일어난 만적의 난은 당시 시대 모습을 반영한 역사적으로 의미 있는 노비 신분 해방 운동에 해당합니다.

●● **중학교 국사 - 무신정권기에 농민과 천민의 저항 운동이 활발하게 전개된 까닭은?**
특히, 신분 해방을 꿈꾸며 개인이나 관청에 예속되어 각종 잡역에 시달리던 노비들의 저항 운동이 유례없이 치열하게 일어났다는 점은 주목할 만하다. ……
그리고 개경에서는 최충헌의 사노비인 만적이 중심이 되어 신분 해방 운동을 시도하였으나 사전에 발각되어 실패하였다.

'만적의 난'이 고려 사회에 미친 영향

만적의 난은 시행되지도 못하고 실패로 끝나 버렸는데, 왜 중요한 의의를 가지는 것일까요? 비록 만적의 봉기는 시행되지 못하고 계획으로 그쳤지만 노비들 스스로 주도하여 조직적이면서도 전국적인 신분 해방 운동을 계획하였다는 점에서 큰 의의를 가집니다. 그들의 거사는 수도인 개경 한 곳에서 그치는 것이 아니라 수천 명의 노비를 모아 "삼한 전체에서 노비를 없애겠다."는 원대한 신분 해방의 꿈을 가지고 있었던 것입니다.

또한 사노비뿐만 아니라 공노비도 포함하고 있었고, 1차 거사 장소였던 흥국사에서 예상보다 노비들이 모이지 않자 치밀하게 거사 장소를 보제사로 바꾼 다음, 절대 발설치 말 것을 엄명하고 구체적인 행동 단계까지 정하였습니다. 그리고 궁궐 안의 내시와 관노들에게도 호응을 받으려고 하는 등 단순하게 저항하는 모습을 뛰어넘어 최고 집권자인 최충헌을 제거하고 정권 탈취를 목적으로 하려는 신분 해방 운동이었다는 데에 그 의의가 크답니다.

　　역사학자들은 만적의 난을 통하여 고려 사회 신분 질서의 문제점을 잘 알 수 있었고, 체포된 노비들이 100명이나 강물에 던져졌다는 것에서 다시는 이 같은 난이 일어나지 못하도록 하겠다는 무신 집권자들의 팽배된 위기의식을 살펴볼 수 있었습니다. 그러나 집권자들의 의도와는 달리 만적의 신분 해방 운동은 고려 사회의 신분 질서를 흔들어 놓는 중요한 계기가 되어서 이후 일어나는 농민과 천민의 저항 운동에 많은 영향을 끼쳤습니다. 특히 1203년에 개경의 노비들이 모여 전투 연습을 하다가 발각되었는데, 50여 명이나 되는 노비들이 강물에 던져졌습니다. 이 사건을 이른바 '습전사건(習戰事件)' 이라고 하는데, 만적의 난이 일어난 지 5년밖에 지나지 않은 시점에서 발생한 사건이라 제2의 만적의 봉기로 불립니다. 이러한 사건을 보더라도 만적의 난이 고려 사회에 가져온 여파를 짐작할 수 있습니다.

교과서로 점프

●● 고등학교 국사 – 고려 후기의 사회 변화
최충헌이 정권을 장악한 뒤에는 회유와 탄압으로 약간 수그러들었다가 만적 등 천민들의 신분 해방 운동이 다시 발생하였다. 만적은 사람이면 누구나 공경대부가 될 수 있다고 주장하며 신분 차별에 항거하였다.

최충헌의 봉사십조를 통하여 무신 집권기의
고려 사회가 어떤 모습이었는지 알 수 있을까요?

최충헌이 동생 최충수와 함께 명종에게 올린 봉사십조의 내용은 다음
과 같습니다.

1. 왕은 참위설(미래 예언설)을 믿어 새로 지은 궁궐에 들지 않고 있는데, 길일
   을 택하여 들어갈 것
2. 근래 관제에 어긋나게 많은 관직을 제수하여 녹봉이 부족하게 되었으니 원
   래 제도에 따라 관리의 수를 줄일 것
3. 근래 벼슬아치들이 공·사전을 빼앗아 토지를 차지함으로써 국가의 수입이
   줄고 군사가 부족하게 되었으니 토지대장에 따라 원래 주인에게 돌려줄 것
4. 세금을 거두는 데 향리의 횡포와 권세가의 거듭되는 징수로 백성의 생활이
   곤란하니 유능한 수령을 파견하여 금지케 할 것
5. 근래 각 지역의 관리들이 공물 진상을 구실로 약탈 행위를 일삼고 사취하기
   도 하니 공물 진상을 금할 것
6. 지금 승려 한두 사람이 궁중에 무상출입하고 왕이 내신으로 하여금 불사(佛
   事)를 관장하게 하여 곡식을 민간에게 고리대를 함으로써 그 폐가 적지 않
   으니 승려의 왕궁 출입과 곡식 대여를 금할 것
7. 근래 여러 고을의 관리들 중에 재물을 탐내는 자가 많으니 그들의 능력을
   가려 유능한 자는 발탁하고 그렇지 못한 자는 징벌할 것
8. 요사이 신하들의 저택과 복식에 사치가 많으니 검소한 생활을 할 것
9. 함부로 사찰을 건립하는 것을 금할 것
10. 신하의 간언(옳지 못한 일을 고치도록 임금에게 올리는 말)을 용납할 것

이러한 내용을 통하여 무신 집권 시대의 농민들은 관리들의 부정부패로 인하여 가혹한
세금 및 공물을 부담해야 하였고, 고리대금으로 인하여 매우 어렵게 생활하였음을 알
수 있습니다. 또한 무신을 비롯한 지배층들이 토지를 광범위하게 소유하여 국가 재정
이 줄어들고 사찰과 저택 등 무리한 공사가 이루어지고 있었으며, 왕은 승려에 의존하
는 정치를 하면서 관리의 숫자만 많아 효율적인 정치가 행해지지 못하고 있었음을 추
정해 볼 수 있답니다.

만적과 '정(丁)'자 표식

최충헌의 개인 노비로서 노비 해방 운동을 주동한 만적의 선동적인 연설은 당시의 노비들을 봉기에 참가하도록 설득시킨 최고의 연설로 전해지고 있습니다. 그 핵심적인 내용이 바로 "왕후장상이 어디 종자가 따로 있다더냐? 때가 오면 누구나 할 수 있을 것이다."라는 말입니다. 그러나 사실 이 말은 만적이 처음 생각해 낸 것이 아닙니다. 이 말은 이미 중국 최초의 통일국가인 진나라를 멸망에 이르게 한 농민 반란인 '진승, 오광의 난'이 일어났을 때 진승과 오광이 한 말입니다. 그 내용은 사마천이 지은 『사기』에 전해지고 있습니다. 이로 보아 만적은 비록 노비이기는 하나 글을 읽을 줄 알았고, 최충헌 밑에 있으면서 상당한 역사적 지식을 갖추고 있었을 것으로 생각됩니다.

한편 만적의 난 때 실제로 모인 사람들은 수백 명이었는데, 어떻게 수천 명이 봉기하기로 계획된 노비 신분 해방 운동이라고 평가하는 것일까요? 그 이유는 바로 다음과 같은 이야기에 의해서입니다.

개경 북산에 모여 봉기를 모의하던 만적 일파는 준비 작업으로 누런 종이 수천 장을 잘라 모두 '정(丁)'자를 새겨 봉기하는 노비들의 표지로 삼을 계획이었기 때문입니다. 즉 참가자가 수천 명일 것으로 예측하였기 때문에 수천

장의 종이를 준비한 것입니다. 지금도 수천 장의 종이를 구하는 것은 결코 쉬운 일이 아닙니다. 고려 시대에 종이는 더욱 귀하였을 것입니다. 그런데 한두 장도 아니고 무려 수천 장을 자를 수 있는 종이를 확보하여 일일이 자른 종이마다 '정(丁)' 자를 써넣을 정도였다면 봉기를 위하여 상당한 자금도 확보하였을 것으로 추정해 볼 수 있습니다.

그들의 계획은 다음과 같았습니다. 흥국사 복도에 모여 있다가 격구터로 나아가면서 일시에 떼를 지어 북 치고 소리치면 대궐 안에 있는 내시들과 관청의 노비들이 반드시 내응할 것이며, 자신들은 성 안에서 봉기하여 먼저 최충헌 등을 없애고 이어서 각기 자기 주인을 쳐 죽인 다음 천적(賤籍, 노비문서)을 불태워 버리자는 것이었습니다. 그렇게 하면 삼한에서 천인이 없어지고 노비들 중에서 공경대부 같은 높은 사람이 나올 수 있을 것이라고 생각하였습니다.

그러나 이러한 만적의 난은 안타깝게도 율학박사 한충유의 사노비인 순정의 밀고로 끝나고 맙니다. 그런데 그 뒷수습 과정을 살펴보면 만적의 난이 고려 사회에 미친 영향도 잘 알 수 있습니다. 우선 반란 음모를 밀고한 순정은 순은 80냥을 상금으로 받고, 또 양민으로 신분이 해방되었습니다. 또한 한충유에게도 합문지후(閤門祗候)라는 높은 직함이 내려졌습니다. 순정에게 내려진 이러한 상금은 보통 상금이 아닙니다. 엄청난 포상이라고 할 수 있습니다. 또한 『고려사』에 의하면, "그 여당(餘黨)은 가히 모두 벨 수 없으므로, 조칙을 내려 그 책임을 묻지 않았다."라고 하여 적극 가담자 외의 노비들에 대해서는 벌을 주지 않는 회유책이 실시되었다고 밝히고 있습니다. 이것은 가담한 노비들을 모두 찾아 엄벌하게 되면 그 숫자가 엄청나서 일파만파의 결과를 가져와 고려 사회의 존망이 위태롭게 될 것으로 생각하였기 때문이었습니다.

이렇게 볼 때 만적의 난은 실로 고려 지배층의 간담을 매우 서늘케 만든 아주 굉장한 사건이었으며, 고려 사회를 최하층민의 힘으로 전복시켜 신분 차별을 없애려고 한 고려 최대의 노비 신분 해방 운동이었음을 알 수 있습니다.

III. 조선 시대

- **정도전** – 조선 건국의 주역인 문신이자 학자
- **조광조** – 사림 정치로 국가를 개혁하려 한 정치가
- **이이** – 현실적인 개혁 정치를 구상한 대학자
- **박지원** – 청의 문물을 받아들이자고 주장한 북학파의 거두
- **홍경래** – 서북 지방의 차별대우에 항거한 반란군 대장

음….

배고파….

조선 건국의 주역인 문신이자 학자

정도전

(鄭道傳, 1342~1398)

●● 정도전이라는 이름을 들으면 이성계를 도와 조선을 건국했던 인물로만 기억할 거예요. 그러나 정도전은 혁명뿐만 아니라 문물제도를 개혁하는 데도 앞장섰으며, 동대문, 남대문 등의 사대문과 경복궁의 이름을 짓기도 한 지혜로운 문신이자 학자이기도 합니다.

사대문의 이름을 지은 정도전

우리나라의 수도인 서울은 인(仁), 의(義), 예(禮), 지(智), 신(信)의 다섯 가지 덕을 모두 갖춘 곳입니다. 조선 시대에 정도전이 오덕을 갖추도록 도성문의 이름을 지었기 때문입니다. 남대문은 '예'를 사용하여 '숭례문', 동대문은 '인'을 사용하여 '흥인지문', 서대문은 '의'를 사용하여 '돈의문', 북문은 '지'를 사용하여 '소지문(후에 숙정문으로 개명)'으로 정했습니다. 도성의 중앙에 위치한 종각은 남은 '신'을 사용하여 '보신각'이라고 이름 지은 것입니다. 우리에게 익숙한 도성문의 이름을 정도전이 지었다는 사실을 아는 사람은 많지 않을 것입니다.

　　정도전은 21세가 되던 해에 진사 시험에 합격하여 관직에 진출할 수 있었습니다. 1365년 그의 나이 24세 때 정도전은 왕의 비서직으로 승진하였으나 신돈이 정계에 진출하자 이에 실망하여 고향으로 돌아갔습니다. 이듬해에는 아버지 정운경과 어머니가 잇달아 사망하여 고향을 떠나지 않고 3년상을 치러 냅니다.

그에게 다시 관직 진출의 기회가 찾아온 때는 공민왕 19년인 1370년이었습니다. 공민왕이 유교를 진흥시키기 위해 성균관을 개혁하고, 이름 높은 유신들을 불러들인다는 소식이 전해졌기 때문이었습니다. 정도전은 교관들의 추천으로 성균박사에 임명되었습니다. 이때 그의 나이 30세였습니다. 성균박사는 권력을 행사할 수 있는 자리는 아니었지만, 학생들과 함께 토론하고 공부할 수 있었기 때문에 학자로서는 매우 좋은 기회였습니다. 그해 정도전은 태상박사라고 하는 국가의 제사 의식을 담당하는 자리로 승진되면서 성균박사와 태상박사의 자리를 함께하게 되었습니다.

유랑 생활 중에 이루어진 명작들

그러나 공민왕이 시해되고, 정도전에게도 시련이 닥쳐왔습니다. 우왕이 즉위하면서 권력은 권문세족에게 돌아가고 공민왕이 추진하던 반원 정책이 친원 정책으로 바뀌게 된 것입니다. 정도전은 명나라의 노여움을 사게 될 것을 걱정했지만 권문세족들은 귀를 기울이지 않았습

신돈 : 고려 말기 승려이다. 공민왕의 신임을 받아 정치계에 들어와 부패한 사회 제도를 개혁하려 했다. 전민변정도감을 만들어 권문세족이 부당하게 빼앗은 토지를 돌려주고, 억울하게 노비가 된 자를 풀어 주었다.

성균관 : 고려 말의 국자감이 성균관으로 명칭이 바뀐 것으로 고려 말과 조선 시대 최고의 교육 기관이다.

권문세족 : 무신 정권 이후에 등장하였으며, 원나라의 세력을 배경으로 높은 관직을 독점하고 지위를 세습시켰다. 막대한 농장과 노비를 소유하여 경제적인 부도 독점하였다.

니다. 또한 권문세족은 국가 토지의 대부분을 소유하고 있어 농민들은 자신들의 땅을 가지기 어려웠습니다. 게다가 남쪽에서 왜구가 쳐들어와 백성들은 하루도 편할 날이 없었습니다.

　　이러한 때에 원나라의 사신들이 고려와 손을 잡고 명나라와 싸우기 위해 고려에 왔었는데, 정도전에게 이 사신들을 접대하는 임무가 맡겨졌습니다. 그러나 정도전은 망해 가는 원나라와 친선을 도모하는 것은 현명하지 못하다고 판단하여 이를 거부하였고, 결국 귀양을 가게 되었습니다. 이렇게 시작된 그의 유랑 생활은 6년간 계속됩니다. 중간에 왜구의 침략으로 그의 고향인 영주로 또 단양, 제천 등지로 피난길을 떠나기도 하였습니다. 이후 삼각산 아래, 지금의 북한산 부근에 '삼봉재'라는 오막살이집을 짓고 살게 되면서 정도전은 제자들을 가르치기 시작했습니다. 그러나 이곳 출신의 재상으로부터 미움을 산 정도전은 이곳에서도 결국 집을 헐리고 쫓겨나 이곳저곳으로 거처를 옮겨 다녀야만 했습니다.

　　이렇게 계속된 유랑 생활은 정도전을 지치고 힘들게 하였습니다. 하지만 저술활동만은 꾸준하게 하였는데, 조선 왕조가 개창한 이후 출간되었던 정도전의 저서들이 사실은 대부분 이 유배 기간 동안에 구상되었던 것으로 추측되고 있습니다.

'삼봉 정도전 선생 기념관'의 현판 정도전 기념관에선 그의 문집인 『삼봉집』 목판 판각고를 보존하고 있다.

혁명과 개혁은 이미 머릿속에!

9년간의 떠돌이 생활에 지친 정도전은 1383년 가을, 그의 나이 42세에 이성계를 찾아갑니다. 당시 이성계는 왜구 토벌로 이름을 날리고 있는 장수였습니다. 정도전이 이런 유명한 장군을 찾아간 것은 바로 혁명을 모의하기 위해서였습니다. 혁명에는 군사력이 필요했고, 필요한 군사력을 이성계에게 얻고자 한 것이었습니다. 정도전이 이성계를 찾아가서 만났던 사실은 〈용비어천가〉에도 나타나 있습니다. 그런데 정도전이 이성계를 찾아갈 당시 이성계 자신은 아직 혁명을 생각하지 못했다고 합니다. 바로 정도전이 이성계를 혁명의 대열에 끌어들인 것입니다.

1388년 이성계는 '위화도 회군'에서 돌아온 뒤 실권을 장악하자 우왕에 이어 그의 아들 창왕마저 폐위시켰습니다. 그리고 공양왕을 즉위시키고 자신이 모든 권력을 장악합니다. 이 과정에서 가장 큰 역할을 한 사람도 바로 정도전이었습니다.

이미 혁명과 개혁을 머릿속에 구상해 두었던 정도전이 처음 시도한 개혁은 당시에 가장 큰 문제로 대두되었던 토지 제도였습니다. 정도전은 전국의 토지를 국가가 몰수하여 모두에게 똑같이 나누어 주기를 원하였으나 이러한 이상적인 제도를 현실에서 실현하기는 어려웠습

tip 위화도 회군 : 시기가 적절치 않다고 생각하여 요동 정벌에 반대하던 이성계가 1388년 5월에 요동 정벌에 나섰다가 압록강 하류의 위화도에서 군사를 돌려 돌아온 사건을 말한다. 이성계는 이 사건을 계기로 정치적·군사적 실권을 장악하였다.

니다. 게다가 대지주의 입장에서는 날벼락과 같은 일이어서 과거에 함께 성리학을 공부해 왔으며 그와 친분을 유지하던 이색, 정몽주와도 불편한 관계가 되었습니다. 하지만 마침내 1391년 5월, 과전법이 제정되어 전제 개혁을 단행하게 됩니다.

만년토록 큰 복을 누리리라

정도전이 50세가 되던 해 드디어 군사권까지 장악하게 되자 혁명에 반대하는 세력을 제거하는 일만 남았습니다. 혁명파와 반혁명파 사이의 대립이 계속되던 중 정몽주는 이방원이 보낸 자객들에 의해 선죽교에서 죽임을 당하고, 뒤이어 반혁명 세력의 핵심 인물들이 제거됩니다. 이때 정도전과 조준, 남은이 주도하여 이성계를 왕으로 추대합니다. 이렇게 역성혁명으로 새로운 왕조가 세워진 것이 1392년의 일이었습니다.

경복궁의 중심 건물인 근정전 신하들이 임금에게 새해 인사를 드리거나 국가 의식을 거행하고 외국 사신을 맞이하던 곳이다. '근정(勤政)'이란 이름은 천하의 일은 부지런하면 잘 다스려진다는 의미를 담고 있다.

1395년 9월에는 북악산 남쪽의 평평하고 넓은 터에 390여 칸 규모의 새 궁궐이 세워졌는데, 이것이 바로 경복궁(景福宮)입니다. 이 이름은 정도전이 이성계의 명에 따라 『시경』의 한 구절을 인용해

지은 이름입니다.

> 이미 술을 마셔서 취하고, 큰 은덕으로 배부르니,
>
> 만년토록 큰 복(경복)을 누리리라

　　경복궁 안의 주요 건물인 근정전을 비롯하여 정무를 보는 사정전, 침전인 강녕전 등의 이름도 이때에 지어졌습니다.

　　건국 초기부터 정도전은 군권을 장악하였고, 다른 한편으로는 문물제도의 정비에 참여하였습니다. 또한 정도전의 나이 56세가 되던 1397년, 그는 요동 정벌 운동에 박차를 가하였습니다. 그러나 명과의 긴장 관계가 계속되면서 그와 함께 혁명을 추진했던 조준은 요동 정벌이 사대의 예에 어긋나며 나라를 새로 세우는 마당에 명분 없는 군대를 움직이는 것은 옳지 않다고 하여 요동 정벌에 반대하였습니다. 이러한 사실이 바탕이 되어 뒷날 조준은 정도전을 제거한 태종의 총애를 받는 위치가 된답니다.

57세가 되던 1398년은 정도전이 파란만장했던 자신의 삶을 마감하던 해였습니다. 이해 4~5월 경, 정도전은 『불씨잡변(佛氏雜辨)』이라는 책을 썼습니다. 유학의 입장에서 불교를 비판하는 내용으로 이루어진 『불씨잡변』은 모두 19편으로 이루어졌으며, 정도전의 마지막 저술이었습니다. 이후 정도전은 왕자들을 죽이려 했다는 이유로 이방원에 의해 참수당합니다. 하지만 당시 상황을 볼 때 정도전 일파가 왕자들을 해칠 계획을 가지고 있었다면 자신들에 대한 방비가 되어 있어야 하는데 그런 준비가 전혀 없었습니다. 그러므로 이 사건은 정도전을 죽음으로 몰고 가려는 이방원의 기습적인 쿠데타로 보는 것이 일반적인 평가입니다. 이방원은 정도전을 죽인 후 이복동생인 방번, 세자인 방석도 차례로 죽였기 때문입니다. 정도전의 죽음과 관련된 이 사건을 실록에서는 '제1차 왕자의 난' 이라고 합니다.

정도전이 쓴 국사 교과서

요동 정벌을 주장한 정도전

정도전은 국방을 강화하는 일에 힘을 기울였는데, 첫째는 외세의 침략으로부터 우리나라를 수호하기 위한 목적이었으며, 둘째는 궁극적으로 우리가 잃어버린 북쪽의 옛 땅을 찾기 위한 것이었습니다. 그중에서도 정도전이 관심을 가진 것은 요하 강 동쪽의 요동 지방이었습니다.

그는 요동 지방을 찾기 위해서는 명과 싸워서 이겨야 한다고 생각했기 때문에 요동 정벌이 필요한 이유와 그 가능성을 설명하며 왕이었던 이성계를 설득하였습니다. 그리고 군사 훈련을 실시하며 명과의 전쟁에 대비하였습니다. 정도전의 이러한 계획에는 남은 등의 개국공신(조선 왕조를 건국하는 데 공을 많이 세운 신하)들도 함께 참여하였습니다.

실제로 요동을 정벌하려는 계획은 이미 고려 말에도 있었습니다. '위화도 회군'이라고 들어 봤죠? 이성계가 군대를 이끌고 요동 정벌을 떠났다가 왕의 명령을 어기고 위화도에서 돌아온 사건입니다. 이때 이성계가 돌아온 것은 요동 정벌에 반대했기 때문이 아니었습니다. 단지 시기가 적절하지 않았고, 군량미도 부족했기 때문이었습니다. 그러므로 군사력을 강화하여 기회가 오면 언제든지 요동을 정벌하겠다는 정도전의 계획에 태조 이성계도 동의하였던 것입니다.

　　하지만 정도전이 이방원 일파에게 제거되어 요동 정벌은 결국 실천되지 못한 채 계획으로 끝나고 말았습니다. 이때 정도전과 함께 남은 등도 제거되었으며, 요동 정벌을 반대했던 조준이 이방원의 신임을 얻게 됩니다. 이로써 정도전이 세웠던 요동 정벌 계획이 이방원이 그를 제거하게 한 하나의 이유가 되었음을 짐작할 수 있습니다.

교과서로 점프

●● 중학교 국사 –조선 초기의 대외 관계
조선은 건국 초기부터 영토를 넓히려는 정책을 썼다. 정도전이 그 대표적인 인물로서 군사 훈련과 군량미 비축을 추진하여 명을 치려는 계획을 세웠다. 그러나 그 계획이 실현되기도 전에 정도전은 이방원에게 죽임을 당하고, 태조마저 왕위에서 물러나자 중단되고 말았다.

불교를 비판한 『불씨잡변』

　　정도전은 마지막 저술 『불씨잡변』의 서문에서 "이 책을 보면 유학과 불교의 다른 점을 분명히 알 수 있으니, 지금 호응을 얻지 못하더라도 오히려 훗날에 전해진다면 내가 죽어서도 안심할 수 있다."라고 하였습니다. 정도전을 비롯한 신진 사대부들은 이처럼 당시의 지배 사상인 불교를 부정하고 성리학을 지배 이념으로 하는 새로운 사회를 건설하려고 하였습니다. 정도전은 다음과 같이 이야기했습니다.

불교의 해독은 윤리를 저버리는 것으로, 장차 짐승을 끌고 와서 인류를 멸망케 할 것이므로 유교를 책임진 사람은 불교를 적으로 생각하여 배척해야 한다. 불교를 깨뜨릴 수 있다면 죽더라도 마음을 놓을 수 있다.

— 『삼봉집』

　　여기에서 정도전은 불교가 인륜을 훼손하고 사람을 금수로 만들 것이라고 생각하였으며, 불교의 배척을 강하게 주장해도 왕이 정책으로 시행하지 않으므로 후손들을 위해 이것을 지었다고 저술 동기를 밝히고 있습니다. 즉 정도전은 불교가 인간을 금수로 만드는 것임에도 불구하고 당시 불교를 배척하는 정책이 적극적으로 시행되지 못하는 것을 안타까워했습니다. 내용은 주로 불교의 인과설, 윤회설, 화복설 등 세속의 신앙과 결부된 불교의 이론과 인간의 본성에 대한 불교적 관점의 오류를 비판한 것이었습니다.

교과서로 점프

●● 고등학교 국사 – 조선의 건국

태조는 교통과 국방의 중심지인 한양으로 도읍을 옮긴 후 도성을 쌓고 경복궁을 비롯한 궁궐, 종묘, 사직, 관아, 학교, 시장, 도로 등을 건설하여 도읍의 기틀을 다졌다.

초창기의 문물제도를 갖추는 데 크게 공헌한 사람은 정도전이었다. 그는 민본적 통치 규범을 마련하고, 재상 중심의 정치를 주장하였다. 또 『불씨잡변』을 통하여 불교를 비판하였으며, 성리학을 통치 이념으로 확립시켰다.

정도전은 훌륭한 재상을 선택하여 그에게 정치의 실권을 주자고 하였습니다. 그렇다면 조선 초기에 왕권과 신권의 관계는 어떠하였을까요?

조선 초기의 왕권과 신권은 다음 두 가지 제도가 시행될 때마다 다르게 나타났습니다. 하나는 왕권이 비교적 강했던 때의 '6조 직계제', 또 하나는 신권이 강했던 때의 '의정부 서사제' 입니다. 6조 직계제는 6조에서 의정부를 거치지 않고 곧바로 왕에게 정치와 관련되는 일을 올려 허락받아 시행하였던 것이고, 의정부 서사제는 재상 합의제라고도 불렸는데, 모든 업무를 의정부의 3정승을 통해서 왕에게 보고하는 것입니다.

6조 직계제는 태종과 세조가 시행하였습니다. 이 둘 사이에는 공통점이 있습니다. 태종은 정도전 등의 개국공신을 제거하며 왕위에 올랐습니다. 세조도 나이 어린 조카였던 단종은 물론 김종서 등의 신하를 제거하며 왕위를 빼앗았습니다. 두 사람 모두 왕이 된 후에는 왕위의 정당성을 확보하고 신권을 압도해야 할 필요가 있었습니다. 그래서 왕권을 강화하기 위해 6조 직계제를 실시하였던 것입니다.

반면 세종이 왕위에 올랐을 때에는 왕권이 어느 정도 확립되었으며, 경제·사회적으로도 안정을 이루었던 시기였습니다. 그러므로 유교 정치를 실현하기 위해 신하들을 존중하려 하였습니다. 즉 왕도 정치를 표방한 세종은 왕권과 신권의 조화를 이루기 위해 의정부 서사제를 실시하여 3정승의 권한을 확대해 주었던 것입니다. 이처럼 조선 초기의 왕권과 신권은 왕의 즉위 배경과 관련되어 변화를 겪었습니다.

어쩔 수 없는 정도전의 비애

선인교(仙人橋) 나린 물이 자하동(紫霞洞)에 흐르니
반천년(半千年) 왕업(王業)이 물소리 뿐이로다.
아희야 고국흥망(故國興亡)을 물어 무엇 하리오.

—『화원악보』

　위의 시조는 고려 왕조의 무상함을 노래한 회고조의 시조로 해석하면 다음과 같습니다.
　"선인교 아래로 내리는 물이 자하동으로 흘러드니 오백 년 화려했던 고려 왕조가 물소리뿐이구나. 아이야 고려가 흥하고 망한 것을 물어서 무엇하겠느냐."
　선인교, 자하동이 그 흥왕했던 고려 왕업을 표상하고 있는 것이라면, 그 속을 흐르는 물소리는 고려 왕조의 무상함과 덧없음을 상징하는 것이라고 할 수 있습니다. 망국에 대한 슬픔이나 분함을 표현하기보다는 이제 고려에 대한 미련은 잊어버리려는 듯합니다. 이성계의 충성스러운 신하로 조선 왕조를 개국

169

하는 데 가장 큰 역할을 담당했던 정도전이 썼다는 사실을 생각한다면 당연하다고 생각됩니다. 그러나 정도전 역시 고려인이었기 때문에 시조에는 어쩔 수 없이 그의 슬픔이나 마음속 괴로움이 표현되어 있습니다. 정도전 역시 한 나라의 흥망을 덧없이 느꼈던 고려의 백성이었기 때문입니다.

170

조광조

(趙光祖, 1482~1519)

●● 조광조는 조선 전기의 학자이면서 정치가예요. 아마도 그의 이름을 들으면 많은 사람들이 '벌레가 파먹은 나뭇잎'을 떠올릴 것입니다. '주초위왕(走肖爲王)', 조(趙=走+肖) 씨가 왕이 된다는 이 나뭇잎이 결정적인 역할을 하는 바람에 중종의 총애를 받던 조광조는 결국 사형에 처해졌습니다.

 ## 조광조가 추구하였던 정치 이념은 무엇일까?

조광조는 중종 때 도학 정치를 주장하며 급진적인 개혁을 시도하려 한 사람입니다. 그의 스승은 김굉필이였는데 20세가 되던 해에 그의 문하에서 가장 능력 있는 제자로 인정받았습니다. 갑자사화 때 김굉필이 연산군의 생모였던 윤씨를 폐위시키는 데 찬성했다는 죄명으로

조광조의 영정

처형되면서 제자였던 조광조도 귀향을 가게 되었습니다. 대부분의 학자들이 그렇듯 조광조도 유배지에서 학업에 전념하여 1510년 과거 시험인 사마시에 장원으로 급제하였습니다. 이후 성균관에서 공부하며 쌓은 실력을 바탕으로 5년 후에는 관직에 처음으로 발을 들여놓았고, 이어 대과 시험인 문과에 급제하여 사헌부 감찰직을 맡으며 왕의 신

임을 얻게 되었습니다.

　　연산군의 뒤를 이어 즉위한 중종은 사회 분위기를 새롭게 하고자 하였으며, 조광조가 주장했던 도학 정치가 중종이 실시하는 개혁의 바탕이 되었습니다. 중종은 조광조의 정치사상을 바탕으로 이상적인 사회를 건설하려 한 것입니다.

조광조의 글씨
성균관대 소장

　　조광조의 도학 정치는 한마디로 성리학을 바탕으로 하는 정치였습니다. 성리학이 우리나라에 도입된 것은 고려 말이었으나 조선 초기까지 시가와 문장을 중시하는 사장(詞章)의 학문만이 널리 숭상되어 도학은 일반적으로 경시되었습니다. 이러한 시기에 조광조를 계기로 도학 정치가 관심을 끌기 시작하였으며, 후에 이황과 이이 같은 학자가 탄생할 수 있었던 것입니다.

　　조광조는 유교를 정치와 교화의 근본으로 삼아 왕도 정치를 실현해야 한다고 주장하였습니다. 그의 이러한 정치관은 조선 시대의 풍습과 사상을 유교식으로 바꾸어 놓았습니다. 일반 서민들까지도 주자의 가례(家禮)를 지켜 장례를 치렀으며, 과부의 재가가 금지된 것도 바로

tip

사마시 : 과거의 소과 시험이다. 합격하면 생원이나 진사가 되어 생원진사시, 또는 감시라고 한다.

도학 정치 : 성리학에 바탕을 두고 유교의 전통적인 왕도사상을 재해석한 것으로, 삼강오륜의 윤리 도덕을 온전하게 실현하는 것이 정치의 기본 내용이다. 이러한 정치는 군주를 비롯한 지배층의 도덕적 실천과 함께 인민에 대한 도덕적 교화를 통해 이루어질 수 있었다.

이때부터였습니다.

　　1517년에는 '여씨향약'을 반포하여 전국에 시행하도록 함으로써 향촌을 교화시키고 질서를 유지하는 데 도움을 주었습니다. 그리고 이듬해에는 미신을 타파한다는 명목으로 당시 폐단이 많았던 소격서(도교 행사를 주관하던 관청)의 폐지를 강력히 주장하여 없앴습니다. 유교를 국가의 근본으로 내세우고 있는 나라인데 관청이 나서서 도교 의식을 주최하는 것은 유교 국가의 이념에 반대되었기 때문입니다.

　　한편 조광조는 대사헌으로 승진하고 난 후 당시 과거 시험이 사장에만 치중해 관리를 선발하고 있는 것을 비판하여 능력 있는 인재를 선발한다는 명분으로 현량과를 설치할 것을 주장하였습니다. 현량과는 경학에 밝고 덕행이 높은 사람을 천거하여 관리를 뽑던 제도로 젊은 사림파의 다수가 이 제도로 관직에 진출하게 되었습니다. 이 세력들을 기반으로 조광조는 자신의 이상 정치를 실현하려 하였던 것입니다.

하루아침에 뒤바뀐 역적과 공신

　　사림파는 훈구파를 외직으로 몰아내고, 중종반정으로 그 공을 인정받았던 공신들을 공격하기 시작하였습니다. 일명 '반정 공신'은 무

훈구파 : 조선 전기 세조의 집권과 즉위 과정에서 이를 도와 공신이 되면서 정치적 실권을 장악한 이후 형성된 정치 세력이다. 원래 훈구 공신, 즉 공로를 많이 세웠다는 의미이나 15세기의 대표적인 정치 세력을 칭하는 말로 바뀌었다.

중종반정 : 1506년(연산군 12)에 성희안과 박원종 등이 당시 폭군이었던 연산군을 폐위시키고 진성대군(중종)을 왕으로 추대한 사건이다.

려 117명이나 되었으며, 이들에겐 본인과 부모, 처자를 3계급 승진시키
거나 막대한 재물을 주었습니다. 중종 즉위 10여 년이 지나도록 조선을
지배한 것은 이들 훈구 세력이었으며, 왕권조차 그들에게 휘둘렸습니
다. 중종이 조광조를 발탁한 것도 바로 이러한 시대적 상황 때문이었던
것으로 생각됩니다.

　　마침내 조광조는 반정 공신의 약 70%에 달하는 76명의 특권
을 빼앗아 버린 '위훈삭제'를 요청하여 시행에 옮기게 됩니다. 결국 이
사건으로 조광조는 훈구파의 강력한 반발을 사게 되어 기묘사화가 일어
나는 직접적인 원인이 되었습니다.

　　훈구파 중에서 조광조에게 강한 불만을 가지고 있던 예조판서
남곤과 심정은 대궐 후원의 나뭇잎에 과일즙으로 '주초위왕(走肖爲王)'이
라는 글자를 써 벌레가 갉아먹게 한 다음 궁녀로 하여금 이것을 중종에

정암 조광조의 유배지 전라남도 화순군 능주면 남정리에 있다.

게 바쳐 조광조가 마침내 왕이 되려 한다는 모함을 하였습니다. '주(走)'자와 '초(肖)'자를 합치면 조광조의 성씨인 '조(趙)'자가 되기 때문입니다. 그 동안 도학 정치를 내세우며 진행되었던 조광조의 개혁이 급진적으로 시행되자 중종도 내심 불안해하고 있던 때였습니다. 중종은 어느 정도 조광조의 개혁에 싫증이 나 있는 상태였으며 왕권을 위협할 수 있다는 생각도 들었습니다. 바로 그때 훈구파가 모함한 이 사건은 조광조를 제거할 수 있는 충분한 이유가 되었던 것입니다. 결국 중종은 훈구파의 탄핵을 받아들여 1519년 조광조와 신진 세력 등을 투옥하고 사약을 내릴 것을 명하였습니다. 당시 영의정이었던 정광필의 변호로 조광조는 일단 사형을 면한 채 유배되었다가 결국 그해 12월에 다시 사약이 내려져 세상을 떠났습니다. 하루아침에 '역적'과 '공신'이 뒤바뀌었던 것입니다. 당시 조광조의 나이 38세였습니다.

기묘사화 : 1519년(중종 14)에 남곤과 홍경주 등의 훈구파가 조광조 등의 사림파를 축출한 사건이다.

조광조가 쓴 국사 교과서

사림의 등장과 조광조의 '바른 소리'

조광조를 비롯한 사림 세력은 성리학에 의거한 이상 정치의 실현을 목표로 하였습니다. 즉 '군자를 중용하고 소인배를 멀리할 것'을 주장하였으며, 조광조 스스로 진정한 충신의 길을 실천하려 하였습니다.

이러한 조광조는 반정으로 연산군을 내몰고 중종을 왕위에 앉힌 훈구 세력들을 공신으로 인정할 수 없었습니다. 진정한 충신이라면 '목숨을 빼앗기더라도 왕에게 해서는 안 될 일을 이야기할 수 있는 용기'가 필요하다고 생각했기 때문입니다. 그러나 현실은 그렇지 않았습니다. 연산군 때에 높은 관직에 있으면서 '바른 소리' 한 마디 제대로 하지 못했던 사람들이 결국 그들이 섬기던 왕을 몰아내고 그 공을 내세우며 부와 특권을 누리고 있었기 때문입니다.

마침내 조광조는 공신들을 탄핵하는 상소를 올렸습니다. 그들이 모시던 왕이 옳은 정치를 할 수 있도록 곁에서 제대로 보필하지 못했다면 마땅히 스스로 물러나야 한다고 주장했습니다. 그리고 그들이 공신이라며 받았던 재물과 지위 등의 포상을 삭제하려 하였습니다. 사실 조광조의 이러한 지적은 틀리지 않았습니다. 결국 정면으로 도전받은 훈구파는 그들 중 홍경주의 딸이 왕의 후궁인 것을 이용하여, 나라의 민심이 조광조에게 돌아갔다는 헛소문을 퍼뜨리게 하고 조광조를 몰아내기 위한 계략을 꾸밉니다. 결국 조광조는 그 희생물이 되고 맙니다.

교과서로 점프

●● 중학교 국사 – 사림의 성장
사림을 옹호하던 성종이 죽고 연산군이 즉위하자 훈구 세력은 무오사화 등을 일으켜 사림을 공격하였다. 이로써 사림은 큰 피해를 입게 되었다. 중종반정 이후 사림이 다시 등용되어 조광조를 중심으로 유교적 이상 정치를 펴고자 하였으나, 훈구 세력의 반발로 또다시 사화가 일어나 실패하고 말았다.

조광조의 개혁 정책

이미 두 번의 사화(무오사화, 갑자사화)로 그 세력이 약해졌던 사림파는 조광조가 정권을 장악하면서 다시 정계에 진출하게 되었습니다. 조광조가 실시했던 모든 정책은 한마디로 사림파의 세력을 강화시키는 것이라고 할 수 있습니다. 조광조는 다음과 같은 개혁을 실시했습니다.

첫째, 과거가 아닌 추천으로 관리를 선발하는 현량과 제도를 실시하려 하였습니다. 당시에 실시되고 있던 과거 시험은 이론에만 치우쳐 모순이 많다고 지적하며, 이론과 실천을 겸비한 관리를 선발하기 위해서는 현량과와 같은 새로운 제도가 필요하다고 주장하였습니다. 이

제도의 시행으로 좀 더 많은 사림 세력이 중앙 정계에 진출할 수 있었습니다.

둘째, 소격서를 폐지하려 하였습니다. 도교의 행사를 주관하던 소격서는 성리학자인 조광조에게는 당연히 없애야 하는 기관이었습니다.

셋째, 송나라 때 주자가 소년들에게 유학의 기본을 가르치기 위해 만든 『소학』을 널리 보급하였습니다. 그의 노력으로 『소학』은 후에 조선 시대 교육 기관의 필수 교재로 널리 애용되었습니다.

넷째, 향약을 처음으로 시행하였습니다. 조광조는 나라의 올바른 풍속을 기르기 위해서는 향약이 필요하다고 생각하였습니다. 향약은 유교적 질서를 향촌 사람들 스스로 유지하기 위한 것으로 향촌 사회를 안정시키기 위한 목적에서 실시되었습니다. 이후 향약은 전국적으로 확산되었으며, 지방의 양반들이 농민을 통제하고 그들의 지배 체제를 유지하기 위한 수단으로도 이용되었습니다.

교과서로 점프

●● 고등학교 국사 – 조광조의 개혁 정책
조광조를 비롯한 당시의 사림은 경연의 강화, 언론 활동의 활성화, 위훈 삭제, 소격서의 폐지, 소학의 보급, 방납의 폐단 시정 등을 주요 정책으로 삼았다.

●● 고등학교 국사 – 향약과 유교 윤리의 보급
지방 사족은 향촌 사회를 그들 중심으로 운영하기 위해 향약 조직을 만들었다. 향약은 중종 때 조광조가 처음 시행한 이후 전국적으로 확산되었다.

조광조가 쫓겨났던 사건을 기묘사화라고 합니다.
대표적인 네 가지 사화의 전개 과정은 어떠했을까요?

사화는 사림파가 중앙의 정치계로 진출하면서 기존의 권력을 가지고 있던 훈구파와 대립했던 사건을 말하는 것입니다. '사림파가 화를 입었다.'는 사화의 뜻처럼 대부분 사림파가 훈구파에 의해 정치적 타격을 입었습니다.

'무오사화'는 1498년 연산군 4년에 일어났습니다. 사림파의 우두머리 격이던 김종직의 제자 김일손이 김종직이 지었던 「조의제문」을 실록 편찬의 자료에 해당하는 '사초(史草)'에 올린 일을 빌미로 훈구파가 사림파를 죽이거나 귀양을 보냈던 사건을 말합니다. 「조의제문」은 세조가 왕위를 빼앗고 단종을 죽인 사실을 중국의 역사적 사실에 비유하여 기록한 글입니다.

두 번째 사화는 연산군 10년인 1504년에 있었던 '갑자사화'입니다. 연산군은 외할머니를 통해 자신을 낳아 준 어머니 윤씨가 폐비가 된 후 사약을 받았다는 사실을 알게 된 후 윤씨를 복위시키려 하였습니다. 그리고 이에 반대하거나 과거에 윤씨를 폐위시키는 데 찬성했던 선비들을 처벌하였습니다. 바로 어머니의 원수도 갚고, 평소에 자신을 견제한 세력을 제거한 것입니다.

세 번째 사화가 조광조 일파가 제거되었던 '기묘사화'입니다. 그리고 네 번째는 '을사사화'로 1545년 명종이 즉위하던 해에 일어났습니다. 어머니가 달랐던 중종의 두 아들(인종, 명종)의 왕위 계승 문제가 그들 외척 간의 대립으로 나타나며 일어난 사건이었습니다. 공교롭게도 두 외척 세력 모두 윤 씨 성을 가지고 있어 대윤, 소윤으로 구분하여 불렀습니다. 명종 즉위 후 수렴청정을 하던 문정왕후의 세력을 등에 입은 소윤이 반대파 세력인 대윤을 제거했던 사건을 을사사화라고 부릅니다.

tip 수렴청정 : 나이 어린 왕이 즉위했을 때 왕대비나 대왕대비가 일정 기간 동안 국정을 돌보던 일. 신하를 접견할 때 사이에 발(수렴)을 늘인 데서 유래한다.

왕을 감동시킨 답안지

조광조가 중요 관직으로 진출할 수 있었던 계기는 바로 중종이 성균관에 거동하여 시행한 알성시(비정규적 과거 시험)에 조광조가 급제하였기 때문입니다. 당시 중종이 출제한 문제는 옛 성인의 이상적인 정치를 실현하기 위해서는 어떻게 해야 하는지를 묻는 것이었습니다. 조광조는 다음과 같이 답안을 썼다고 합니다.

> 임금이 마음으로 백성을 감화시켜야 하며,
> 대신을 믿고 함께 국사를 처리할 때 위대한 업적을 이룰 수 있다.
>
> —『정암집』

바로 이 답안이 중종의 마음에 들어 조광조는 알성시에 합격하고 언관인 사간원의 관리로 임명되었습니다. 그리고 이후 조광조는 사간원과 사헌부, 홍문관, 승정원 등 왕의 곁에서 왕을 보필하는 일을 주로 담당하였습니다. 이 모든 것이 바로 중종의 사랑과 신뢰가 있었기에 가능한 일이었습니다.

그러나 조광조에 대한 중종의 사랑도 계속되지는 않았습니다. 조광조가 밀어붙이는 개혁에 중종이 지치기 시작한 것입니다. 그중 대표적인 것이 소격서

폐지와 관련된 것이었습니다. 소격서는 조선 태조 때 경복궁 바로 옆에 건립되어 임진왜란까지 200여 년 동안 도교의 행사를 주관하던 기관이었습니다. 성리학자인 조광조에게 소격서는 당연히 없애야 하는 기관이었습니다. 처음 조광조가 소격서 폐지를 건의하자 중종은 조선 초기부터 이어져 내려온 전통을 그렇게 쉽게 없앨 수 없다며 반대하였습니다. 그러나 조광조는 여기에서 그치지 않고 계속해서 상소를 올렸고, 마침내 사직서를 제출하면서까지 왕에게 맞서게 되었습니다. 결국 중종은 소격서를 없애도록 명하였습니다. 전해지는 이야기로는 조광조가 중종 5년(1510)부터 기묘사화(1519)까지의 9년 동안 소격서 폐지 상소를 자그마치 260여 회나 올렸다고 합니다. 이것은 소격서를 폐지하는 문제에 조광조가 지나치게 집착했으며, 그 장단점을 떠나 어떠한 제도를 개혁하기 위해 필요한 시간조차 인정하지 않았다는 것을 의미합니다.

이러한 사실들을 배경으로 중종과 조광조의 인연이 시작된 지 불과 4년 만에 조광조는 사약을 받고 죽게 됩니다. 전라남도 화순으로 유배된 후 조광조는 늘 왕의 부름을 기다리며 중종이 있는 북쪽을 향해 큰 절을 올리고 누군가를 기다렸다고 합니다. 조광조가 그렇게도 애타게 기다리던 중종이 조광조에게 마지막으로 보낸 것은 바로 사약이었습니다. 그리고 조광조가 죽고 난 후 현량과는 폐지되었으며, 위훈 삭제는 취소되었고, 소격서는 다시 부활하게 됩니다.

현실적인 개혁 정치를 구상한 대학자

이이

(李珥, 1536~1584)

●● 개혁 정치를 펼치며 세상을 다스리는 능력이 뛰어났던 이이는 이황과 함께 조선 성리학을 대표하는 인물이에요. 16살의 어린 나이에 어머니인 신사임당을 잃고 금강산에서 도를 닦으며 성장했던 이이는 뛰어난 철학으로 개혁 정치를 펼쳤습니다. 그가 이 세상을 떠날 때 자손들에게 남긴 재산은 없었지만 그가 남긴 저서들은 지금까지 우리들에게 그의 사상을 전하고 있답니다.

천재 이이의 청년 시절

이이는 1536년에 외가인 강릉에서 태어났습니다. 어머니는 신사임당, 아버지는 한양 출신의 이원수였습니다. 이이가 태어나기 전날 밤에 어머니 사임당의 꿈에 검은 용이 나타났다고 하여 어릴 적의 이름을 '현룡' 이라 불렀고, 태어난 방을 '몽룡실' 이라 하였습니다. 몽룡실은 지금도 강릉 오죽헌에 있습니다.

율곡이 태어난 강릉 오죽헌의 몽룡실

잘 알려진 것처럼 이이는 천재에 가까운 지능을 가졌습니다. 이미 3세에 말과 글을 배우기 시작하였고, 다음과 같은 일화를 가지고 있기도 합니다.

중종 31년(1541) 이이가 5

세 때의 일입니다. 하루는 외할머니가 이이를 데리고 걷다가 문득 석류나무에 달려 있는 석류를 보고 이이에게 물었습니다.

"이것이 뭔지 알겠느냐?"

"예."

"어디 한번 대답해 보렴. 맞추면 하나 따주마."

"그럼, 제가 시로 한번 대답해 볼게요. 붉은 가죽 주머니 안에 빨간 구슬이 부서져 있네."

"그게 무슨 뜻이냐?"

"이건 석류잖아요. 이 안에 든 석류 알이 꼭 구슬 같지 않아요? 그러니까 붉은 가죽 주머니 안에 빨간 구슬이 부서져 있다고 한 거예요."

다섯 살짜리의 이 대답에 할머니는 깜짝 놀라며 대견해했다고 합니다. 천재 소년 이이는 13세에 진사 초시에 장원급제하고, 관직에 나가기까지 모두 아홉 번이나 장원급제하였답니다.

이이는 현모양처이자 시와 그림에 능했던 어머니 사임당을 누구보다 잘 따랐습니다. 그런데 이이가 16세 때 사임당은 병으로 죽고 말지요. 이때 어머니를 여읜 이이의 충격과 슬픔은 굉장히 컸습니다. 이이는 깊은 허무감 속에서 고민하다 3년간 혼자서 무덤 앞에 집을 짓고 어머니의 산소를 지키며 명복을 빌었습니다. 3년상을 마친 후 이이는 19세의 나이로 세상을 버리고 금강산으로 수도의 길을 떠납니다. 이이의 입산 동기에 대해서는 여러 가지 이야기가 있으나 『율곡문집』에는 다음과 같이 세 가지로 나와 있습니다. 첫째는 어머니를 여읜 슬픔이 커 이를 극

184

복하기 위해서였다고 합니다. 둘째는 호연지기를 기르기 위해서이며, 셋째는 성리학의 형성에 큰 영향을 끼친 불교에 대한 공부를 하기 위해서라고 합니다.

　　이이가 벼슬길에 처음 나서게 된 것은 그의 나이 29세였던 8월, 대과에 장원급제하면서 호조좌랑에 임명되었을 때입니다. 이이가 대과 시험을 늦게 본 이유는 자기 스스로 완성해 나가는 도학 공부에 비해 과거 시험을 위한 공부는 남에게 보이기 위한 공부에 지나지 않는다고 생각하였기 때문입니다. 그러나 자신의 생각대로 정치를 하기 위해서는 어쩔 수 없이 과거 시험에 응시해야만 했던 것입니다.

　　이이는 31세에 사간원 관리로 임명되었고, 이조좌랑으로 다시 자리를 옮긴 후 당시의 부패된 관리 임명의 관행을 바로잡고자 노력하였습니다. 34세가 되던 해에는 홍문관 교리에 임명되었으며, 그해 9월에 자신의 정치관을 문답식으로 서술한 『동호문답』을 선조 임금께 올렸습니다. 당시에는 인재를 양성하기 위해 젊은 문신들에게 휴가를 주어 학문에 전념하게 한 제도가 있었는데, 이이의 『동호문답』도 휴가를 이용해 연구에 몰두한 결과를 보고서로 제출한 것입니다.

대학자의 머리에서 개혁이 펑펑!

이이가 40세가 되던 해에 정계에서는 붕당 정치가 시작되었습니다. 그해 9월 이이는 『성학집요』를 저술하고(1575), 홍문관 부제학의 자리에 오르게 되었습니다. 『성학집요』는 유학의 기본 입문서인 『대학』의 가르침을 여러 성현의 말을 인용하여 고증하고, 성리학적 입장에서 해설한 것입니다. 『조선왕조실록』에는 다음과 같이 기록되어 있습니다.

> 이이가 『성학집요』를 올리니 매우 기쁘게 여겼다. 이이는 임금의 마음을 바로잡는 데 뜻을 두고 힘써 경전과 역사서의 중요한 문구 중에서 학문과 정사에 필요한 것을 뽑아 모아 편찬하여 수기(修己)·치인(治人)으로 순서를 정하자 모두 5편이었다. 완성하여 임금께 올렸더니 다음날 임금께서 경연에서 이이에게 다음과 같이 일렀다. "그 글이 매우 간절하고 요긴하니, 이는 부제학(이이)의 말이 아니고 바로 성현의 말씀이다. 나라를 다스리는 데 매우 도움이 되겠으니 다만 나같이 어리석고 둔한 군주는 능히 행하지 못할까 걱정될 뿐이다."
>
> —『조선왕조실록』, 선조 8년(1575)

붕당 정치 : 학연과 지연을 매개로 의식과 정치 이념이 같은 사람들끼리 붕당을 이루고, 언론 등을 통하여 국왕의 신임을 얻어 국정을 주관하는 정치 형태이다. 선조 때 사림파 내에서 처음으로 동인과 서인으로 붕당이 출현하였다.

또한 이이는 학자들에게 유학 입문서의 역할을 하게 되는 『격몽요결』도 지었습니다. 책 제목의 '격몽'은 '몽매하여 따르지 않는 자를 깨우치거나 징벌한다.'는 뜻입니다. 그리고 상부상조의 내용이 잘 나타나 있는 '해주향약'을 실시하여 백성들을 교화하고, 어려운 백성들을 구제하기 위해 '사창'을 실시하였습니다. 그리고 48세에는 나라를 위하여 시급한 여섯 가지 정책(시무 6조)을 올렸으며, 같은 해 4월 국방을 튼튼히 하기 위해 '십만양병설'을 주장하였으나 유성룡 등의 반대로 실행에 옮기지 못했습니다. 이이가 경연에서 아뢰기를, "국력의 쇠약함이 심한지라 10년도 못 가서 반드시 나라가 무너지는 큰 화가 있을 것이니, 10만 병졸을 미리 양성하여 도성에 2만, 각 도에 1만씩을 두어 그들의 조세를 덜어 주고, 무재(武才)를 훈련시켜 6개월로 나누어 교대로 도성을 지키게 하였다가 변란이 있으면 10만 명을 합쳐서 지키게 하여 위급할 때 방비를 삼으소서."라고 하였습니다. 이에 유성룡이 반대 의견을 말하면서 아뢰기를, "무사할 때에 군사를 양성하는 것은 사회적 혼란만을 양성하는

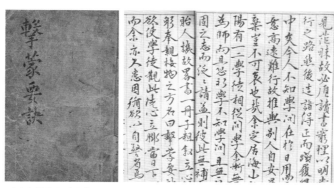

이이의 친필이 담긴 『격몽요결』 이이가 1577년 12월 황해도 해주 석담에서 생활할 때 지은 책으로 처음 공부하는 학자들에게 학문의 방향을 제시해 주기 위하여 만든 유학의 입문서이다.

것입니다."라고 하였습니다. 결국 선조는 이이의 말을 지나친 걱정이라 하며 끝내 받아들이지 않았습니다.

　　하지만 이 일화에는 다른 의견이 있습니다. 이이의 십만양병설이 『선조실록』에는 나오지 않고 이이의 학통을 계승한 『율곡전서』와 서인들에 의해 수정된 『선조수정실록』에만 나와 있기 때문입니다. 이 기록들은 이이의 후손인 서인들이 이이를 부각시키고 남인이었던 유성룡을 비하하기 위하여 쓴 것으로 객관적인 기록이 될 수 없다는 것입니다. 역사를 해석하는 다양한 시각을 알 수 있는 대목이라 할 수 있습니다.

　　이이는 49세가 되는 해 1월에 별세하였습니다. 이이는 별세하기 10여 일 전부터 병석에 누워 있었는데, 눈을 감기 이틀 전에 「육조방략」을 남깁니다. 북방의 백성을 위로하고 격려하기 위해 떠나는 서익에게 병조판서 시절(군사 관계 업무를 총괄함)에 생각해 두었던 것을 전하기 위하여 동생을 앉혀 놓고 자신의 말을 대신 쓰게 한 것입니다. 이것이 「육조방략」입니다. 그리고 이틀 후인 1월 16일, 율곡은 한양 자택에서 별세하였습니다.

이이가 쓴 국사 교과서

조선 성리학의 대표적 학자

조선 시대에는 자연과 인간, 사회의 본질을 '이'와 '기'의 원리를 통해 설명하려는 성리학의 '이기론'이 성행하고 있었습니다. '이'는 '기'가 존재할 수 있는 근거이자 운동 법칙으로 변화하지 않는 절대적인 것을 의미하고, '기'는 만물을 구성하는 요소로 활동하고 작용하며 변화하는 것입니다.

율곡 이이는 이황과 함께 16세기 '이기론'을 대표하는 인물이었습니다. 그러나 둘의 사상은 조금 차이가 있었습니다. 이이는 이황에 비하여 개혁적이고 진보적이었으며, 이황보다는 '기'의 역할을 상대적으로 중시하였습니다. 이이는 이와 같은 철학을 바탕으로 여러 가지 사회 개혁을 추구하였습니다.

이후 이이의 사상을 따른 문인을 중심으로 '이이 학파'가 형성되었고, 이황의 사상을 따르는 문인을 중심으로 '이황 학파'가 형성되었습니다. 이이 학파에는 김장생, 조헌, 이귀 등이 유명하며, 후에 김장생의 문인들과 이귀 등은 인조반정을 주도하며 정권을 장악하게 됩니다. 그리고 이이 학파는 서인 정권의 핵심을 형성하면서 조선을 이끌어 가는 주역을 담당하였습니다.

교과서로 점프

●● 중학교 국사 – 성리학의 발달
조선 왕조는 성리학을 통치 이념으로 삼고, 이를 모든 제도와 문물을 정비하는
기본 원리로 삼았다. 성리학을 특히 발전시킨 대표적인 학자는 이황과 이이였다.

개혁 정책인 수미법을 주장한 이이

조선 시대에는 백성이 부담해야 하는 세 가지 조세의 의무(조세, 공납, 역)가 있었습니다. 그중 공납은 각 지방의 특산물을 현물로 바치는 것으로 농민들에게는 가장 큰 부담이 되었습니다. 그 이유는 그 지역에서 생산되지 않는 물품을 공물로 지정하거나 공물을 상납하는 과정에서 부정부패가 많았기 때문입니다. 관리가 상인과 결탁하여 농민 대신 공물을 납부하게 하고 농민으로부터는 그 대가로 높은 가격을 받아 내는 행위(방납)가 만연했습니다. 이미 중종 대에 조광조가 개혁의 필요성을 주장하였으나 구체적인 대안이 마련되지 못하였습니다.

이이는 이러한 문제점을 해결하기 위한 방안으로 공물을 쌀로 걷도록 선조에게 제안하였는데, 이것이 바로 '수미법(收米法)'입니다. 이미 명종 때부터 황해도의 해주와 송화 등에서는 자체적으로 토지 1결당 1두씩의 쌀을 걷어 납부해야 할 공물을 마련하고 있었는데, 이이는 이 제도가 매우 합리적이라고 생각하여 전국의 모든 공물을 쌀로 납부하게

하는 수미법을 시행하도록 건의하였던 것입니다.

그러나 방납으로 이익을 보고 있던 권세가들의 방해로 실현되지는 못하였습니다. 그 후 임진왜란을 겪으면서 유성룡이 전쟁으로 어려워진 국가 재정을 보충하기 위해서도 수미법이 유용하다고 주장하였으나 산간이나 바닷가의 먼 고을 백성들이 운송하기에 어려움이 있다고 하여 다시 중단되었으며, 광해군이 즉위한 후 '대동법'이라는 이름으로 다시 시행되는 우여곡절을 겪었습니다.

교과서로 점프

●● 고등학교 국사 – 수취 제도의 문란
농촌 사회를 안정시키기 위하여 공납의 폐단을 개선하려는 시도가 있었다. 어떤 지역에서는 공물을 현물 대신 쌀로 거두는 수령도 나타났고, 이이와 유성룡 등은 공물을 쌀로 거두는 수미법을 주장하기도 하였다.

궁금한 건 못 참아!

이이와 이황의 사상은 어떠한 차이가 있을까요?

이황과 이이는 조선 시대 성리학을 대표하는 인물이었습니다. 먼저 '동방의 주자'라고 불리던 이황은 주자의 학설에 충실했습니다. 그러므로 이황은 인간이 살아가는 데 있어서 근본적인 법칙이라고 할 수 있는 '이'를 중시하여 인간의 도덕적, 인격적 완성을 중요하게 생각했습니다.

그러나 이이는 이황에 비하여 상대적으로 '기'의 역할을 중요하게 여겼습니다. 그래서 현실적이며 개혁적인 성격을 가지고 있었지요. 실제로 이이는 오랜 기간 관직에서 정치, 경제, 군사 면의 개혁을 주도하였습니다.

이황과 이이는 저술에 있어서도 대조적인 모습을 보입니다. 이황이 저술한 『성학십도』는 성학, 즉 성인이 되기 위한 학문의 대체적인 내용을 그림으로 설명한 것으로 군주 스스로가 성학을 따를 것을 제시하였습니다.

그러나 율곡이 저술한 『성학집요』는 성인들의 말을 인용하고 설명을 붙여 현명한 신하가 성학을 군주에게 가르쳐 군주를 변화시켜야 한다고 주장하여 『성학십도』와는 차이를 보였습니다.

"해가 지고 나서 먹으면 맛있네"

이이는 청빈한 삶을 살았던 선비로 유명합니다. 벼슬을 사양하고 파주에 있을 때는 이이를 방문한 최황이 반찬 없이 밥을 함께 먹으며 안타까워 말을 건네자, "해가 지고 나서 먹으면 맛있네."라고 대답했다고 합니다. 결국 배가 고프면 맛없는 음식이 없다는 뜻이지요. 이렇게 어려운 생활이었는데도 해주에서 살 때는 군수가 쌀을 보내자, "수령이 나라 곡식을 주는 것인데, 어찌 받을 수 있겠느냐?"며 거절했다고 합니다. 오히려 대장간을 차려 놓고 호미를 만들어 그것을 팔아서 양식을 사 먹었다고 합니다. 당시에 양반들이 상공업에 종사하는 일 자체를 매우 천히 여기던 시절이라 이와 같은 일은 흔치 않았습니다.

이렇게 어렵게 살던 이이는 그래도 형제들 중에서는 사정이 나은 편이었습니다. 다른 형제들이 모두 더 어려웠던 데 비해, 이이는 장인이 한양에 집 한 채를 사주었기 때문입니다. 그러나 이이는 다른 형제들이 모두 가난하여 끼니를 잇지 못하는 형편임을 알고 자기 혼자 그 집에서 편안히 사는 것이 마음 편치 않았던 모양입니다. 결국 그 집을 판 돈으로 형제들과 나누어 가졌다고 합니다.

이이의 가정생활이 어려웠다는 사실은 결국 그가 이 세상을 떠나던 날 모두

해가 지면
맛있다네…
…

에게 드러나게 됩니다. 집안에 돈이 없었던 것은 물론이고, 심지어 수의도 마련해 놓지 못해 다른 사람의 수의를 빌려 와서 시신을 염습했다고 합니다. 이이가 세상을 떠난 후에도 아내와 자식들은 마땅히 거처할 곳이 없어 떠돌아다니다가 결국 이이의 친구들이 가족들을 위해 작은 집 한 칸을 마련해 주었다고 하는군요.

가끔씩 TV에서 공금을 개인의 욕심이나 이익을 위해 사용했다는 뉴스를 듣는 오늘날, 우리들에게 본보기가 되지 않을 수 없는 그런 일화입니다. 동화책에서 혹은 이야기로만 듣던 조선 시대의 청렴한 선비가 바로 율곡 이이였습니다.

염습 : 죽은 사람을 깨끗이 씻기고 옷을 입힌 다음 염포로 묶는 일을 말한다.

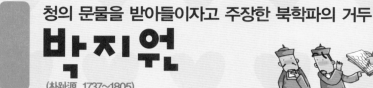

청의 문물을 받아들이자고 주장한 북학파의 거두
박지원
(朴趾源, 1737~1805)

●● '이용후생'의 실학을 강조한 박지원은 청에 가서 많은 것을 접하고 배우며 생각을 바꾼 북학파의 거두예요. 그의 주장은 이렇습니다. 상공업을 진흥시킬 것, 물자를 운반할 때에는 수레와 선박을 이용할 것, 그리고 화폐를 유통시킬 것 등입니다. 그는 또한 허례허식에 빠진 양반 사회를 문학으로 날카롭게 비판한 소설가이기도 합니다.

연암골 샌님 박지원, 세상을 보다

나주 박씨의 비교적 좋은 가문에서 태어난 박지원은 공부가 취미였다고 합니다. 벼슬에는 큰 욕심이 없었지만, 사도 세자의 폐위 문제를 둘러싸고 일어난 당쟁에서 홍국영에 의해 벽파로 몰리면서 결국 황해도 연암골에 들어가 살았습니다. 바로 이 때문에 '연암'이라고 하는 호를 얻게 된 것입니다.

손자인 박주수가 그린 박지원의 초상화

박지원의 집안은 당시 권력을 장악하고 있던 노론의 명문 가문이었지만, 그가 성장할 때는 재산이 많지 않았습니다. 결혼 후에

벽파 : 1762년 영조의 아들인 사도 세자가 폐위되고 사망한 사건을 중심으로 붕당이 나뉘게 되는데, 이때 세자를 배척한 당파를 벽파, 세자를 동정했던 반대파를 시파라고 한다.

본격적으로 공부를 하면서부터 3년 동안 집 밖으로 나오지 않고 공부에 전념했는데, 그때 공부한 내용들이 바로 병학이나 농학 등 실생활에 필요한 학문들이었습니다.

또한 박지원은 30세 때 홍대용과 사귀면서 신학문을 접할 수 있었습니다. 그리고 지금의 탑골 공원 옆으로 이사하면서 주변에 사는 이덕무, 유득공 등과 만날 기회가 자주 있었습니다. 박제가 등도 그의 집에 드나들었는데, 당시 젊은 청년들을 중심으로 박지원의 가르침을 받으며 성장한 이들이 하나의 학풍을 이룩하게 되었습니다. 그것이 바로 '북학파의 실학사상'이었습니다.

그에게 이렇듯 뜻을 같이하는 사람들을 만나는 일 말고도 세상을 탐색할 수 있는 아주 좋은 기회가 생겼습니다. 바로 1780년에 친척형인 사신 박명원을 따라 청의 베이징(북경)에 갈 기회가 생긴 것입니다. 5월에 출발해 10월에 돌아오는 여행 일정이었는데, 이 여행에서 박지원은 청의 문물을 접하면서 많은 것을 공부하고 생각할 수 있었습니다. 편

『열하일기』 전 26권 10책으로 구성되어 있다.

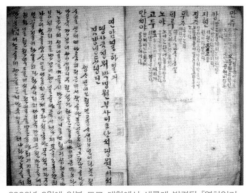

2006년 2월에 일본 도쿄 대학에서 새롭게 발견된 『열하일기』한글 번역 필사본

리하고 풍요로운 생활이 우선[이용후생(利用厚生)]이라는 생각이 이때부터 시작되었으며, 귀국하고 나서는 자신의 경험을 더 많이 알리기 위해 『열하일기(熱河日記)』라는 기행문을 발표하였습니다.

부조리한 사회를 개혁하는 데 이 한몸 바치리!

연암은 1786년 뒤늦게 정조의 특명으로 벼슬에 나아가 1797년에는 군수가 되었습니다. 그리고 이듬해에 왕명으로 『과농소초』라고 하는 농서 2권을 지어 바치고, 순조가 즉위한 후 양양부사로 승진했으나 이듬해에 벼슬에서 물러났습니다. 『과농소초』에서는 농사의 절기와 농기구의 개량, 토지의 경작과 개간, 수리 사업, 거름, 종자의 선택 등에 대하여 자세히 설명하고 있습니다. 특히 저수지를 만들어 수리 시설을 제대로 갖추는 게 중요하다고 강조하였으며, 부록에서는 토지 제도의 개혁안을 제시하였습니다. 그는 한전법(限田法)을 주장하였는데, 한 집당 소유할 수 있는 평균 면적을 국가가 정해 누구도 그 이상의 토지를 소유하는 것은 법률적으로 제한해야 한다는 내용이었습니다. 이러한 농서 저술을 보더라도 박지원이 이용후생에 관한 생각을 몸소 실천하여 연구했음을 알 수 있습니다.

　　박지원은 알려진 바와 같이 홍대용, 박제가 등과 함께 청의 문물을 배워야 한다는 북학파의 우두머리로 백성들의 생활이 편리하고 경제가 넉넉해야 한다고 주장하였는데, 이 때문에 중화사상에 빠져 있던 보수파들에게 많은 비난을 받기도 하였습니다. 왜냐하면 한족(漢族)의 입장에서 청나라는 오랑캐인 만주족이 세운 나라였기 때문입니다. 그러나 박지원은 그것이 비록 오랑캐의 법이라 할지라도 백성들에게 유익하고 국가에 이익이 될 때는 배워야 한다는 주장을 굽히지 않았습니다.

　　한편 박지원은 글재주도 뛰어나 자유로운 문체로 당시 문제가 되고 있던 양반층의 무능함과 타락상을 고발하였습니다. 특히 「양반전」은 양반 도덕의 허위성과 양면성, 양반의 무능함을 날카롭게 폭로하여 당시에 무너져 가고 있던 신분 질서와 양반의 지위를 잘 묘사한 대표적인 작품입니다. 그는 이 소설에서 양반을 다음과 같이 풍자하였습니다.

하늘에서 사람을 만들 때 4가지 종류로 만들었는데, 그중 양반이 가장 고귀하다. 농사도 하지 않고, 장사도 하지 않고, 책이나 읽어 잘 되면 문과에 급제하고, 그렇지 않아도 진사는 따놓았다.

또한 박지원은 화폐의 활발한 사용이 필요하다고 주장하였습니다. 국가가 나서서 화폐 정책을 합리적으로 시행해야 한다고 강조하며, 이를 위해서는 물품의 유통이 원활이 이루어져야 한다고 하였습니다. 물품의 유통이 원활히 이루어지려면 수레와 선박을 효율적으로 이용해야 할 필요가 있다고 강조하여 전국적인 규모의 유통을 촉진하려 하였습니다.

　　그는 이렇듯 실학에 근거하여 신분 제도와 조선 사회의 불합리성을 낱낱이 고하는 데 평생을 바쳤다 해도 과언이 아닌 삶을 살며, 1805년 10월 20일 69세를 일기로 세상을 떠났습니다.

박지원이 쓴 국사 교과서

상공업과 기술의 발전을 주장한 북학파

박지원은 학자가 학문을 할 때 가장 중요하게 여겨야 하는 것이 바로 '실용'이라고 주장하였습니다. 백성들에게 이익이 되고 생활을 풍요롭게 만들기 위해 '학문'이 필요한 것이지, 인간의 본성이나 운명을 이야기하자고 '학문'을 하는 것은 부질없는 일이라고 생각하였습니다. 그는 특히 생산력의 발전과 유통을 강조하였습니다. 그가 이런 생각을 굳히게 된 것은 청에 다녀오고 난 다음부터입니다. 그와 같은 생각을 가졌던 사람들을 '중상 학파' 또는 '북학파 실학자'라고 부릅니다. '북학'이란 베이징을 중심으로 발달한 이용후생의 실용적 학문을 의미하는 것입니다. 그래서 '북학파'는 청의 수도 베이징을 드나들며 그곳에서 발달한 문물을 배우자고 주장했던 실학자들을 부르는 명칭입니다.

이들은 특히 상공업의 진흥과 기술의 혁신을 강조하였습니다. 본래 상공업은 조선 사회에서 천시되고 있었으나 조선 후기에 들어와 상품 화폐 경제가 발달하기 시작하자 북학파 실학자들은 상공업의 발달을 통하여 부국강병을 이룩하자고 주장하였습니다. 그러기 위해서는 화폐가 유통되고, 수레가 이용되어야 하며, 대외 무역이 더욱더 확대되어야 한다고 했습니다. 대표적인 학자로는 박지원, 홍대용, 박제가, 유득공 등이 있습니다. 이들 대부분은 서울에서 성장하였는데, 이러한 도시적인 환경이 상공업을 중시하도록 만든 하나의 배경이 되었습니다.

교과서로 점프

●● 중학교 국사 – 중농 학파와 중상 학파
중상 학파는 상공업 진흥론과 함께 청의 발달한 문물을 받아들일 것을 주장하였으므로 북학파라고도 불렸다. 이들 중에서 유수원, 홍대용, 박지원, 박제가 등이 특히 유명하였다.
중상 학파는 그들 스스로 보고 들은 청 문화의 우수성을 인식하고, 조선의 현실을 개혁하기 위해서는 청의 문화를 먼저 배워야 한다고 주장하였다. 이들의 주장에서 주목을 끄는 것은 현실의 개혁에 대한 강한 의욕이었다. 그러므로 그들의 저서에는 당시의 양반 사회에 대한 통렬한 비판도 담겨 있었다.

소설을 통해 양반을 조롱한 실학자

북학파 실학자였던 박지원은 또한 뛰어난 소설가였습니다. 그 중 「광문자전」에서는 거지의 의리 있는 행동과 사리사욕에 눈 먼 양반을 비교하여 양반의 가식적인 도덕을 비판하였습니다. 「예덕선생전」에서는 주인공 엄행수의 삶을 통해 비록 하는 일은 천하지만 그에게서 군자의 도를 배울 수 있다고 하며 양반들의 허욕과 위선을 비판하였습니다. 「민옹전」에서는 평등주의에 입각한 그의 인도주의적 사상을 엿볼 수 있습니다.

당시 양반 계층의 타락상을 고발하였던 그의 대표작 「양반전」

에서는 다음과 같은 구절이 나옵니다.

> 양반은 아무리 가난해도 늘 존귀하게 대접받고 나는 아무리 부자라도 항상 비천하지 않느냐. 말도 못하고, 양반만 보면 굽실거리며 두려워해야 하고, 엉금엉금 가서 뜰아래에서 절을 올릴 때 코를 땅에 대고 무릎으로 기는 등 우리는 늘 이런 수모를 받는단 말이다. 이제 동네 양반이 가난해서 빌려 먹은 곡식을 갚지 못하고 시방 아주 난처한 판이니 그 형편이 도저히 양반을 지키지 못할 것이다. 내가 장차 그의 양반을 사서 가져 보겠다.

양반의 무능함과 특권을 비판하며, 당시 양반 신분을 매매하던 상황을 폭로한 내용이지요. 실용성을 강조하던 박지원에게 양반은 허례허식만을 따지는 비생산적인 사람들일뿐이었습니다.

교과서로 점프

●● 고등학교 국사 – 한글 소설과 사설시조
양반층이 중심이 된 한문학도 실학의 유행과 함께 사회의 부조리한 현실을 예리하게 비판하였다. 정약용은 삼정의 문란을 폭로하는 한시를 남겼고, 박지원은「양반전」,「허생전」,「호질」,「민옹전」 등의 한문 소설을 써서 양반 사회의 허구성을 지적하며 실용적 태도를 강조하였다.

북학파 실학자들은
어떤 주장을 하였을까요?

　　북학파 실학자들은 공통적으로 농업은 물론이고 상공업의 진흥을 강조하였습니다. 농업과 상공업의 발달을 통한 부국강병을 꾀하던 이들은 경제적인 어려움을 겪으면서도 일하지 않는 양반들을 그대로 두고 볼 수 없었습니다. 북학파 실학자 중 유수원은 양반들도 생업에 종사할 것을 주장하였으며, 홍대용은 놀고먹는 무리들의 처벌을 요구하였습니다. 다음은 유수원의 주장입니다.

> 지금 양반이 명분상으로 상공업에 종사하는 것을 부끄러워하지만 그들의 비루한 행동은 상공업자보다 심한 자가 많다. …… 상공업은 말업이라 하지만 본래 부정하거나 비루한 일은 아니다. 상인 스스로 재간 없고 덕망 없음을 알고서 관직에 나가지 않고 스스로의 노력으로 물품 교역에 종사하며, 남에게서 얻지 않고 자기의 힘으로 먹고사는데, 그것이 어찌 천하거나 더러운 일이겠는가?　　　　－『우서』

또한 홍대용은 성리학을 극복하는 것이 부국강병의 근본이라고 강조하며 지전설(지동설)을 내세워 중국 중심의 세계관을 비판하였습니다.
한편 박지원의 제자였던 박제가는 『북학의』라는 책을 저술하여 청의 문물 수용을 강력히 주장하였습니다. 그는 특히 생산과 소비의 관계를 우물에 비유하였습니다. "우물물은 퍼내야 고인다."는 옛말도 있듯이, 생산을 자극하기 위해서는 절약보다는 소비를 권장해야 한다고 하였습니다.

> 비유하건대, 재물은 대체로 샘과 같다. 퍼내면 차고, 버려두면 말라 버린다. 그러므로 비단 옷을 입지 않아서 나라에 비단 짜는 사람이 없게 되면 여공이 쇠퇴하고, 쭈그러진 그릇을 싫어하지 않고 기교를 숭상하지 않아서 수공업자가 기술을 익히지 않으면 기예가 망하게 되며, …… 모두 곤궁하여 서로 구제할 수 없게 된다.
> 　　　　－『북학의』

18세기 후반에 북학파 실학자들이 청의 문물을 수용할 것과 상공업을 진흥시켜야 한다는 주장은 19세기 후반의 개화사상으로 이어지게 됩니다.

금서로 낙인찍혔던 『열하일기』

흔히 박지원 하면 『열하일기』를 기억하는 사람들이 많습니다. 열하(熱河)는 청나라 황제들이 사냥을 즐겼다는 휴양지입니다. 온천이 많아 겨울에도 강물이 얼지 않는다고 해서 열하라고 불렀습니다. 박지원의 청나라 기행 일정에는 처음에 열하가 없었습니다. 박지원 일행이 베이징에 갔을 때 청나라 황제가 열하에 있는 바람에 결국 열하까지 가게 된 것입니다. 왜냐하면 박지원 일행은 바로 청나라 6대 황제인 건륭제의 칠순 축하 사절단이었기 때문입니다.

박지원의 『열하일기』는 여행 중에 알게 되는 청나라의 풍속과 풍물은 물론이고 청의 선진 제도들을 상세히 기록하고 있습니다. 이 책은 제대로 출판되기도 전에 필사본이 많이 유포되었는데, 요즘 같으면 베스트셀러가 되어 아마 꽤 큰 부자가 될 수 있었을 것입니다. 『열하일기』에는 중국의 문물을 소개하는 글과 조선의 문물을 비판하는 「호질」, 「허생전」 등의 소설도 들어 있어서 많은 사람들의 주목을 받은 것입니다.

그러나 자유분방하면서도 세속적인 문체와 청나라를 문화 국가로 묘사한 내용 때문에 당시 중화사상에 빠져 있던 지식인들로부터 비난을 받기도 했습니다. 예를 들면, 허생전에 등장하는 이완은 바로 효종이 북벌을 위해 등용한 장

수인데, 무능력하고 허례허식에 집착하는 지배층으로 묘사되어 북벌의 무모함을 지적하고 있습니다. 명나라는 이미 멸망했고 청나라는 우리가 배울 만한 문물이 많은 국가이니 배척하거나 무시할 필요가 없다고 박지원은 생각한 것입니다. 결국 『열하일기』는 1783년 이래 100년간 금서로 낙인 찍혔으며, 1792년에는 정조가 박지원에게 반성문을 쓰도록 명하기도 했습니다.

 북벌 : 병자호란 때 당한 수모를 씻고자 청나라를 정벌하려는 것

73세 노인 '민 옹'과의 친분

글재주가 뛰어난 박지원은 그의 나이 20세(1757) 때 「민옹전」을 지었습니다. 박지원이 우울증에 시달려 입맛을 잃고, 잠이 오지 않아 고통스러운 날들을 보낼 때 우연히 민 옹에 관한 이야기를 듣게 됩니다. 73세의 노인인 민 옹이 해주는 이야기를 들으면 기분이 좋아진다는 소문을 듣고 박지원도 민 옹을 부르게 됩니다. 그때 민 옹이 입맛을 잃고 불면증에 시달리는 박지원에게 이렇게 얘기합니다.

"형편도 어려운데 밥이 먹기 싫으면 집안 살림이 불어날 것이요, 잠을 못 잔다면 남보다 두 배로 사는 셈이니 축하합니다."

이 말을 듣고 박지원은 저절로 기분이 좋아졌다고 합니다. 그는 민 옹의 모습과 얘기를 떠올리며 입맛도 되찾고, 불면증도 고쳤답니다. 그리고 다른 사람을 기분 좋게 해주는 데 달관한 민 옹을 그리워하며 「민옹전」을 지었다고 하는군요.

206

서북 지방의 차별대우에 항거한 반란군 대장

홍경래

(洪景來, 1771~1812)

●● 평안도 지방 출신의 홍경래는 지역에 의해 차별 받는 부당함을 없애고, 세도 정치하에서 고통 받으며 생활하는 백성들을 위해 난을 일으킨 인물이에요. 그는 10여 년간의 준비 끝에 마침내 자신과 뜻을 함께하는 사람들과 함께 봉기를 일으켰답니다.

평안도 사람은 무조건 안 된다고?

평서 대원수는 급히 격문을 띄우노니 관서 지방의 공사 천민은 모두 이 격문을 들으라. 무릇 관서는 성인 기자의 옛 터요, 단군 시조의 옛 근원지로서 유교를 생활화하는 사람이 급제하고 문물이 아울러 발달한 곳이다. 그러나 조정에서는 관서를 버림이 썩은 땅과 다름없다. 심지어 권문의 노비들도 서토의 사람을 보면 반드시 평안도 놈이라 한다.

─작자 미상, 『패림』

관서 지방, 즉 평안도 지방에 대한 차별 대우에 대하여 불만을 토로하는 이 격문은 바로 '홍경래의 난'이 시작된다는 것을 알리는 것이었습니다. 그러나 조선 개국 이래로 서북인(평안도 지방에 사는 사람)을 차별하여 등용하지 않았던 것은 하나의 전통이었습니다. 처음에는 서북인의

성질이 너무 강인해서 등용하지 않던 것이 차차 미천하다는 이미지로 바뀌며 업신여기게 된 것입니다. 그래서 사실 서북 지방에서 태어나면 아무리 우수한 인재라도 관직에 나가기가 어려웠습니다. 『택리지』에서는 "평안도에는 300년 이래 높은 벼슬을 한 사람이 없었고, 서울 사대부는 이들과 혼인하거나 벗하지 않았다."라고 기록되어 있습니다.

　　홍경래는 서북 지방인 평안도 용강군에서 아들만 넷인 가난한 집안의 셋째 아들로 태어났습니다. 어려서부터 체격이 튼튼하고 겁이 없어 골목대장을 도맡아하며 지도자적 기질을 보였으며, 외숙부인 유학권에게 글을 배웠습니다. 어려서부터 포부가 컸지만 홍경래가 현실을 개혁해야겠다고 마음먹은 중요한 계기가 된 것은 바로 과거 시험에서

 　택리지 : 실학자 이중환이 1714년(숙종 40)에 지은 우리나라 지리서이다. 전국의 지형과 풍속, 교통, 인물 등이 상세하게 기록되었다. 실생활에서 직접 참고하도록 저술되었고, 근대 한국의 지리학과 사회학에 커다란 영향을 주었다.

낙방한 사건이었습니다. 1798년 사마시에 응시했다가 낙방하고는 크게 실망하여 아예 과거를 포기했던 것입니다. 실제로 홍경래는 경서에 대하여 일정한 수준에 도달해 있었으며, 스스로 충분히 합격할 수 있으리라 생각했기 때문에 실망감은 더 컸습니다. 그러나 당시에는 과거 시험에서 부정을 저지르는 일이 비일비재했고, 서북인이라는 지역적 불리함까지 가지고 있던 그가 낙방한 것은 당연한 일이었습니다.

10년 동안 준비한 거사

결국 홍경래는 과거를 포기한 후 전국을 떠돌아다니며 당시 과거 제도의 부패상과 세도 정치로 백성들이 어렵고 힘들게 사는 모습을 직접 보고 느끼게 됩니다. 그러던 중 가산에 사는 우군칙을 만나 이런저런 이야기를 나누던 중 뜻이 맞아 함께 반란을 일으킬 것을 약속하였습니다.

이때가 1800년의 일이었습니다. 홍경래는 자신들을 지지할 세력을 모으기 시작하면서, 관직에 진출할 길이 막혀 있던 양반 지식층 그리고 당시 그 지역에서 부를 축적한 지방 세력가와 상인들에게도 접근하여 거사에 참여하겠다는 약속을 받아 냈습니다. 그리고 그는 반란 계획을 더욱 구체적인 실행에 옮겼습니다. 운산에 광산을 개설하고 광산 노동자를 모집한다는 구실로 유랑민을 모아 군사 훈련을 시켰으며, 각종 물자와 무기를 구입하고 제작하였습니다.

드디어 1811년(순조 11) 12월에 홍경래는 스스로를 평서대원수라 칭하고 우군칙을 참모로 하여 가산에서 거사를 일으킬 것을 결정하였습니다. 드디어 12월 18일 가산의 다복동을 근거지로 공격을 개시하여 군수를 죽이고, 군대를 남과 북으로 나누어 각 지역을 점령하였습니다. 그들은 가는 곳마다 창고를 열어 가난한 백성들에게 곡식을 나누어 주어 민심을 얻으려고 노력하였습니다.

이렇게 홍경래의 군대는 청천강 이북의 가산, 박천, 곽산, 정주, 선천, 용천 등을 5~6일 만에 점령하고 그 여세를 몰아 박천에서 모였습니다. 그러나 안주에 있던 평안도 병마절도사 이해우를 비롯한 정부군 1,000여 명의 공격을 받아 홍경래 군은 대패하고 정주성으로 후퇴하게 되었습니다. 사실 그동안 홍경래 군의 지도부 사이에서 내분이 일어나 시간을 지체하였고, 홍경래마저 부상을 당해 사태는 불리한 상황이었답니다.

이때 조정에서는 이요헌을 파견하여 홍경래를 토벌하려 하였습니다. 정주성이 완전히 고립되어 대원들의 사기가 떨어졌으나 홍경래는 항복하지 않았습니다. 결국 끈질긴 항전과 농민들의 지지로 4개월을 버텨 냈답니다. 하지만 4월 19일 관군이 성 밑에 굴을 파고 화약을 폭파

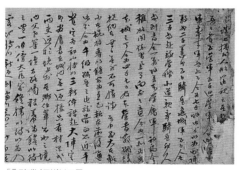
「홍경래난토벌보고문」

시켜 성 안으로 들어와 정주성을 함락시켰습니다. 결국 홍경래의 난은 5개월 만에 실패로 끝났으며, 홍경래는 병사들과 끝까지 싸우다가 총에 맞아 전사하였습니다. 그의 나이 41세 때의 일입니다.

홍경래가 쓴 국사 교과서

홍경래의 난에는 어떤 사람들이 참여했을까?

홍경래의 난에 참여한 세력은 매우 다양합니다. 이들은 세도 정치하에서 나타난 사회 변동으로 피해를 받은 계층이 대부분이었습니다. 그들은 다음과 같습니다.

첫째, 홍경래와 우군칙 등의 몰락 양반들이 난을 지도합니다. 이들이 난을 계획하고 평안도 지역에 대한 차별 대우를 철폐할 것을 주장하며, 사회 개혁의 필요성을 설명하였습니다.

둘째, 평안도 지역에서 청나라를 상대로 하는 국제 무역이 발달하여 이로 인해 재산을 모은 부유한 상인들이 홍경래와 뜻을 같이하여 난에 참여하였습니다. 이들은 순조가 즉위한 후에 정부가 상업과 광업 분야의 경제 활동을 통제하자 이에 불만이 많았습니다. 그래서 난을 준비하는 과정에 필요한 비용을 부담하였던 것입니다.

셋째, 탐관오리의 수탈에 불만을 품은 세력과 경작할 토지가 없어 떠돌아다니던 농민들과 광산 노동자들이 다수 참여하였습니다. 특히 농민들은 처음에는 적극적으로 참여하지 않았지만 마지막 거점이던 정주성에서는 많은 농민들이 관군을 상대로 끝까지 저항하였습니다.

백성을 화나게 한 세도 정치

홍경래가 난을 일으킨 시기는 19세기의 세도 정치하에서 국가 기강이 흔들리던 시기였습니다. 세도 정치는 왕의 외척 가문이 세력을 얻어 정치하는 것입니다. 순조, 헌종, 철종에 이르는 3대 60여 년에 걸쳐 세도 정치가 나타났습니다. 순조의 장인인 김조순을 중심으로 하는 안동 김씨 일파가 대표적인 가문으로 "나는 새도 떨어뜨린다."고 할 만큼 막대한 권력을 가지고 있었습니다.

세도 정치하에서는 소수의 유력 가문이 권력을 독점하기 때문에 왕권이 미약해질 수밖에 없습니다. 그래서 중앙 정부의 통제가 약해지면 여러 가지 제도와 행정에서 폐해가 나타나는 것이지요. 폐해는 다음과 같습니다.

　　먼저, 과거 시험이 부정 속에서 치러져 권세가의 자제가 아니면 벼슬에 오르는 것이 힘들었습니다. 그리고 탐관오리의 부정부패가 심했는데, 특히 '삼정의 문란'으로 지방 관리들의 부정이 심해져 농민들의 부담은 늘어만 갔습니다. 생활이 어려워진 농민들 중 일부는 농토를 버리고 떠돌아다니는 유민이 되거나 화전민, 혹은 도적이 되기도 하였습니다.

　　그러나 동학이나 서학등 새로운 사상의 영향으로 농민들의 사회의식은 더욱 강해져 갔습니다. 더 이상 농민들은 지배층의 강압에 당

동학 : 최제우가 창시한 민족 종교이다. 유교, 불교, 도교를 흡수하고, '사람이 곧 하늘이다.' 라는 뜻의 '인내천 사상'을 기본 교리로 삼았다. 이후 천도교로 이름을 바꾸었다.

서학 : 16세기 이래 중국과 조선에 전래된 서양의 과학 기술과 사상을 의미하는 말이다. 처음 에는 학문으로 수용되었으며 18세기 후반 이후로는 천주교라는 종교를 의미하게 되었다.

하고만 있지 않겠다는 생각을 하게 되었고, 결국 이러한 그들의 생각이 농민 봉기로 이어지게 되었습니다. 이러한 농민 봉기 중 가장 규모가 큰 것이 바로 진주에서 시작되어 전국으로 확산된 '임술 농민 봉기'와 '홍경래의 난' 이었던 것입니다.

교과서로 점프

●● 고등학교 한국 근현대사 – 19세기 후반의 국내외 정세
19세기에 들어서 나타난 세도 정치로 인하여 정치 기강이 해이해지고, 지방 관리들의 부정행위로 삼정이 문란해져 농민의 고통이 커지게 되었다. 1811년 평안도 지방에서 일어난 홍경래의 난은 본격적인 농민 봉기의 서막이었다.

궁금한 건 못 참아!

'삼정의 문란'이란 무슨 뜻일까요?

'삼정'은 조선 후기 국가 재정의 바탕이 되었던 '전정, 군정, 환곡'의 세 가지 제도를 말하는 것입니다. 전정은 토지세를 징수하는 것이고, 군정은 양인 남자들에게 군포를 걷는 것이며, 환곡은 춘궁기에 곡식을 빌려 주었다가 추수 후에 약간의 이자와 함께 돌려받는 빈민 구제 정책입니다.

세도 정치하에서 삼정은 극도로 문란해져 농민들을 힘들게 하였습니다. 백성들은 농사를 짓고 싶어도 토지세가 무서워 농사를 짓지 못하였습니다. 또한 나라 법에는 16세

tip 임술 농민 봉기 : 임술년(1862)에 전국적으로 일어난 농민 봉기를 뜻하며, 진주 농민 봉기가 대표적이다.

이하의 소년은 그 대상이 아닌데도 생후 3일된 갓난아기까지 군적에 등록시키기도 하고, 이미 죽은 사람에 대해서도 백골징포(白骨徵布)라고 하여 불법적으로 군포를 걷었습니다. 삼정 중에서는 환곡의 폐해가 가장 심했습니다. 이자가 원래 곡식보다 많아지기도 하고, 강제로 환곡을 빌려 주고는 높은 이자를 받아 그중 일부는 징수를 담당하던 관리의 주머니에 들어가는 경우가 많았습니다.

정부에서는 이러한 폐단을 시정하기 위해 암행어사를 파견하기도 하였지만 오히려 암행어사가 수령과 손을 잡고 부정을 저지르기도 하였습니다. 이렇듯 근본적으로 삼정의 폐해 문제를 해결하지 못하여 백성들의 생활이 점점 더 어려워져만 갔습니다.

홍경래의 죽음을 믿을 수가 없다?

홍경래는 이미 죽었지만 백성들 사이에서 그가 어딘가에 살아 있으며, 다시 난을 일으킬 준비를 하고 있다는 소문이 파다했다고 합니다. 그만큼 절망에 빠진 백성들에게 홍경래는 하나의 희망이란 이름으로 존재했었고, 그가 일으킨 실패한 반란에 대한 안타까운 미련이 남아 있기 때문에 그런 소문이 퍼진 것으로 추측할 수 있습니다.

홍경래는 교과서에서 몰락 양반이라고 기록하고 있지만, 사실 역사학계에서는 '몰락 양반'과 '평민' 출신이라는 두 가지 주장이 있습니다.

홍경래에 관한 사실들은 대부분 19세기 후반에 작성된 작자 미상의 한문 단편 『홍경래』에 의해 알려져 있습니다. 그는 외숙부에게서 글을 배우고, 19세에 사마시에 응시하였다고 하며, 서당에서 아이들을 가르쳤고, 풍수를 제대로 볼 줄 알았다고 합니다. 이러한 사실들을 통해 우리는 홍경래의 신분을 몰락 양반으로 추측하고 있습니다.

홍경래를 평민이라고 보는 근거 중 하나는 바로 그의 부인이 최 소사라는 점입니다. '소사'는 조선 시대 평민 부녀자를 일컫는 호칭이기 때문입니다. 또한 홍경래를 진압하는 데 참여한 관군이 남긴 기록 중에 양반으로 봉기에 참여한 사람들을 '반족'이나 '사인'으로 기록하고 있으나 홍경래에게는 아무런 표시가 없기 때문입니다.

홍경래가 양반이든지 평민이든지 간에 상관없이 '홍경래의 난'에서 그의 입지는 흔들리지 않았습니다. 홍경래는 경제적으로 일반 농민들처럼 궁핍하였기 때문에 그들과 공감대를 형성할 수 있었습니다. 또한 일정한 지식을 갖추었고, 지역적인 차별로 인한 모순을 경험했기 때문에 지도자로서 충분한 능력을 갖추고 있었습니다.

그리고 홍경래는 10년간에 걸쳐 때를 기다리며 철저하게 봉기를 준비하였습니다. 그래서 때마침 기근으로 농민들이 더욱 어려움에 처했을 때 그들의 참여를 대거 이끌어 낼 수 있었던 것입니다. 그리고 이러한 농민들의 적극적인 지지는 홍경래의 군대 전체가 한 곳에 포위되었음에도 불구하고 4개월간 치열하게 싸울 수 있었던 원동력이 되었던 것입니다.

IV. 조선 말기 대한제국

· **박규수** – 나라의 문을 활짝 연 개화사상가
· **김옥균** – 근대적 자주 국가를 열망한 급진개화파
· **전봉준** – 반봉건, 반외세 투쟁을 전개한 혁명가

나라의 문을 활짝 연 개화사상가

박규수
(朴珪壽, 1807~1877)

●● 당시의 초기 개화파가 중인 출신이었던 것에 비해 박규수는 양반 출신으로 개화사상을 주장하고 또 직접 실천에 옮긴 사람이에요. 그는 성리학적 세계관에서 탈피하여 우리나라를 둘러싼 중국과 일본의 상황을 파악하고 우리 스스로 문호를 개방해야 한다고 주장하였습니다.

오늘날 정해진 중국이 어디에 있느냐

박규수는 북학파 실학자인 박지원의 손자로 한양에서 태어났습니다. 20세 무렵부터 순조의 아들인 익종(효명 세자)과 친분이 있어, 익종이 박규수의 집을 드나들며 함께 주역을 공부하고 나랏일을 논의하였습니다. 이들은 우정이 돈독하였는데, 4년 후 익종이 갑자기 세상을 뜨게 되자 박규수는 큰 충격을 받게 됩니다. 그리고 3, 4년 후 다시 어머니 그리고 그 이듬해 아버지가 세상을 뜨면서 박규수는 깊은 실의에 빠졌습니다.

박규수의 영정

다행히 그는 이런 큰 슬픔을 학문에 전념하는 것으로 승화시키려 노력하였습니다. 그 결과 1848년 문과에 급제한 뒤 벼슬길에 올랐으니, 그의 나이 이미 42세의 일입니다. 그러던 중 1861년

사신으로 중국에 다녀온 후 그의 생각에 변화가 오게 되었습니다. 이전에는 청나라를 중화의 전통을 계승한 나라로 인식하였으나 더 이상 '중화'는 없다는 것을 깨닫기 시작한 것입니다.

1860년, 영국과 프랑스의 공격으로 베이징이 함락되고 청 황제가 열하로 피난하는 일이 생겼는데, 조선 정부는 문안차 사신을 파견하게 됩니다. 이때 박규수도 함께 가게 되는데, 그는 다음과 같은 생각을 하게 됩니다. 첫째, 서양의 침입을 막아 줄 것이라고 믿었던 청나라가 이미 깊이 병들어 있었다는 것, 둘째, 서양의 통상 요구는 침략의 목적이 없다고 생각하게 된 것입니다. 박규수가 당시를 "천하가 한 집을 이루고 사해에서 사람들이 모여 어우러지는 시대"로 표현한 것을 보면 그의 생각을 짐작할 수 있습니다.

박규수는 지구의를 한 번 돌리더니 김옥균을 돌아보고 웃으면서 말하기를, "오늘날 중국(中國)이 어디 있느냐? 저리 돌리면 미국이 중국이 되고 이리 돌리면 조선이 중국이 되어, 어느 나라든지 가운데[中]로 돌리면 중국이 되는 것이니 오늘날 어디에 정해진 중국이 있느냐."라고 하였다.
— 『신채호 전집』

박규수는 양반 자제들을 모아 놓고 그의 사랑방에서 이렇게 당시의 세계 상황을 이야기하였습니다.

자주적이고 평화적인 개항을 꿈꾸다

1866년에 박규수가 평안도 관찰사로 있을 때의 일입니다. 미국 상선 제너럴셔먼 호가 8월에 평안도 앞바다에 나타났습니다. 처음에 박규수는 평화적으로 해결하기 위해 목사를 파견하여 방문 이유 등을 물었습니다. 그리고 국법상 외국의 선박은 영해에 항해해서는 안 된다고 경고하며, 쌀 3섬과 쇠고기 100근 그리고 닭 45마리와 달걀 100개 등을 후하게 대접하였습니다.

그러나 제너럴셔먼 호는 돌아간다는 약속을 지키지 않았고, 심지어 선원들은 상륙을 시도하였습니다. 게다가 군사 책임자인 이현익이 다가가자 그의 신분증을 빼앗고 강제로 감금한 후 석방 조건으로 또다시 쌀과 금, 은 등을 요구하는 파렴치한 모습을 보였습니다. 결국 대동강을 거슬러 올라가며 대포와 조총을 쏘아 대는 제너럴셔먼 호를 향해 군인과 주민들은 힘을 합쳐 활과 총을 쏘았습니다. 그리고 썰물에 배가 움직이지 못하는 틈을 타 상류에서 장작을 실은 작은 배에 불을 지른 다음 제너럴셔먼 호와 충돌하게 하여 태워 버렸습니다.

그는 비록 공직에 있어 어쩔 수 없이 제너럴셔먼 호를 공격할 것을 지시하였지만 그의 미국에 대한 생각은 매우 개방적이었습니다. 박규수는 미국이 지구상에서 가장 공평하고, 갈등과 분쟁을 잘 해결하는 예의 바른 나라이며, 가장 부유한 나라로 알고 있었던 것입니다. 대원군이 집권하던 시기에 위정척사를 부르짖던 양반들은 서양을 예의도 모르는 금수로 생각하였을 때입니다. 박규수는 서양과의 통상을 설득하기 위해서 서양도 예의가 있는 나라라고 주장하였던 것입니다. 물론 박규수도 서양과의 통상이 실리 추구를 위해 이루어져야 할 일이라는 것은 알고 있었습니다.

그러나 안타깝게도 우리가 미국과 통상할 수 있는 두 번의 기회였던 제너럴셔먼 호 사건 때나 신미양요 때 박규수는 공직에 있어 그들을 격퇴해야만 하는 위치에 있었습니다. 그리고 당시는 대원군이 강력하게 통상 수교를 거부하던 시기였기에 섣불리 그의 주장을 펼 수도 없었습니다.

1872년 두 번째로 중국을 다녀오며 박규수는 우리 스스로 개항해야 한다는 생각에 확신을 가지게 되었습니다. 그리고 때마침 고종이 친정을 선포하고 민씨 정권이 실권을 장악하자 그의 견해를 강하게 주장하기 시작하였습니다.

그 무렵 조선은, 일본이 메이지 유신 이후 새롭게 외교 관계를 수립하고자 보내온 서계(외교 문서)에 그간의 대등한 양국의 관계를 부정

친정 : 임금이 직접 나랏일을 돌보는 것

하는 '황(皇)', '칙(勅)', '대일본(大日本)' 등의 표현을 사용하자 접수를 거부하고 수정을 요구하였습니다. 그러자 일본에서는 무력으로 이를 해결하려는 정한론이 대두되었습니다. 박규수는 바로 이때 일본과의 충돌을 피하기 위해 서계를 접수할 것을 주장하였습니다. 『일성록』에 의하면 박규수는 다음과 같이 이야기하였습니다.

> 그 나라 풍속으로서 제(帝)를 칭한 것은 극히 옛날부터의 일입니다. 서계를 받을 것인가, 어떻게 할 것인가는 다만 임금님의 도량과 포용 여하에 달려 있습니다. 그들이 나라의 제도를 변경하여 이웃 간 화해를 주장하고 있는데, 그것을 거부하면 반드시 한을 품게 되고 불화를 낳는 단서가 되니 충분히 생각하는 게 좋겠습니다. …… 바라옵건대 그 장점을 취하여 처분하소서.

당시 회의에 참석한 대신 중 서계 접수에 찬성이나 반대 의견을 제시한 사람은 절반도 되지 않았고, 대부분은 왕의 판단에 따르겠다고 하였습니다. 결국 조선 정부가 결정을 내리지 못하고 있던 중 '운요 호 사건'이 일어났습니다. 1875년의 일이었습니다. 일본은 자신들이 미국에 개항했던 것과 유사한 방법으로 조선을 개항시키기 위해 '운요 호 사건'을 빌미로 통상 수교를 요구하였던 것입니다. 박규수는 일본과의 통상을 주장하였고, 비록 그가 원했던 자주적이고 평화적인 개항은 아니었지만 '강화도 조약'이 체결되게 하였습니다.

정한론 : 1870년대를 전후하여 일본 정계에서 대두된 한국을 침략하자는 논의

일성록 : 1760년부터 1910년까지 150년간 역대 임금의 말과 행동을 매일 기록한 책

박규수가 쓴 국사 교과서

개화사상의 선구자인 박규수

흥선 대원군이 집권한 이후 서양과 일본을 배척하는 정책이 실시되고 있었을 때 일부 지식인들 사이에는 외국과 통상을 하고 그들의 문물을 받아들이는 것이 나라를 부강하게 만드는 것이라고 생각하였습니다. 이러한 생각은 이미 18세기 후반 북학파 실학자들에 의해 제시된 것이었습니다. 그러나 당시는 대원군의 강력한 통상 수교 거부 정책이 실시되고 있어서 이들은 쉽게 자신들의 주장을 내세울 수 없었습니다.

당시 양반 사대부들은 위정척사사상을 내세우며 기존의 성리학을 지킬 것을 주장하였으나 기득권이 없어 옛 질서를 고수할 필요가 없던 중인 계층들은 변화하는 세계에 관심을 가지며 나라를 부유하게 만들 수 있는 길이 무엇인지 고민하였습니다. 대표적인 인물이 역관 출신의 오경석, 한의사 출신의 유홍기 등이었습니다.

예외적으로 박규수는 양반 출신의 개화사상가였습니다. 그는 젊은 청년들에게 많은 영향을 끼쳤는데, 박규수가 관직에서 물러난 1874년 무렵부터 약 2년 동안 그의 집에 드나들던 인물들 대부분이 후에 개화파를 형성하는 핵심 역할을 담당하였습니다.

이와 같이 개화사상은 실학사상을 계승하는 한편 중국에서 발간된 서적을 통해 서양 학문의 영향을 받아 형성되었는데, 오경석과 유홍기 그리고 박규수가 선구적인 역할을 담당하게 됩니다.

교과서로 점프

●● 고등학교 한국 근현대사(천재교육) – 개화사상의 형성
박규수는 1870년대 초를 전후하여 양반 자제들인 김옥균, 박영교, 박영효, 서광범, 홍영식 등을 선발하여 이들과 각종 서적을 함께 읽으며 개화사상을 본격적으로 교육하였다. 박규수는 중국 중심의 세계관을 비판하고 개국통상론을 역설하여 김옥균 등 청년 지식인들의 의식을 전환시켰다. 김윤식, 유길준, 김홍집 등도 박규수의 집을 드나들면서 개화사상을 교육받았다.

●● 고등학교 한국 근현대사 – 통상개화론의 대두
19세기 후반에 들어 통상개화론은 박규수, 오경석, 유홍기 등에 의해서 더욱 강하게 주장되었으며, 이와 같이 통상과 개화를 주장하는 세력이 커지면서 문호 개방을 위한 여건이 점차 성숙해 가고 있었다.

자주적 문호 개방을 주장한 박규수

아직도 우리 중에는 강화도 조약의 체결이 일본의 강요와 압박을 이기지 못해 이루어진 것으로 잘못 알고 있는 사람들이 있습니다. 그래서 강화도 조약으로 인한 문호 개방도 강압에 의해 어쩔 수 없이 했다고 생각하지요. 그러나 이미 우리 내부에서도 문호 개방의 필요성을 느끼고 있었습니다. 특히 대원군이 물러나면서 박규수를 비롯한 초기 개화파들은 개항이 불가피하다는 것을 주장했습니다. 이를 보더라도 내부

적으로 문호 개방을 위한 여건이 마련되어 있었음을 알 수 있습니다.

박규수가 변화하는 세계정세에 따라 서양과 외교해야 할 필요가 있다고 주장한 것은 다음과 같은 말을 통해서도 확인할 수 있습니다.

지금 세계의 형편을 살펴보면, 정세가 날로 변하여 동서열강이 서로 대치하는 것이 옛날의 춘추전국 시대와 같다. 세계는 열강이 서로 동맹하여 정벌하므로 장차 분란에 휩싸일 것이다. 이러한 때를 당하여 우리나라는 …… 내치와 외교에 기민한 대응을 잃지 않아야 보전할 수 있으며 그렇지 않으면 우매하고 약해져서 먼저 망할 수밖에 없다. 누구를 질책하겠는가?

— 『환재집』

교과서로 점프

●● 고등학교 한국 근현대사 – 운요 호 사건과 강화도 조약
박규수 등 소수의 견해는 일본 측과의 무력 분쟁을 피하기 위해서 서계를 일단 접수하여야 한다는 것이었다. …… 조선 정부는 당국자들이 대부분 척왜로 일관하였으나, 청이 일본과의 수교를 권고하는 의견을 조선에 보내고, 박규수도 이를 받아들일 것을 주장하자 조선은 통상 수교로 방침을 결정하였다. …… 그러나 박규수는 조선 군대로는 일본의 침략을 막을 수 없으므로 그들의 청을 들어주지 않을 수 없다고 주장하였다.

오경석, 유홍기 그리고 박규수는 어떤 사이였을까요?

역관 출신인 오경석은 청에 자주 왕래하며 새로운 문물을 누구보다 먼저 받아들일 수 있었습니다. 즉 서양과의 접촉으로 날로 변화해 가는 중국을 통해 서양을 배울 수 있었던 것입니다. 오경석은 10여 차례에 걸쳐 중국을 왕래하며 가까이 지내던 유홍기에게도 영향을 주었습니다. 특히 오경석이 소개했던 『영환지략』과 『해국도지』 등의 청나라 책은 진보적인 젊은이들이 서양의 새로운 사상과 문물에 관심을 가지고 배울 수 있는 계기가 되었습니다. 한의사 출신이었던 유홍기는 이러한 책들을 통해 일찍부터 개화에 눈뜰 수 있었습니다.

또한 박지원의 손자였던 박규수는 1870년대 초에 양반 자제들인 김옥균, 박영효 등에게 개화사상을 본격적으로 교육하였습니다. 박규수는 『연암집』을 강의하는 등 북학파의 실학사상을 계승 발전시켰으며, 오경석과 유홍기는 이들에게 위에서 말했던 새로운 서적을 제공해 주었습니다. 특히 유홍기는 김옥균, 박영효, 서광범 등을 지도하며 정계의 뒤에서 강력한 영향력을 행사하여 '백의정승(白衣政丞)'이라고도 불렸습니다.

소나무 곁, 박규수네 사랑채

　박규수의 집은 현재 헌법재판소가 있는 부근인데, 박규수의 집 뜰에 있던 소나무가 지금은 천연기념물 제8호인 재동 백송으로 지정되어 자라고 있습니다. 그의 사랑방을 드나들던 개화파 중 한사람인 박영효는, 개화사상은 박규수 집 사랑채에서 나왔다고 회상하였습니다.

　그들은 이렇게 소나무 곁에 있는 박규수네 사랑방에 모여 『연암집』은 물론이고 서양을 소개했던 중국의 서적들을 읽으며 개화사상에 눈을 뜨게 되었습

개화 사상…

김옥균 홍영식
서광범 박영효

박규수 사랑채

229

니다.

박규수는 북학파를 대표했던 그의 할아버지 박지원의 옛집에서 할아버지가 쓴 글을 읽으며 개화사상의 기초를 닦을 수 있었던 것입니다.

박규수의 집터에 있는 재동 백송의 모습

지금의 헌법재판소 부근에는 박규수 외에도 홍영식, 최린, 그리고 이상재의 집터가 있으며, 그 부근인 현재 정독도서관이 바로 김옥균의 집터입니다. 지금 지하철 3호선 안국역에서 내리면 산책을 하며 개화파의 대표적인 인물들이 살았던 곳을 직접 찾아볼 수 있답니다.

근대적 자주 국가를 열망한 급진 개화파
김옥균
(金玉均, 1851~1894)

●● 김옥균은 양반이면서도 양반 체제를 타도해야만 조선이 발전할 수 있다고 주장한 사람이에요. 그리고 그는 근대 국가를 좀 더 앞당기기 위한 개혁을 시도했지만 결국 '3일 천하'로 끝났습니다.

개화사상에 눈뜬 김옥균

1894년 3월 23일 김옥균은 고베 항을 출발하여 27일 상하이에 도착하였습니다. 곁에는 자신을 따르던 일본인 통역관과 얼마 전 알게 되어 사업을 권하던 조선인이 함께 있었습니다. 바로 그의 권유로 상하이에 들어가 동화양행 2층 1호실로 숙소를 정하고 여장을 풀었습니

김옥균의 모습

다. 그리고 다음날 외출에서 돌아와 쉬고 있던 오후 3시경 김옥균은 홍종우가 쏜 총 3발을 맞고 사망하였습니다. 홍종우, 그는 바로 김옥균을 살해하기 위해 조선의 수구파가 보낸 자객이었습니다.

이렇게 죽은 김옥균은 1851년 충남 공주에서 장남으로 태어났습니다. 집안은 당대 제일의 세도가였던 안동 김씨 가문이었지만 부친은 과거

에 응시하지 않고 농촌에서 조용히 살았습니다. 김옥균은 5세 때 서울 화개동에 있는 종숙부의 양자로 입적되면서 글을 배웠습니다. 그리고 9세 때는 앞집에 사는 김홍집을 알게 되어 친구가 됩니다. 그 이듬해에는 양아버지가 강릉 부사로 발령을 받게 되어 이이의 사당이 있는 서원에서 공부하다가 5년 후 다시 서울로 돌아오게 됩니다.

1870년을 전후하여 유홍기와 만나며 개화사상을 공부하기 시작하였고, 1872년에는 문과에 장원급제 한 후 홍문관 교리, 사간원 관리의 벼슬에 올랐습니다. 그리고 강화도 조약이 체결되면서 오경석과 박규수의 영향으로 근대화의 꿈을 더욱 확고히 하게 됩니다. 김옥균은 신분을 가리지 않고 교류하였는데, 특히 당시에 천대받던 승려 신분인 이동인과도 친분이 있어 정세를 살피도록 일본에 파견하기도 하였습니다. 그에게 가장 큰 영향을 주었던 책도 이동인이 구입해 온 각종 신서적이

일본 화가가 그린 김옥균 피살 사건 상상도(1894)

었으며, 김홍집이 가져온 『조선책략』이나 관직에 진출하기 전부터 읽어 오던 『연암집』도 그에게 영향을 미친 책 중의 하나입니다.

일본을 모델로 삼다

1882년 2월 김옥균은 서광범과 일본의 선진 문물을 돌아보기 위해 인천을 출발하였습니다. 그리고 도쿄에서 일본의 메이지 유신에

큰 영향을 주었던 후쿠자와 유키치도 만날 수 있었습니다. 김옥균은 그의 눈으로 직접 일본의 근대 문물과 정치 개혁을 살펴보고 난 후 조선도 하루빨리 개화해야 함은 물론이고 정치 개혁도 이루어져야 함을 절실하게 느낄 수 있었습니다. 이러한 일은 다음과 같은 서재필의 회고담을 통해 알 수 있습니다.

> 그(김옥균)는 청국의 종주권 아래 있는 굴욕감을 참지 못하고, 어떻게 하면 이 치욕에서 벗어나 조선을 세계 각국 중의 평등과 자유의 일원이 되게 하느냐 하고 불철주야로 노심초사하였다. …… 그는 구미의 문명이 하루아침에 이루어진 것이 아니고 열국 간의 경쟁과 노력에 의한 점진의 결과로 몇 세기가 걸렸는데도, 일본은 이것을 1대에 속성한 것이라고 이해했다. 그래서 그는 스스로 일본을 모델로 삼았다.
> — 『동아일보』 1935년 1월 2일자, "회고 갑신정변(2)"

조선으로 돌아온 후 다시 음력 7월 수신사 일행의 고문역으로 김옥균은 일본에 가게 되었습니다. 이때 박영효, 서광범 등의 개화파가 함께 갔으며, 가는 배 안에서 고종의 지시에 따라 우리나라 최초의 태극기가 그려졌습니다.

김옥균은 고종을 설득해 50여 명을 일본의 경응의숙(지금의 게이오 대학) 등의 학교에 파견하였는데, 늘 유학생들에게 "일본이 아시아의

후쿠자와 유키치 : 일본의 계몽가이자 교육가로서 문명개화론을 주장하였다. 문명개화론은 부국강병을 이루려면 서양의 기술뿐만 아니라 제도와 사상 그리고 문화까지 받아들여야 한다는 주장이다.

영국이 된다면 조선은 아시아의 프랑스가 되지 않으면 안 된다."라고 하
며 그들을 격려했다고 합니다.

　　김옥균의 세 번째 일본 방문의 목적은 개화 정책의 큰 장애가
되었던 재정 문제를 해결하기 위해 고종의 위임장을 가지고 300만 원의
차관을 얻기 위한 것이었습니다. 그러나 결국 일본 내의 사정으로 차관
도입에 실패하였습니다. 이에 큰 타격을 받은 후 김옥균을 비롯한 개화
당은 막다른 골목에 도달했습니다. 김옥균은 결국 수구파를 제거하고
정치 개혁을 단행하려는 비밀스런 모의를 하게 됩니다. 이것이 1884년
의 일이었습니다.

 **'3일 천하'로 끝난 갑신정변**

1884년 10월 김옥균의 차관 도입을 방해했던 일본의 다케조에 공사는 이번에는 김옥균에게 군사적 지원을 약속하였습니다. 즉 내정 개혁과 수구파를 제거하는 일은 개화당이 맡고, 이후의 군사적 지원은 일본군이 협조한다는 것이었습니다. 당시 청나라는 조선의 내정에 간섭하기 위해 주둔시킨 군대 절반을 프랑스와의 전쟁으로 다시 귀국시킨 상태였습니다.

1884년 12월 4일 우정국 개국 축하 파티가 있던 날, 별궁에 불을 지르는 것으로 갑신정변은 시작되었습니다. 그렇게 시작된 갑신정변에서 개화파는 새로운 내각과 정강을 발표하였으나 예상치 못했던 청군이 개입하게 되었고, 일본 공사 다케조에가 군대를 철수시켜 정변은 3일 만에 실패로 끝났습니다. 이 과정에서 홍영식, 박영교 등은 청나라 군사에게 살해당하였고, 김옥균, 박영효, 서재필 등은 인천을 통해 일본으로 피신하였습니다.

다시 권력을 잡은 민씨 정권은 끊임없이 자객을 보내 김옥균을 살해하려 하였으나 번번이 실패하였고, 청나라도 김옥균을 장애물로 여겨 그의 암살을 뒤에서 부추겼습니다. 그리고 일본마저도 국제적인 압력에 노골적으로 김옥균을 홀대하였으며, 급기야 북해도 등으로 유배를 보내기도 하였습니다.

한편 서재필, 서광범 등은 박영효와 함께 신변의 위협을 느껴 1885년 미국으로 망명하였으며, 김옥균은 일본에서 글씨를 팔아 어렵게 생활하며 민씨 정권을 무너뜨리기 위해 재기의 기회를 노리고 있었습니다.

능지처참 후 효시된 모습 '**대역부도 옥균**' 이라 쓰여 있다.

김옥균은 일본에 망명한 이후 냉대를 받다 추방령까지 받으며, 10여 년을 견뎠으나 결국 중국에서 살해되었습니다. 그리고 그의 시신은 조선으로 옮겨졌고, 조선 정부는 김옥균의 시체를 양화진에서 능지처참하고 8도에 효시하였습니다.

능지처참 : 대역죄를 저지른 자에게 가해진 극형으로 극한의 고통을 서서히 느끼면서 죽도록 죄인의 사지 등을 자르거나 하는 잔인한 형벌이다.

효시 : 죄인의 목을 베어 높은 곳에 매달아 군중에게 보임으로써 경각심을 불러일으키던 제도

김옥균이 쓴 국사 교과서

일본 옷을 입고 있는 김옥균

정치 개혁이 시급하다고 느낀 사람들은?

개항을 전후하여 하나의 정치 세력으로 성장한 개화파는 개화 정책을 추진하는 과정에서 서로 방법이 다른 두 가지 흐름으로 나뉘었습니다. 하나는 온건 개화파로 청의 양무운동을 본받아 점진적인 개혁을 추진하려는 세력이었습니다. 김홍집, 김윤식, 어윤중으로 대표되는 이들은 민씨 정권하에서 권력을 장악하였던 친청 세력이었습니다.

다른 하나는 온건 개화파를 비판하며 청의 간섭에서 벗어나고자 하였던 세력으로 김옥균, 박영효, 홍영식, 서광범 등이 중심인물이었습니다. 비교적 젊은 나이였던 이들은 일본의 메이지 유신을 모델로 하여 급진적인 개혁을 이루려고 하였습니다. 특히 수신사로 일본에 갔던 김옥균, 박영효 등은 일본의 발전된 모습을 보고 우리나라도 시급히 정치 개혁이 필요함을 느끼게 되었습니다.

개화당이라고 불리던 이들은 임오군란 이후 정부의 친청 정책이 강화되자 자신들의 의지대로 개혁 정책을 실현하기 어렵다고 판단하

237

여 정변을 일으키게 되는데, 그것이 바로 갑신정변입니다. 갑신정변의 실패 이후 개화당은 세력을 잃게 됩니다.

교과서로 점프

●● 고등학교 한국 근현대사(천재교육) – 개화당의 형성과 활동
급진 개화파 또는 개화당이라고 하는 이들은 청의 간섭을 물리쳐 자주 독립을 이룩하고, 일본의 메이지 유신을 본받아 급진적인 개혁을 추진하려 하였다. 임오군란 후에 박영효가 수신사로 일본에 파견되었을 때 김옥균, 서광범 등도 동행하였다. 이들은 자신들이 직접 일본의 놀라운 발전상을 보고 근대적 국정 개혁이 시급함을 절실히 느끼게 되었다.

갑신정변은 왜 실패하였을까?

백옥같이 곱고 희다고 해서 붙여진 이름 옥균. 비록 실패로 끝났지만, 김옥균이 꿈꾸던 사회는 정치적으로 깨끗하고, 자주적이며 평등한 나라였습니다. 갑신정변 당시 34세였던 김옥균은 30세의 홍영식, 24세의 박영효 등 양반층의 젊은이들과 함께 정치 개혁을 준비하였습니다.

그러나 갑신정변은 예상 외로 빨리 개입한 청군과 일본의 배신 등이 원인이 되어 실패하였습니다. 무엇보다 근대 지향적인 생각을 실천에 옮기는 과정의 실수는 치명적이었습니다. 김옥균이 청군의 공격을 막기 위해 이용하려 한 일본의 군대는 150여 명이었으며, 청군은 약 1,500여 명이었습니다. 게다가 일본이라는 외세의 힘을 빌려 정변을 시도했기에 어쩌면 처음부터 그 실패는 예정된 것이나 다름없었습니다.

결국 우리나라 최초의 근대적 정치 개혁은 '3일 천하' 로 끝나고 만 것입니다.

그러나 서재필의 자서전에서도 알 수 있듯이 가장 큰 실패의 원인은 정변을 왜 일으켰는지 이유도 모르고 반대하는 일반 민중의 무지 때문이었습니다. 일반 민중의 지지가 절대적으로 필요했는데, 민중들의 지지를 받지 못했으니까요. 이를 계기로 후에 서재필이 중심이 되어 조직한 독립협회는 가장 우선적인 과제를 '민중 계몽' 에 두었습니다.

비록 갑신정변은 실패했지만 그 의의는 이후의 근대화 운동과 연계되는 정치 개혁이라는 데 있습니다. 문벌을 폐지하고 능력 위주로 인재를 등용해야 한다는, 당시로서는 파격적인 제안을 했던 김옥균은 시대를 앞서가는 선각자이자, 미래를 내다보는 안목을 지닌 개혁가였습니다.

교과서로 점프

●● 중학교 국사 – 갑신정변

조선은 임오군란 이후 청의 내정 간섭을 받게 되었고, 다시 집권한 민씨 세력은 개화 정책에 소극적이어서 근대적인 개혁이 제대로 진행되지 못하였다. 이러한 상황은 일본의 메이지 유신을 본떠 근대 국가를 이루고자 하는 개화파 세력에게는 불만스러운 것이었다. 이에 김옥균, 박영효, 서광범, 홍영식 등 개화파 인사들이 우정국 개국 축하연을 이용하여 정변을 일으켰다. 이를 갑신정변이라 한다(1884).

이들은 새 정부를 구성하고 개혁 정치를 추진하였다. 이들이 발표한 개혁 정책에는 청에 대하여 자주권을 내세우고, 문벌 타파와 조세 제도를 개혁하는 것 등이 들어 있었다. 즉 개화당은 정치, 경제, 사회 등 여러 분야를 개혁하여 근대 국가를 수립하려고 하였던 것이다. 그러나 정변은 청군의 개입으로 3일 만에 실패로 끝났고, 김옥균, 박영효 등은 일본으로 망명하였다.

궁금한 건 못 참아!

김옥균이 주도했던 우리나라 최초의 근대적 개혁인
갑신정변이 지니는 역사적 의미는 무엇일까요?

개화당은 당시 청의 반격을 막기 위해 일본 세력을 끌어들이려 했다는 한계를 가지고 있었으나 그들이 추구했던 것은 근대적인 사회였습니다. 이러한 사실은 그들이 발표했던 14개조의 정강이 의미하는 바를 보면 알 수 있습니다.

첫째, 청으로부터의 자주 독립을 추구하였습니다. 그동안에 행하던 조공의 형식적인 예도 폐지할 것을 주장하며, 임오군란의 주요 인물로 지목되어 청에 잡혀 갔던 흥선 대원군을 돌아오게 하도록 요구하였습니다.
둘째, 신분 제도의 타파를 통한 평등 사회를 추구하였습니다. 이러한 노력은 갑신정변을 시작으로 동학 농민 운동으로 이어지며, 갑오개혁 때 법적인 신분 차별 제도가 폐지되었습니다.
셋째, 국가 재정을 발전시키려고 하였습니다. 특히 지조법이라고 하여 토지에 부과되는 세법을 개혁하여 조세 수입을 늘리고, 국가 재정을 일원화하려고 하였습니다.
넷째, 정치적으로는 입헌 군주제를 지향하였습니다. 전처럼 군주가 절대적인 권력을 가지고 정치하던 전제 군주제에서 벗어나 국왕의 전제권을 제한하고 내각제를 바탕으로 국정을 운영하려 하였습니다.

개화당이 주도했던 정변은 비록 성공하지 못했지만 청나라에 대하여 자주적 대응을 통해 독립을 추구하려 했으며, 정치·경제·사회의 개혁을 통하여 근대적 국가를 이룩하려 한 것에는 큰 의의가 있습니다.

태극기의 탄생

김옥균이 두 번째로 일본에 간 것은 임오군란 후 수신사로 파견된 박영효와 함께 일행의 고문 역할을 담당하였기 때문입니다. 이때 박영효, 김옥균, 서광범 등은 일본으로 가는 배 안에서 고종의 지시에 따라 태극기를 처음으로 그렸다고 합니다. 태극기를 만들게 된 이유로 운요 호 사건이 한몫하게 됩니다. 운요 호에 일본의 국기가 걸려 있었는데 왜 포격을 가했느냐는 항의를 받았는데도 조선은 국기의 의미조차 몰라 어리둥절했다고 합니다.

박영효는 일본에 도착한 후 고종이 직접 태극기를 도안하고 색깔까지 지정했다는 사실을 기자 회견을 통해 밝히게 됩니다. 당시 일간 신문이었던 《시사신보》의 기사를 보면 다음과 같습니다.

…… 조선에는 국기로 부를 만한 것이 없어 지난 번 탁지부를 방문한 중국의 마건충이 조선의 국기는 중국의 국기를 본받아 …… 청색 바탕을 이용해야 한다고 지시하였다. 이에 고종은 분하게 여겨 절대로 중국의 국기를 흉내 내지 않겠다고 해 사각형의 옥색 바탕에 태극원을 청색과 적색으로 그리고, 국기의 네 귀퉁이에 동서남북을 의미하는 역괘를 그린 것을 조선의 국기로 정한다는 명령을 내렸다고 한다.

이렇게 그려진 태극기가 최초로 모습을 드러낸 것은 1882년 9월 25일입니다. 그날 박영효와 김옥균을 비롯한 수신사 일행은 고베에 도착하여 숙소인 니시무라야 옥상에 국기를 게양했다고 합니다.

한국 최초의 근대식 병원, 광혜원

갑신정변 때의 상황입니다. 파티가 시작되고 얼마 후 우정국의 옆집에서 불꽃이 보였고, 여기저기서 "불이야!"라는 소리가 들려왔습니다. 그 소리에 맨 처음 뛰어나간 사람은 수구파의 거두이며 명성 황후의 조카인 민영익이었습니다. 그는 자객의 칼에 찔려 중상을 입었고 모두 그가 죽을 것이라는 사실을 의심하지 않았습니다. 민영익은 청에서 조선에 파견된 고문인 묄렌도르프에 의해 그의 집으로 옮겨졌습니다. 묄렌도르프는 서양 의사를 불러야 한다고 했고, 그때 적당한 사람으로 떠오른 것이 바로 두 달 전에 한국 땅을 밟은 미국인 의사이자 선교사였던 앨런이었습니다. 한의사들은 속수무책이었고, 앨런이 도착했을 때 민영익은 적어도 일곱 번 이상 칼에 찔려 너무 많은 피를 흘린 상태였습니다. 앨런은 정성을 다해 치료를 했고, 결국 석 달 동안의 치료 후에 민영익은 완쾌하였습니다. 이를 계기로 고종과 명성 황후를 비롯한 조선 왕실은 서양 의술에 대해 놀라는 한편 신뢰를 가지게 되었습니다. 민영익의 치료로 앨런은 수구파로부터 기독교와 서양 의술에 대한 호의를 얻어 내는 데 성공한 것입니다.

이미 오래전 명성 황후는 첫 아들을 얻었을 때 항문이 없는(쇄항증) 아기를

242

낳아 서양 의술로 고치고자 했으나 원자의 몸에 칼을 댈 수 없다는 대원군의
강경함에 아들을 잃은 아픈 기억이 있었습니다. 삼을 달인 약을 먹은 원자가
배변을 하지 못해 5일 만에 죽었던 것입니다. 그 일이 있은 후 서양 의술에 대
해 관심을 가지고 있던 차에 민영익의 일을 계기로 조선 왕실은 앨런에게 전
폭적인 지지를 보내게 되었다는 이야기도 있습니다.

　민영익을 완쾌시킨 앨런은 이듬해인 1885년에 고종으로부터 3품 참판의 벼
슬과 함께 홍영식의 집을 하사 받아 그 자리에 한국 최초의 근대식 병원인
'광혜원'의 문을 열었습니다. '은혜를 널리 펼친다.'는 뜻의 광혜원은 이후
'대중을 널리 구한다.'는 '제중원'으로 이름이 바뀌게 되었으며, 바로 지금 세
브란스 병원의 모태가 되었습니다.

전봉준 (全琫準, 1854~1895)

●● 전봉준은 그 유명한 녹두장군이에요. 19세기 말 백성들을 괴롭히는 부패한 관리에 저항하고, 청·일 전쟁을 일으키면서 조선의 내정에 간섭하려 한 일본에 항거하여 동학 농민 운동을 일으켰지요. 그때 혁명적 개혁 조항을 실천에 옮겼던 조선을 대표하는 혁명가였답니다.

어지러운 세상을 구할 수 있는 건 동학뿐

전봉준이 태어난 곳은 전라도 고부군 궁동면 양교리라는 곳이었습니다. 전봉준의 부친은 그 고을에서 가장 글을 잘하는 선비였지만 가세가 기울어 매우 살림이 어려웠답니다. 조선 후기에는 오랜 붕당 정치의 결과, 모습은 양반이지만 생활은 상민과 다를 바 없는 사람들이 나타났는데, 이들을 잔반(殘班), 혹은 몰락양반이라고 하였지요.

이들은 글을 아는 지식인으로서 사회의 잘못된 점을 날카롭게 지적하면서 행동으로 옮기기도 하였는데, 전봉준의 부친도 그러하였습니다. 그는 농민들을 이끌고 군수 조병갑의 착취에 항거하였다가 곤장 80대를 맞고, 그만 곤장독이 심하게 올라 세상을 떠나고 말았답니다. 부친을 깊이 존경하던 전봉준이 가슴속에 새긴 울분은 훗날 그가 동학 농민 운동을 일으키는 한 동기로 작용합니다.

전봉준이 살던 19세기는 나라가 매우 어려운 때였습니다. 1876년에 맺은 강화도 조약 이후 청과 일본을 비롯한 열강들이 물밀듯이 밀려들어 와 나라를 위협하였고, 조정은 흥선 대원군과 민씨 일파가 정권다툼을 하고 있었으며, 구식 군인과 개화파가 정변을 일으키는가 하면, 국가 재정은 바닥이 난 상태였답니다. 국가 기강이 바로잡혀 있지 않아 부정한 수법으로 관리가 된 사람들은 탐관오리가 되어 세금을 가혹하게 거두어들이니 백성들은 매우 힘겨운 나날을 보내고 있었습니다.

전봉준은 이러한 어지러운 세상을 구할 수 있는 것은 동학뿐이라고 생각하였지요. 그래서 1890년 동학교도가 되었답니다. 그가 동학교도가 된 것은 동학이 '보국안민(輔國安民)'의 종교였기 때문입니다. '보국안민'이란 '국정을 보필하여 백성을 편안하게 한다.'라는 뜻입니다.

녹두장군, 사발통문을 돌리다

고부 고을에서 몰락한 양반으로 살면서 서당 훈장을 하던 전봉준은 체구는 작았지만 몸집이 단단하고 의협심이 강한 인물이었습니다. 그래서 사람들은 그를 녹두장군이라고 부르게 되었답니다.

녹두장군 전봉준이 동학 농민 운동을 일으키게 된 직접적인 동기는 탐학한 고부 군수 조병갑 때문이었습니다. 그는 가뭄이 들어도 면세를 해주지 않았고, 닥치는 대로 사람을 붙잡아다가 불효를 한다느니, 풍속을 문란하게 한다느니 하며 트집을 잡아 죄명을 뒤집어 씌워 재물을 빼앗아 갔습니다. 그리고 예로부터 있던 관개용 저수지인 만석보를 버려두고, 농민들을 강제 동원하여 새 보를 만든 다음 수세(물세)를 거

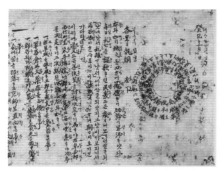
사발통문 농민들이 떨쳐 일어설 것을 호소한 내용과 참여한 사람의 이름이 쓰여 있다.

두어 쌀 700여 석을 가로채 버렸습니다. 이 사건이 전봉준이 동학 농민 운동을 일으키게 된 직접적인 계기가 되었답니다.

전봉준은 다른 고을로 전임을 간 조병갑이 뇌물을 바쳐 고부군으로 다시 부임해 오자 동학 접주들에게 '사발통문'을 돌려 민란을 일으켰습니다. 사발통문(沙鉢通文)이란 사람을 모을 때 각 마을마다 돌리는 고지문(告知文)입니다. 가담자 이름을 순서대로 적지 않고 마치 사발을 엎어 놓은 모양으로 둥글게 적어 놓은 것인데, 발신 주동자가 누구인지 모르게 하기 위해서였답니다. 이렇게 하여 일어난 1894년 1월 11일의 고부 민란은 동학 농민 운동의 출발점이 되었습니다.

반봉건 투쟁인 제1차 동학 농민 운동

조정에서는 사태를 진정시키기 위하여 이용태를 안핵사로 보내어 사태를 조사하도록 하였습니다. 그러나 이용태 또한 탐관오리여서 사태를 도리어 악화시키고 말았답니다. 그는 닥치는 대로 장정들을 끌

안핵사 : 민란을 수습하기 위하여 파견하던 임시 관리
제폭구민 : 흉포한 관리를 처단하여 백성을 구한다. 보국안민 : 국정을 보필하여 백성을 편안하게 한다. 축멸왜이 : 일본과 서양 세력을 내몰아 멸한다. 진멸권귀 : 권세 있고 귀한 사람들을 모두 멸한다.

고 가 모진 고문을 하였고, 동학도들의 집은 모조리 불태워 버리니, 고부 고을은 울음과 통곡 소리가 가득한 생지옥이 되었지요. 이 사태를 본 전봉준은 약 3,000여 명의 농민군을 모아 무장으로 나아가 다시 봉기하게 됩니다. 이것이 바로 제1차 동학 농민 운동인데, 국가의 발전을 가로막는 봉건적 요소를 타파하려 하였습니다.

전봉준과 함께 동학 농민 운동을 이끈 김개남

　이어서 전봉준은 약 5,000여 명의 농민군과 함께 백산에서 농민대회를 열었습니다. 이 대회에서 동학 농민군은 제폭구민(除暴救民), 보국안민(輔國安民), 축멸왜이(逐滅倭夷), 진멸권귀(盡滅權貴)의 4대 목표를 내걸었지요.

　부패한 관리들로부터 백성을 구하겠

247

다는 비장한 결심을 하고 진군을 시작하는 전봉준 옆에는 손화중, 김개남, 김덕중, 오시영, 최경솔 같은 지도력 있는 동학의 접장들이 참모장이 되어 보필을 하였답니다. 그 결과 고부의 황토현에서 전라 감영군을 격파하였고, 정읍, 고창, 함평을 점령하였으며, 드디어 장성에서 홍계훈이 이끄는 경군(고려·조선 시대 중앙군)을 물리치고, 정읍을 거쳐 마침내 전라도의 감영 소재지인 전주성을 점령하였답니다.

자치기구인 집강소를 설치하다

무능한 조정은 동학군이 서울까지 진격하는 것이 아닌가를 놓고 전전긍긍하였습니다. 중전 민씨(후에 명성 황후) 일파는 청나라에 구원병을 요청하였습니다. 그러자 일본군도 이에 질세라 인천항을 통하여 대규모 군대를 파견했습니다. 그야말로 외세에 의해 나라가 위태로워지는 사태가 발생한 것입니다. 이에 녹두장군 전봉준은 외세가 개입하는 것을 막기 위하여 정부군과 전주화약을 맺어 폐정개혁안(弊政改革案)에 합의하고 휴전을 하게 됩니다. 폐정개혁안에 대해서는 뒤에서 더 자세히 알아봅시다.

이후 전라도 내에 집강소라고 하는 자치 민정기구가 세워져 반봉건적이며 혁명적인 개혁이 전라도의 52개 고을에서 실시됩니다. 집강소를 설치한 시기에는 나라에서 임명한 수령이 아무리 명령을 하여도

tip   접장 : 동학의 기본적인 교구가 되는 접(接)의 우두머리

농민 대표인 집강이 승인한 서류가 없으면 그 명령은 시행될 수가 없었답니다.

반외세 투쟁인 제2차 동학 농민 운동

그러나 일본군은 사태가 진정되었음에도 조선에서 물러나지 않고 오히려 경복궁을 무력으로 점령한 다음 조정을 협박하여 강제적으로 내정개혁을 실시하도록 하였습니다. 게다가 조선 땅에서 청·일 전쟁이 발발하여 전 국토가 전쟁의 소용돌이에 휩싸이게 되었습니다. 상황을 지켜보던 녹두장군 전봉준은 분노하여 재차 봉기를 이끕니다. 이것이 1894년 10월 반외세 투쟁을 목표로 일어난 제2차 동학 농민 운동입니다. 그러나 안타깝게도 일본군의 우수한 화력과 정부군의 반격에 밀려 동학 농민군은 열세에 몰리게 되었습니다. 결국은 공주 우금치 전투에서 6, 7일간 무려 50여 회의 처절한 공방전 끝에 패배하고 맙니다.

압송되어 가는 녹두장군 전봉준의 모습

민중의 절대적인 지지를 받았던 녹두장군도 그해 12월에 체포되어 일본군에게 넘겨지고 서울로 압송된 후 5차례의 심문과 재판을 거쳐 그만 사형당하고 말았답니다.

전봉준이 쓴 국사 교과서

백성에 대한 사랑이 담긴 「창의문」과 4대 강령

전봉준의 개혁사상은 그가 발표한 「창의문」에 잘 나타나 있습니다. 그는 1894년 4월 무장에서 손화중, 김개남, 최경선 등의 동학 접주와 함께 봉기하기에 앞서 다음과 같은 「창의문」을 발표하였답니다.

우리가 의(義)를 두어, 이에 이름은 그 본의가 전연 다른 데 있지 아니하고, 창생을 도탄에서 건지고 국가를 반석위에 두고자 함이라. 안으로는 탐학한 관리의 목을 베고, 밖으로는 횡포한 강적의 무리를 내몰고자 함이라. 양반과 부호 앞에 고통 받은 민중들과 방백과 수령의 밑에서 굴욕을 받는 소리(小吏)들은 우리와 같이 원한이 깊은 자이라. 조금도 주저하지 말고, 이 시각으로 일어서라. 만일 기회를 잃으면 후회하여도 미치지 못하리라.

때는 탐관오리들의 횡포가 어느 때보다 극심한 시기였으며, 강화도 조약 이후 일본의 경제적 침투로 말미암아 곡식 값이 폭등하였고, 쌀이 일본으로 방출되어 식량이 부족하였으며, 일본 상인의 고리대금으로 농민들은 빚더미에 앉게 되어 농촌 경제가 파탄 지경에 이를 때였습니다. 그러나 조선 정부는 방곡령(곡물의 수출 금지 명령) 같은 무능한 미봉

책만을 내세우기 일쑤였습니다. 전봉준은 이러한 상황을 모두 지켜보고 일본을 물리쳐 나라를 구하겠다는 결심을 한 것입니다.

그는 도탄에 빠진 민중을 구하여 국가를 반석 위에 세우며, 탐학한 관리를 없애어 국가 발전을 막고 있는 봉건적인 요소를 제거하겠다는 반봉건사상을 가지고 있었습니다. 또한 어떻게든 조선에 침략의 발판을 마련하려고 시시탐탐 기회를 노리고 있는 외세를 물리쳐 국가와 백성을 지키겠다는 보국안민사상을 가지고 있었지요. 그의 백성에 대한 사랑은 백산 농민대회에서 선포된 농민군이 지켜야 할 4대 강령에 잘 나타나 있습니다. 그 내용을 살펴볼까요?

1. 사람을 죽이지 않고 백성의 가축을 손상하지 않는다.
2. 충효를 다하여 세상을 건지고 백성을 편안케 한다.
3. 일본 놈을 쫓아내고 성인의 도를 깨끗이 한다.
4. 한성으로 진격하여 나라를 망치는 간신배를 처단한다.

전봉준은 정부를 상대로 전쟁을 시작하면서도 백성에게 절대 폐를 끼치지 않겠다는 생각을 가지고 이러한 강령을 세워 군율을 엄격하게 하였던 것입니다.

교과서로 점프

●● 중학교 국사 – 동학 농민 운동의 전개 과정과 그 의의는?
외세의 경제적 침투와 정치의 혼란으로 농촌의 분위기가 어수선한 가운데 전라도 고부 군수 조병갑은 여러 가지 부정을 저지르며 농민들을 괴롭히고 있었다. 이에 전봉준은 "탐관오리를 제거하여 백성을 구한다."는 구호를 내걸고 농민들을 이끌고 관아를 공격하였다. 그리하여 곡식 창고를 풀어 농민에게 나누어 주었으며, 억울하게 옥에 갇힌 사람들을 풀어 주었다. 이것은 고부 농민 봉기로서, 동학 농민 운동의 시작이었다(1894).

오늘날에도 혁명적인, 폐정개혁 12개조

전봉준이 후대의 역사가들에 의하여 진정한 혁명가로 평가를 받고 있는 것은 그를 중심으로 한 동학군이 제1차 동학 농민 운동 이후 집강소라는 자치 민정 기구를 통하여 전라도의 52개 고을에서 실시한 '폐정개혁안' 때문입니다. 이 폐정개혁안의 내용은 실제로 갑오개혁에 반영되어 우리나라를 근대 사회로 전진하게 만드는 원동력이 되었습니다. 그 내용을 살펴볼까요?

1. 동학도는 정부와의 원한을 씻고 서정에 협력한다.
2. 탐관오리는 그 진상을 조사, 엄징한다.
3. 횡포한 부호를 엄징한다.
4. 불량한 유림과 양반의 무리를 징벌한다.
5. 노비 문서를 소각한다.
6. 7종의 천인 차별을 개선하고 백정이 쓰는 평량갓을 없앤다.

tip

갑오개혁 : 1894년 7월부터 군국기무처를 중심으로, 김홍집, 박영효, 유길준 등의 개화파가 추진한 근대적인 개혁을 말한다. 우리나라가 본격적인 근대화로 나아가는 출발점이 되었다.

7. 청상과부의 개가를 허용한다.

8. 무명의 잡세는 일체 폐지한다.

9. 관리 채용에는 지벌을 타파하고 인재를 등용한다.

10. 왜와 통하는 자는 엄징한다.

11. 공사채를 막론하고 기왕의 것을 무효로 한다.

12. 토지는 평균하여 분작한다.

— 오지영, 『동학사』

이러한 개혁 내용 중에서 특히 노비문서를 소각하고 7종의 천인 차별을 없애는 등의 내용은 봉건적 신분 제도를 완전히 철폐하자는 것이었습니다. 또 토지를 경작 능력에 따라 균등하게 분배하고 농가의 공사채를 탕감해 준다는 내용은 현대 사회에서도 실시하기 힘든 가히 혁명적인 내용이었습니다. 게다가 과부의 재혼 허용 같은 조항은 양성 평등에 관한 내용이 반영된 것이어서 그 개혁성이 높이 평가됩니다.

교과서로 점프

●● 고등학교 국사 – 동학 농민 운동의 전개

전봉준을 중심으로 고부에서 봉기한 동학 농민군은 보국안민과 제폭구민을 내세우고 전라도 일대를 공략한 다음 전주를 점령하였다(1894). 농민군은 정부에 폐정개혁 12개조를 건의하고, 집강소를 설치하여 개혁을 실천해 나갔다.

청·일 전쟁(1894~1895)의 승리자는 어느 나라였을까요? 그 결과 조선을 둘러싼 열강의 세력 다툼은 어떻게 바뀌었을까요?

청·일 전쟁이 일어났을 때 세계 열강들은 이 전쟁의 승리는 청나라일 것이라고 생각하였습니다. 그러나 결과는 일본의 승리로 끝났답니다. 청·일 전쟁의 결과 맺어진 시모노세키 조약으로 일본은 랴오둥(요동) 반도와 타이완을 얻었고, 조선에서의 우월권을 인정받게 되었습니다.

그러나 청을 대신하여 러시아가 프랑스, 독일과 함께 일본에 랴오둥 반도를 돌려주라는 압력을 넣으면서(삼국간섭, 1895), 이후 조선을 둘러싼 열강의 세력 다툼은 러시아와 일본 사이의 힘겨루기로 바뀌게 된답니다.

역사 토막 뉴스

전봉준과 녹두꽃

새야 새야 파랑새야 녹두밭에 앉지 마라
녹두꽃이 떨어지면 청포장수 울고 간다

　이 구전 민요는 동학 농민 운동 당시에 녹두장군 전봉준이 일본군에게 붙잡히지 말기를 간절히 바라는 민중들이 부른 노래였답니다. 전봉준 장군은 1894년 깊은 겨울날, 순창군 피노리에서 옛 부하 김경천을 찾아갔다가 상금에 눈이 먼 김경천에 의해 밀고당하여 붙잡히고 말았습니다. 이 노래에서 '청포장수'는 당시 민중, 즉 농민들을 말하는 것이고, '녹두꽃이 떨어지면'에서 '녹두꽃'이란 녹두장군을 의미하는 것이랍니다. 녹두꽃이 떨어졌을 때 울고 가는 청포장수는 민중들이 흘리게 될 피눈물을 말하는 것이지요.

　전봉준 장군은 서울로 압송되어 1895년 2월 9일부터 3월 10일까지 다섯 차례에 걸쳐 일본 영사로부터 직접 심문을 받았습니다. 일본 영사는 취조하면서 온갖 감언이설로 달래고 회유하였지만 전봉준 장군은 활활 타오르는 눈빛

으로 당당히 맞대응하였다고 합니다. 사형이 선고되었을 때도 "내 백성을 위해서 힘을 다하였는데 사형 받을 이유가 있는가?"라고 오히려 그들을 나무랐습니다. 이 말을 들은 일본인들은 감히 눈을 들어 전봉준 장군의 준엄한 눈빛을 똑바로 쳐다보지 못하였다고 하네요. 처형되기 전 전봉준 장군은 다음과 같은 마지막 시를 읊었습니다.

때가 이르러서는 천지와 함께 했으나
운이 가니 영웅도 스스로 꾀할 바 없구나
백성을 사랑한 정의에, 내 잘못은 없노라
나라를 사랑한 붉은 마음 그 누가 알아주겠나

그는 처형장의 이슬로 사라져 갔지만 민족의 들꽃인 전봉준 장군이 남긴 발자취와 노래는 전설이 되어 오늘날에도 우리들 가슴속에 한 줄기 빛으로 살아 남아 있답니다.

V. 일제 강점기

· **신채호** – 민족사관을 수립한 역사학자이자 독립 운동가
· **한용운** – 민족시인이자 조선의 독립을 위해 투쟁한 승려
· **김구** – 조국의 독립을 위해 몸 바친 임시 정부의 주석

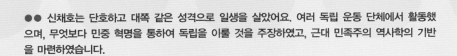

민족사관을 수립한 역사학자이자 독립 운동가
신채호
(申采浩, 1880~1936)

●● 신채호는 단호하고 대쪽 같은 성격으로 일생을 살았어요. 여러 독립 운동 단체에서 활동했으며, 무엇보다 민중 혁명을 통하여 독립을 이룰 것을 주장하였고, 근대 민족주의 역사학의 기반을 마련하였습니다.

책벌레 중의 책벌레

세수를 할 때면 똑바로 서서 손으로 물을 찍어 얼굴에 바르고 다시 물을 찍어 얼굴에 바르는 습관을 가졌던 사람이 있었습니다. 당연히 세수를 하고 난 후에는 바닥과 옷이 온통 물에 젖었습니다. 그러나 어디에도 굽히기 싫어서 똑바로 서서 세수를 했다던 그 사람이 바로 단재 신채호입니다.

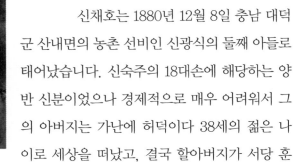

단재 신채호의 모습

신채호는 1880년 12월 8일 충남 대덕군 산내면의 농촌 선비인 신광식의 둘째 아들로 태어났습니다. 신숙주의 18대손에 해당하는 양반 신분이었으나 경제적으로 매우 어려워서 그의 아버지는 가난에 허덕이다 38세의 젊은 나이로 세상을 떠났고, 결국 할아버지가 서당 훈

260

장을 하며 생계를 이어 갔다고 합니다.

신채호는 어려서부터 책을 매우 좋아했습니다. 할아버지의 책을 모두 읽어 버려서 더 이상 읽을 책이 없을 정도였다고 하니까요. 19세 때 성균관에 입학한 후 그는 틈만 있으면 종로의 서점을 돌아다니며 새로운 책들을 선 채로 모조리 읽었습니다. 책을 읽는 속도가 너무 빨라서 책장을 바람같이 빨리 넘겼으며, 친구와 이야기하면서도 책을 읽고 내용을 정확히 이해했다고 합니다.

성균관에서 공부의 재미에 푹 빠져 있던 신채호는 만민공동회와 독립협회의 활동에도 참여하였습니다. 공부도 중요했지만 러시아를

tip 만민공동회 : 1898년 종로에서 열렸던 최초의 근대적 민중 대회. 이 대회에서 러시아의 침략 정책을 규탄하고, 대한의 자주 독립권을 지키자는 내용의 결의안을 채택하였다.

독립협회 : 1896년 서재호, 윤치호, 남궁억 등이 중심이 되어 창립하여 민중 계몽에 앞장섰던 근대적 단체였다.

비롯한 서구 열강들의 간섭과 침략으로부터 나라를 구해야겠다는 생각이 앞섰던 것입니다. 적극적으로 활동하던 신채호는 결국 독립협회가 해산당할 때 체포되기도 하였습니다. 그리고 다시 공부에 전념하여 1905년에 26세의 나이로 성균관 박사가 됩니다.

　　　이후 신채호는 장지연의 권유로 《황성신문》의 논설을 쓰기 시작하였습니다. 그러나 얼마 못 가 일제에 의하여 신문이 무기 정간 조치를 당하자 이번에는 양기탁의 요청에 의해 《대한매일신보》에 논설을 쓰게 되었습니다. 다행히도 《대한매일신보》는 영국인인 베델이 사장이었기 때문에 일본의 검열을 받지 않아 신채호는 자신이 하고 싶은 말을 거침없이 쏟아 낼 수 있었습니다. 이때 신채호가 쓴 글들이 독자의 가슴속에 파고들어 애국심을 불러일으켰습니다.

　　　신채호는 나라를 생각하는 마음이 매우 각별했습니다. 국권을 빼앗긴 상황에서 혼자 편안하게 유학 같은 것은 갈 수 없다며 베델이 권한 미국 유학을 정중히 거절할 정도였으니까요.

영웅들의 전기와 역사책을 쓴 이유는?

그가 본격적인 애국 계몽 운동가로 활동하게 된 것은 1907년에 창립된 비밀 결사 단체인 신민회의 회원으로 활동하면서부터입니다. 신채호가 이 시기에 국민들에게 일깨우려 했던 것은 바로 '민족주의' 이념이었습니다. 당시 우리 국민들이 일본을 쫓아내고 나라의 권리를 찾는 길은 오로지 민족주의 이념을 깨닫고 실천에 옮기는 길이라고 생각했기 때문입니다.

신채호가 쓴 전기인 「을지문덕」과 「이순신실기」

신채호는 민족주의를 일깨우기 위해 신문에 논설을 쓰는 일 이외에도 많은 일을 하였습니다. 1907년에는 중국의 양계초가 쓴 『이태리 건국 삼걸전』을 번역하여 간행하였고, 이어 외세의 침략으로부터 나라를 구했던 을지문덕, 이순신, 그리고 최영 장군의 전기를 쓰기 시작하였습니다. 신채호가 쓴 이 책들은 우리도 위험에 처한 나라를 구할 수 있다는 자신감을 심어 주고 애국심을 고취하였습니다.

한편 신채호는 역사에도 깊은 관심을 가졌습니다. 그는 중화사상으로 점철되어 있거나 일본에 의하여 왜곡된 역사책 말고 우리 민족의 기원을 제대로 밝혀내는 새로운 역사책을 쓰고 싶었습니다. 그리하여 1908년 8월부터 12월까지 《대한매일신보》에 「독사신론(讀史新論)」을 연재하였습니다. 이 글은 역사학계에 큰 영향을 미쳤는데, 그 내용이 이전의 역사책과 전혀 다른 매우 혁신적인 것이었기 때문입니다.

무장투쟁만이 독립의 지름길

우리나라가 일본으로부터 주권을 빼앗긴 해인 1910년 4월에 신채호는 그가 회원으로 활동하던 신민회가 국외에 독립군 기지를 건설하기로 결정함에 따라 주요 간부들과 함께 중국으로 건너가게 됩니다.

그리고 다시 9월 러시아의 블라디보스토크로 가서 한국이 식민지가 되었다는 소식을 들었습니다.

이후 신채호는 주로 국외에서 독립 운동을 전개하였습니다. 블라디보스토크에서는 권업회를 조직하여 동포들에게 독립사상을 심어 주었으며, 1912년에는 이동휘 등과 함께 광복회를 조직하였습니다. 이 무렵 그는 무장투쟁만이 독립을 위한 최선의 길이라고 주장하였습니다.

1914년에 신채호는 중국으로 건너갑니다. 그리고 이후로는 대부분 베이징, 상하이 등 중국의 도시들을 오가며 독립 운동을 전개하였습니다. 1919년 2월 만주에서 신채호는 다른 독립 운동가들과 함께 「대한독립선언서」를 선포하였습니다. 그리고 조국에서 3·1 운동이 일어났다는 소식을 듣고 감격의 눈물을 흘렸다고 합니다.

3·1 운동 이후 상하이에서 임시정부 수립 활동을 전개하던 신채호는 그가 반대하던 이승만이 대통령에 당선되자 이후로는 임시정부에 반대하는 활동을 하게 됩니다. 무장투쟁만이 독립의 지름길이라고 생각한 신채호는 김원봉이 의열단을 조직하자 「조선혁명선언」이라는 강령을 써주었습니다. 의열단은 일본인의 암살과 주요 기관을 파괴하는 등 폭력적 방법으로 독립을 추구하던 급진적 단체였습니다. 다음은 그가 썼던 「조선혁명선언」의 일부로 고등학교 한국 근현대사 교과서에도

권업회 : 1911년 러시아 블라디보스토크 신한촌(新韓村)에서 조직된 단체로 '권업회(勸業會)'라는 이름만 보면 순수 경제 단체인 것처럼 보이지만 위장된 이름일 뿐이며, 실제는 항일 구국 운동이 목적인 독립 운동 단체였다.

광복회 : 1912년 신채호, 이동휘 등이 블라디보스토크에 세운 독립 운동 단체로 1916년 광복단으로 이름이 바뀌었고 무장투쟁을 전개하였다.

실려 있는 내용입니다.

신채호가 쓴 의열단의 「조선혁명선언」

강도 일본이 우리의 국호를 없이하며, 우리의 정권을 빼앗으며, 우리의 생존적 필요 조건을 다 박탈하였다. …… 이상의 사실에 의하여 우리는 일본 강도 정치, 곧 다른 민족의 통치가 우리 조선 민족 생존의 적임을 선언하는 동시에 우리는 혁명 수단으로 우리 생존의 적인 강도 일본을 살상하는 것이 곧 우리의 정당한 수단임을 선언하노라.……

이제 폭력 — 암살·파괴·폭동 — 의 목적물을 대략 열거하건대, 조선 총독 및 각 관공리, 일본 천황 및 각 관공리, 정탐노·매국적, 적의 일체 시설물, 이 밖에 각 지방의 신사나 부호가 비록 현저히 혁명 운동을 방해한 죄가 없을지라도 언어 혹 행동으로 우리의 운동을 완화하고 중상하는 자는 폭력으로써 마주할지니라. 일본 이주민은 일본 강도 정치의 선봉이 되어 있은즉 또한 우리의 폭력으로 쫓아낼지니라.

왜놈의 발끝에 채이지 않도록 화장해 달라!

바로 이 무렵 침체된 임시정부를 놓고 독립 운동가들 사이에 의견이 나누어지기 시작하였습니다. 기존의 통합 임시정부를 무시하고 새로운 임시정부를 수립하자는 창조파와 임시정부를 인정하고 그 노선을 수정하자는 개조파가 그것입니다. 신채호는 창조파에 앞장섰으나 결국 이들은 '국민대표회의'를 통해서도 합일점을 찾지 못한 채 분열되고 말았습니다. 그리고 신채호가 중심이 되었던 창조파는 새로운 임시정부를 세웠으나 개조파의 규탄과 소련 정부의 활동 금지 조치로 해산되자 큰 충격을 받았습니다. 그리고 1년간 실의와 가난에 허우적거리며 승려가 되려고 머리도 깎았지만, 결국 자신에게 남아 있는 역사 연구의 과제를 깨닫고 새로운 역사서를 집필하기 시작하였습니다. 이 책이 바로 『조선상고사』입니다.

이후 신채호는 1925년경 무정부주의에 심취되어 3년간 활동하다 결국 일제 경찰에 체포되어 10년 형을 확정받고 뤼순 감옥의 독방에 수감되었습니다. 독방에서 추위와 싸우며 독서로 버텼지만 결국 출옥을 1년 8개월 앞둔 1936년 2월 그의 나이 57세에 뇌일혈로 쓰러져 의식을 잃었습니다.

"내가 죽으면 시체가 왜놈의 발끝에 채이지 않도록 화장하여 바다에 뿌려 달라."

신채호는 이렇게 유언했지만 결국 그의 유골은 화장한 후 유년 시절을 보냈던 청원군의 집터에 묻혔습니다.

신채호가 쓴 국사 교과서

「독사신론」과 「조선혁명선언」이 갖는 의의

신채호는 국권을 빼앗기는 상황에서 영웅들의 전기와 역사서를 통해 백성들을 깨우치려 하였습니다. 그는 을사조약으로 외교권을 빼앗긴 상태에서 과거에 일본과 중국의 침략에 맞서 나라를 보호한 을지문덕과 이순신 등의 전기를 써서 백성들에게 일본의 침략으로부터 나라를 지킬 수 있다는 희망과 자신감을 심어 주려 한 것입니다. 다음은 신채호의 역사와 애국심에 관한 글입니다.

> 오호라. 어떻게 하면 우리 이천만의 귀에 항상 애국이란
> 한 글자가 울리게 할까. 가로되 오직 역사로써 할지니라.
>
> —《대한협회회보》

또한 신채호는 《대한매일신보》에 연재했던 「독사신론」을 통해 본격적인 역사 연구를 시작하였습니다. 신채호는 「독사신론」에서 고대부터 발해까지 우리나라의 역사를 다시 해석하고 정리하였습니다. 예를 들면, 기자 조선설과 임나일본부설을 부정하고, 삼국통일 및 김춘추와 김부식을 비판한 것이 그것입니다. 신채호는 이와 같은 역사의 새로운

해석으로 기존의 왕조와 중국을 중심으로 한 역사관을 철저히 비판하였습니다.

그의 역사학에서 중요한 것은 역사의 주체를 누구로 인식하느냐는 문제였습니다. 국권을 빼앗기기 전에는 몇몇의 영웅으로 역사의 주체를 생각했던 적이 있었습니다. 그러나 국권을 잃은 상태의 애국 계몽 운동기에는 국민에 의해 역사가 발전한다는 것을 깨닫고, 나라를 빼앗긴 이후로는 민중을 역사의 주체로 인식하게 됩니다. 특히 의열단의 행동 강령인 「조선혁명선언」을 쓰면서 신채호는 바로 민중을 통해 민족을 좀 더 명확하게 인식하게 되었으며, 이후 민족주의 사학을 발전시켰던 것입니다.

교과서로 점프

●● 고등학교 한국 근현대사(천재교육) – 국학 연구
1908년 신채호는 《대한매일신보》에 「독사신론」이라는 사론을 발표하여 근대 사학의 효시를 이루었는데, 그는 역사 서술상의 주체를 민족으로 설정하여 왕조 중심의 전통 사관을 극복하고 일제의 식민주의 사학에 대응하는 민족주의 사학의 연구 방향을 제시하였다.

●● 고등학교 국사 – 한국사 연구의 발전
신채호는 『조선상고사』와 『조선사 연구초』를 지어 우리 고대 문화의 우수성과 독자성을 강조하여 식민주의 사관을 비판하였다.

국민·민중·민족의 차이점 : 국민은 그 나라의 국적을 가진 사람이며, 민중은 피지배 계급(억압받거나 부당한 대우를 받는)으로서의 역할이 강조된 대중(뚜렷한 구분 없는 사람들의 집합)을 말합니다. 민족은 일정 지역에서 오랜 세월 동안 언어와 문화, 역사를 공유하는 집단을 말합니다.

역사 연구를 독립 운동으로 생각한 신채호

식민 통치 시기에는 일제의 역사 왜곡에 저항하기 위해서 그리고 우리 민족의 역사를 지키기 위해서 역사학 연구가 이루어졌습니다. 이 중 우리 민족의 정신을 강조하며 역사 연구도 독립 운동의 하나라고 여겼던 역사 연구 경향이 바로 '민족주의 사학'입니다.

민족주의 사학은 박은식, 신채호 등을 중심으로 발전하였습니다. 신채호는 일제의 역사 왜곡이 특히 심했던 우리의 고대사에 관심을 가지고 연구하여 『조선상고사』, 『조선사연구초』 등을 저술하였습니다. 그리고 우리의 전통 사상인 '낭가사상'(신채호가 체계화한 전통적인 민족 고유 사상)을 강조하여, '민족혼'을 내세웠던 박은식, '얼'을 강조한 정인보 그리고 문일평 등과 함께 우리의 정신을 지키기 위하여 노력하였습니다.

신채호는 그의 저술이 대부분 역사에 관한 것이어서 민족 운동가 혹은 독립 운동가 이전에 역사가라고 할 수 있습니다. 그에게 있어 역사야말로 애국심의 원천이었기 때문입니다.

한편 역사 연구의 다른 경향으로 역사적 사실을 정확하고 충실하게 연구하는 실증주의 사학이 대두되었답니다. 실증주의 사학의 대표자는 이병도, 손진태 등이며 이들은 일제가 우리의 역사를 왜곡하기 위해 만들었던 '청구학회'에 대항하여 '진단학회'를 조직하고, ≪진단학보≫를 발간하는 등 역사 연구에 힘을 기울였습니다.

교과서로 점프

●● 중학교 국사 – 국사 연구

박은식과 신채호는 민족의식을 강조하는 민족주의 사학을 발전시켰으며, 정인보와 문일평 등이 이를 계승하였다. 이병도와 손진태 등은 진단학회를 조직하고 《진단학보》를 발간하면서 한국사 연구에 힘썼다.

궁금한 건 못 참아!

일제는 식민 통치 시기에 왜
우리의 역사를 왜곡하였을까요?

일제는 우리나라를 식민지로 만든 후에 그 사실을 정당화하기 위하여 우리의 역사를 왜곡하였습니다. 한반도의 역사는 원래 발전하지 못하고 정체되어 있었고, 그나마 이 정도라도 발전한 것은 중국과 일본 덕이며, 조선 민족은 원래 편 가르기를 좋아하여 당파 싸움으로 망했다고 주장하여 일본이 우리보다 우위에 있었음을 강조한 것입니다.

일본이 이렇게 역사를 왜곡한 이유는 우수한 일본이 열등한 우리를 식민지로 만든 것이 당연하다는 논리를 내세우기 위함이었습니다. 이러한 일본의 주장을 타율성론, 정체성론, 그리고 당파성론이라고 합니다.

일제의 역사 왜곡은 특히 우리 역사의 뿌리가 되는 고대사 부문에서 가장 심하게 이루어져 단군 조선을 부정하였습니다. 또한 4세기 후반에 일본이 한반도의 남부 지방을 지배했었다고 마치 사실인 것처럼 서술하기도 하였습니다.

발음을 배우지 않고 영어 공부하기?

신채호가 김규식에게 영어를 배울 때의 일이었습니다. 미국에서 대학을 졸업한 김규식에게 영어를 배우면서 그는 뜻만 필요하다고 우기며 발음은 배우지 않았습니다. 예를 들면, 'neighbour'라는 단어를 배우면서 '이웃'이라는 뜻만 알면 된다며 절대 '네이버'라고 발음하지 않았다고 합니다. '네이버'는 영국인의 발음일 뿐이니 꼭 그대로 따를 필요가 없다는 것입니다. 이렇게 자신의 고집대로 영어를 배웠던 신채호는 그래도 비교적 전문적인 원서들을 읽어 그 내용을 해독할 수 있을 정도의 실력을 갖췄다고 합니다.

또 이런 일도 있었습니다. 그가 중국에 있을 때 생계를 위해 《중화보》라고 하는 중국 신문에 논설을 썼습니다. 어느 날 《중화보》에서 신채호가 썼던 글 중 조사 하나를 그의 허락 없이 고쳤습니다. 그 사실을 알게 된 신채호는 이후 그 신문의 논설을 쓰지 않았습니다. 신문사의 사장이 직접 사과하러 왔으나 신채호는 중국인이 한국인을 무시한 일이라고 생각하여 더 이상 글을 쓰지 않았다고 합니다.

혹독한 추위와 싸워 가며 점점 병약해지는 몸으로 신채호가 독방에서 괴로워할 때 일제 형무소에서는 질병을 이유로 출감시켜 주겠다며 그를 회유했습

271

니다. 그러나 자신이 옳다고 생각하는 일은 끝까지 굽히지 않는 고집과 지조
를 가지고 있었기에 그는 단호히 거절하고 결국 차가운 시멘트 바닥에서 눈을
감았습니다.

어찌 보면 융통성이 없어 보일지도 모르지만 그 당시 시대 상황에서 조선
민족으로서 자부심을 갖고 외세에 굴복하지 않기 위해 생활 습관이나 학습 방
법에서부터 자신의 신조를 꿋꿋이 지키려는 신채호의 강인한 의지를 엿볼 수
있는 일화들입니다.

민족 시인이자 조선의 독립을 위해 투쟁한 승려
한용운
(韓龍雲, 1879~1944)

●● 한용운은 시인이자 독립 운동가이며 승려예요. 빼앗긴 나라를 되찾기 위해 독립 운동에 앞장섰으며, 우리 불교계를 일본의 지배로부터 지키기 위해 개혁할 것을 주장하였습니다. 한용운은 일제에 저항하다 궁핍한 생활로 생을 마감했지만 우리는 지금도 그가 지은 「님의 침묵」을 기억하고 있습니다.

이름 앞 수식어가 화려한 한용운

독립 운동가이자 승려이며 시인. 한용운의 이름 앞엔 수식어가 많이도 붙습니다. 먼저 한용운이 승려의 길을 어떻게 걷게 되었는지 알아볼까요? 한용운의 나이 16세가 되던 해에 동학 농민 운동과 갑오개혁이 일어났습니다. 고향에서 조용히 공부하던 한용운에게도 민중들의

만해 한용운의 모습

고통이 전해졌고, 불투명한 나라의 미래가 걱정스러웠습니다. 결국 그는 갈등과 번민을 견디다 못해 오세암에 들어가 허드렛일부터 시작한 후 출가하여 스님이 되었습니다. 그는 이곳에 머무르는 동안 불교에 관한 기초 지식들을 공부하면서 참선에 열중하였습니다.

그리고 1905년에 설악산 백담사로 들어

273

가 깨우침을 얻었는데, 이때 얻은 법명이 '용운'이었고, 법호가 '만해'였습니다. 백담사에서 지낸 시간은 한용운에게 세상을 보는 새로운 눈을 뜨게 해주었습니다. 지금은 사라진 고서를 비롯하여 많은 책을 읽을 기회가 생겼던 것입니다. 그는 책을 통해 인생을 새롭게 보고 느낄 수 있었습니다. 특히 『대장경』을 열심히 읽었으며, 부처님의 말씀을 많은 사람들이 읽도록 해야 한다는 생각을 했습니다. 그래서 소위 '불교의 대중화'를 위해 어려운 한문으로 되어 있는 불경을 우리말로 옮기는 일에 충실하였습니다.

1910년에는 불교가 새롭게 바뀌어야 한다는 주장을 펼친 『조선불교유신론』의 저술을 마쳤습니다. 이 책에서는 불교가 새롭게 태어나기 위해서 기존의 잘못된 것들을 미련 없이 파괴해야 한다고 주장하며, 당시 조선 불교를 다각도로 비판하였습니다.

『조선불교유신론』의 집필을 끝마치기 얼마 전 한용운은 나라를 빼앗기는 치욕적인 아픔을 겪게 되자, 만주로 떠나 독립군의 활동을 둘러보며 만주의 동포들에게 애국심과 독립심을 심어 주기 위해 노력하였습니다. 그리고 한용운은 1918년에 《유심》이라는 불교 잡지를 간행하였습니다. 이 잡지는 불교를 널리 알리고 민족정신을 고취하기 위해 창간하였으나 일제에 의해 주요 편집자들이 투옥되면서 3호를 끝으로 폐간되었습니다.

 ## "육당은 이미 죽은 지 오래되었네"

1919년 3·1 운동의 기초를 마련했던 「독립선언서」를 작성하

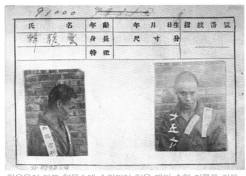
한용운이 마포 형무소에 수감되어 있을 때의 수형 기록표 카드

는 데 불교계의 대표로 참여한 한용운은 그 내용 때문에 최남선과 의견 충돌이 있었습니다. 최남선이 작성한 「독립선언서」는 독립을 지향하고 있지만 그 표현들이 지극히 소극적이었기 때문입니다. 한용운의 생각은 그와 달랐습니다. 우리 민족이 얼마나 독립을 원하고 있는지 그리고 지난 10년 동안 있었던 일본의 무자비한 압박에 대하여 좀 더 적극적이고 과감하게 대응하려는 의지가 나타나 있어야 한다고 생각했습니다. 결국 그의 생각대로 「독립선언서」의 마지막에 '공약 3장' 이라고 하는 행동 강령을 삽입하게 되었습니다.

　　　33인의 민족 대표로 독립 선언을 했던 한용운은 그들 가운데서도 가장 강직했으며, 독립을 위한 의지가 뚜렷했습니다. 감옥에 갇혀 있으면서도 다음과 같이 말하며 그 뜻을 굽히지 않았다고 합니다.

　　　"조선 사람이 조선의 독립 운동을 하였는데, 왜 일본 사람의 재판을 받는다는 말이냐?"

　　　그리고 함께 감옥에 있던 사람들 중 고문의 공포를 견디다 못

공약 3장 : 1. 오늘 우리의 이 거사는 정의 · 인도 · 생존 · 번영을 위한 민족 전체의 요구이니, 오직 자유의 정신을 나타낼 것이며, 남을 배척하는 감정으로 그릇되게 달려 나가지 말라. 2. 마지막 한 사람까지 마지막 한 순간까지 민족의 정당한 뜻을 시원스럽게 발표하라. 3. 모든 행동은 질서를 존중하여 우리의 주장과 태도를 밝고 정당하게 하라.

해 눈물을 흘리며 후회하는 이들을 보면서는 다음과 같이 호통을 쳤다
고 합니다. "이 사람들아! '독립 만세'를 부르고도 살아남을 줄 알았어?
그런 각오도 없이 어찌 「독립선언서」에 서명을 했단 말인가!"

　　한용운은 옥중에서 따로 넣어 주는 음식을 받지 않았고 변호
사도 선임하지 않았습니다. 대쪽 같은 그의 성품으로는 잘못한 일이 없
었기 때문입니다. 결국 주동자로 지목되어 최고형인 3년의 징역형을 받
고 1년 6개월 만에 출옥하였답니다.

　　이러한 한용운의 투철한 항일정신은 그가 살아 있는 동안 내
내 변함이 없었습니다. 사실 1930년대 후반부터는 우리나라의 지도층이
라고 할 만한 사람 중 친일 활동을 하지 않은 사람은 손에 꼽을 정도로
친일 행위를 하는 사람들이 많았습니다. 그들 가운데 대부분은 민족의
양심이 허락하지 않지만 어쩔 수 없이 일제에 협력한 것이었으나, 나중

에는 적극적인 친일파로 변질되어 그들의 앞잡이 노릇을 한 경우도 많았습니다. 예를 들어, 이광수와 최남선이 대표적인 인물입니다. 이광수는 신문에 "호적을 들추어 보기 전에는 일본인인지 조선인인지를 구별할 수 없을 정도로 조선과 일본이 하나가 되어야 한다."는 글을 쓰기도 하였습니다. 그렇기에 한용운의 민족정신은 더욱더 빛을 발하는 것입니다. 다음과 같은 일도 있었다고 합니다.

어느 날 한용운은 길거리에서 육당 최남선을 만났지만 못 본 체하고 그냥 지나갔습니다. 그러자 최남선이 "이 사람아 나야. 육당이야." 하자 한용운은 "육당은 이미 죽은 지 오래되었는데, 죽은 사람이 어떻게 돌아다닌다는 말인가." 하고 대꾸했다고 합니다. 한용운은 변절하여 친일파가 된 인물들은 이미 죽은 것이나 다름없다고 생각한 것입니다.

"소화를 소화해 버리니 속이 다 시원하군!"

지금까지도 많은 사람들이 감상하며 외우고 있는 시집 『님의 침묵』을 1926년, 그의 나이 47세가 되던 해에 발간하였습니다. 여기에는 88편의 시가 들어 있는데, 대체로 우리 민족에게 독립에 대한 희망을 심어 주려는 한용운의 마음을 담은 것입니다. 한용운의 시에는 그의 불교사상과 독립에 대한 의지가 포함되어 있어 많은 사람들로부터 공감을 얻었습니다.

그의 항일 독립 운동은 신간회의 참여로 이어졌습니다. 그의 나이 49세가 되던 해 한용운은 민족주의 계열과 사회주의 계열의 연합 단체인 신간회의 조직에 앞장섰습니다. 사상과 이념을 초월한 채 모두

가 한마음으로 독립 운동을 추진해야 한다고 생각했기 때문입니다. 한용운이 신간회의 간부로 활동할 때 다음과 같은 일도 있었습니다. 전국에 배포할 공문을 발송하는 준비 작업을 하던 중 봉투에 '소화(1926년부터 시작된 일본 히로히토 시대의 연호) ○○년'이라는 글자를 보고는 그 봉투를 모두 아궁이에 던져 넣고 불에 태웠다고 합니다. 그러고는 다음과 같이 말하였습니다. "소화(昭和)를 소화(燒火)해 버리니 속이 다 시원하군!" 불에 타버린 것은 종이 봉투였을지 모르지만 한용운은 그 아궁이 속에 일본에 대한 자신의 분노를 함께 불태워 버린 것입니다.

이후 한용운은 잡지 《불교》를 인수하여 사장으로 취임하기도 하였으며, 1936년에는 신채호의 묘비명을 직접 쓰기도 하였습니다. 1940년에는 일제가 우리의 성과 이름을 말살하려는 창씨개명을 강요하자 끝까지 이를 거부하였습니다. 그렇기 때문에 호적을 가질 수 없었고, 그로 인해 마지막 몇 년간은 일제로부터 쌀이나 고무신 등의 배급을 받지 못해 궁핍한 생활을 해야 했습니다. 한용운은 1944년 되던 해에 그의 집에서 병으로 숨을 거두었습니다. 우리 민족이 광복을 맞이하기 1년 전인 그의 나이 66세의 일이었습니다.

한용운이 쓴 국사 교과서

🐂 식민지의 현실을 표현한 「님의 침묵」

한용운은 독립 운동가이자 뛰어난 문학가였습니다. 시에서부터 장편 소설에까지 폭넓은 활동을 벌였던 한용운이 설악산의 백담사에서 완성한 「님의 침묵」은 지금도 많은 사람들의 입을 통해 암송되고 있습니다.

> 님은 갔습니다. 아아, 사랑하는 나의 님은 갔습니다.
> 푸른 산빛을 깨치고 단풍나무 숲을 향하여 난 적은 길을 걸어서
> 차마 떨치고 갔습니다.
> ……
> 우리는 만날 때에 떠날 것을 염려하는 것과 같이,
> 떠날 때에 다시 만날 것을 믿습니다.
> 아아 님은 갔지마는 나는 님을 보내지 아니하였습니다.
> 제 곡조를 못 이기는 사랑의 노래는 님의 침묵을 휩싸고 돕니다.

이 시는 사랑하는 님과의 이별을 확인하며 새로운 슬픔을 노래하고 있다는 것을 알 수 있습니다. 이미 떠나간 님이 언젠가는 다시 돌아와 만날 수 있다고 굳게 믿고 있는 것입니다. 그렇다면 그의 시에 표현된

'님'은 누구일까요? 그것은 한용운이 사랑하던 사람일수도 있고, 부처님일 수도 있으며, 잃어버린 조국이나 이 땅의 민중들을 나타내는 것일 수도 있습니다.

3·1 운동이 끝난 후 1920년대의 많은 지식인들은 일제로부터 독립하는 것이 어렵고 불가능한 일이라고 생각하였습니다. 그래서 적극적으로 저항하기보다는 식민 통치하에서 참정권을 획득하려는 등 일제와 타협하려 했지요. 하지만 한용운은 우리 민족의 저력을 굳건히 믿었습니다. 그렇기 때문에 많은 시인들이 일제에 협력하는 작품을 저술하였던 것에 비해 한용운은 우리의 민족 정서를 바탕으로 식민지의 현실을 표현하여 문학을 통해 독립 운동을 한 것입니다.

1926년에 발표된 「님의 침묵」은 제목 자체가 당시 조선의 상황을 가장 잘 표현하고 있다는 평을 받고 있습니다. 「님의 침묵」은 조국의 독립을 부르짖고 불교의 개혁을 주장하며 굳건히 자신의 사상과 의지를 실천하려 하였던 시인 한용운의 생각을 함축하고 있는 대표작이라고 할 수 있습니다.

교과서로 점프

●● 중학교 국사 – 문화 활동

3·1 운동 이후 한용운, 심훈 등은 민족의식을 고취하거나 민족에 대한 사랑을 표현하는 문학 작품을 많이 썼다. 일제의 침략 전쟁이 확대되고 민족 말살 정책이 실시되면서 문학 활동도 탄압을 받아 크게 위축되었으나 윤동주, 이육사, 이상화 등은 민족혼을 일깨워 주는 작품을 발표하였다.

조선의 불교 개혁으로 일제에 저항하려 한 한용운

한용운은 민족 독립 운동의 하나로 불교의 자주화 운동을 주장하였습니다. 그는 『조선불교유신론』을 저술하여 당시 한국 불교가 얼마나 침체되고 낙후되어 있는지를 비판하고 개혁을 주장하였습니다. 그 내용 중 일부를 보면 다음과 같습니다.

불교의 유신은 마땅히 먼저 파괴를 해야 한다. 유신이란 무엇인가? 파괴의 자손이다. 파괴란 무엇인가? 유신의 어머니이다. 세상에 어머니 없는 자식이 없다는 것은 대개 말로써는 할 줄 알지만, 파괴 없는 유신이 없다는 점에 이르러서는 아는 사람이 없다. 어찌 비례의 학문에 있어서 추리해 이해함이 이리도 멀지 못한 것일까? 그러나 파괴라고 해서 모든 것을 무너뜨려 없애 버리는 것을 뜻하지는 않는다. 다만 구습 중에서 시대에 맞지 않는 것을 고쳐서 이를 새로운 방향으로 나아가게 한다는 것뿐이다.

「조선불교유신론」

이 글에서 '유신'이란 '낡은 제도를 고쳐 새롭게 한다.'란 뜻입니다. 즉 조선의 불교를 개혁해야 한다는 한용운의 주장은 불교의 나쁜 관습을 타파하여 새로워져야 한다는 것이었습니다. 불교를 혁신하는 길만이 중생을 구제하는 길이라고 믿었고, 현실 도피적인 성격의 승려 중심 불교를 대중 불교로 바꾸는 것이 불교 개혁의 목표라고 믿었습니다.

또한 불교 의식을 간소화하자고 하였습니다. 마음속에 있는 부처를 위해 목소리를 높여 염불할 필요가 없다는 것입니다. 승려 한용운은 불교의 형식적인 것을 배제하고 본래의 근본정신을 강화하여 일제의 통제와 간섭으로부터 벗어나려 하였던 것입니다.

교과서로 점프

●● 고등학교 국사 – 문예와 종교의 새 경향
유교에서는 박은식이 유교구신론을 제창하면서 근대 교육과 애국 계몽 운동을
전개하였고, 불교에서는 한용운이 조선불교유신론을 내세우며 불교의 혁신과
자주성 회복을 주장하였다.

궁금한 건 못 참아!

일제의 탄압 속에서도 각 종교 단체는
어떠한 민족 운동을 전개하였을까요?

종교 단체는 일제의 탄압 속에서 다양한 방법으로 민족 운동을 전개
하였습니다. 기독교는 기독교 계통의 학교와 여러 단체들을 통해 문화 운동과 계몽 운
동에 앞장섰습니다. 3 · 1 운동 때에는 33인의 민족 대표 중 16명이 기독교 계통이었습
니다. 그리고 일제의 신사 참배 강요를 거부하여 기독교도들이 투옥되고, 기독교 계통
의 학교가 폐교되는 등의 수난을 겪었습니다.

동학에서 명칭이 바뀐 천도교는 3 · 1 운동 때 앞장선 후 일제의 심한 탄압으로 교세가
크게 위축되었습니다. 그러나 1920년대부터 잡지를 발간하는 등 문화 활동을 전개하
였습니다. 또한 '소년회'에서는 어린이를 인격적으로 대우하려는 사회 운동을 전개하
였습니다.
우리의 민족 종교로 창시된 대종교는 일제의 탄압으로 그 중심지를 만주로 옮기게 됩
니다. 그리고 그곳에서 '중광단'이라는 독립 운동 단체를 조직하고 무장 독립 투쟁을
벌였습니다. 이 단체는 후에 '북로군정서'로 개편되어 청산리 대첩에서 일본에 큰 승리
를 거두었습니다.

역사 토막 뉴스

불교에서 소가 의미하는 바는?

서울 성북동에는 한용운이 살던 '심우장(尋牛莊)'이라는 집이 있습니다. 동네 언덕에서 내려다보면 심우장이 들어선 방향이 다른 집들과 틀리다는 사실을 발견할 수 있답니다. 앞으로 훤히 내려다보이는 방향을 마다하고 집이 거꾸로 위치하고 있기 때문이지요. 원래 이 집을 지을 때 주변 사람들이 여름에는 시원하고 겨울에는 볕이 잘 드는 남향으로 집터를 잡자고 하였는데, 한용운은 겨울에 볕이 덜 들더라도 북향으로 집터를 잡을 것을 고집하였습니다. 바로 남쪽에 있던 조선총독부를 정면으로 보고 싶지 않았던 것입니다. 결국 집은 동북향으로 지어졌습니다.

집의 명칭인 '심우(尋牛)'란 원래 '소를 찾는다.'는 뜻인데, 불교에서 가장 큰

서울 성북동에 있는 한용운의 집, 심우장

도를 깨치는 마음을 상징하는 동물이 '소'입니다. 따라서 심우장은 '도를 깨닫기 위한 집'이며, '항상 공부하는 집'이라는 뜻이 됩니다. 집에 걸려 있는 현판은 함께 독립운동을 하던 서예가 오세창이 직접

쓴 것입니다.

한번은 춘원 이광수가 이곳에 있는 한용운을 찾아왔다고 합니다. 이광수는 불교와 관련된 창작 활동을 할 때 가끔 한용운을 찾아 자문을 구하곤 했습니다. 그러나 이광수가 창씨개명을 한 사실을 알고는 한용운은 이광수가 인사도 하기 전에 호통을 쳐 내쫓았고, 결국 이광수는 아무런 말도 못하고 얼굴색이 붉어진 채 돌아가야만 했답니다.

한용운은 이곳에서 눈을 감으며 마지막 순간까지 책과 함께 공부하고 참선으로 마음을 닦았습니다. 그리고 지금도 한용운이 쓰던 방에는 그의 글씨와 연구 논문집, 옥중 공판 기록 등이 보관되어 있습니다.

조국의 독립을 위해 몸 바친 임시정부의 주석
김구
(金九, 1876~1949)

●● 김구는 대한민국 임시정부의 주석으로 독립을 위해 끝까지 투쟁하였고, 광복 이후에는 38선을 넘나들며 우리 민족의 통일을 위해 노력하였습니다. 그러나 통일을 보지 않고서는 눈을 감을 수 없던 김구는 안타깝게도 이미 세상을 떠났고, 우리는 아직까지 분단의 아픔을 안고 있습니다.

 ## "나의 소원은 대한의 자주독립이오"

"소원이 무엇이냐?" 하고 하나님이 물으시면, 나는 서슴지 않고
"내 소원은 대한 독립이오." 하고 대답할 것이다.
"그 다음 소원은 무엇이냐?" 하면, 나는 또
"우리나라의 독립이오." 할 것이요, 또
"그 다음 소원이 무엇이냐?" 하는 세 번째 물음에도,
나는 더욱 소리를 높여서
"나의 소원은 우리나라 대한의 완전한 자주독립이오." 하고 대답할
것이다.

김구가 『백범일지』에 남긴 글 중 「나의 소원」이라는 유명한 구절입니다. 우리의 주권을 강탈당한 시기에는 대한민국 임시정부의 주석을 지내며 끝까지 임시정부를 이끌고 항일 독립 운동을 전개하였으며,

광복 이후에는 남한만의 단독 정부 수립은 있을 수 없는 일이라며 통일 국가 수립을 주장했던 인물, 그가 바로 김구입니다.

　　　본명이 김창수인 김구는 1876년 우리나라가 강화도 조약을 체결하여 일본에 개항한 바로 그해 7월 황해도 해주에서 태어났습니다. 김구는 어린 시절을 서당에서 글공부를 하며 보냈고, 17세 때 마지막 과거 시험에 응시하기 위해 해주로 갔다가 버젓이 부정이 자행되는 것을 목격하고 시험을 포기하고 돌아왔습니다. 이때부터 조국을 향한 일편단심으로 그의 파란만장한 일대기가 펼쳐집니다. 그는 동학에 입교하여 접주가 되었으며, 동학 농민 운동이 일어나자 농민군을 이끌고 일본을 상대로 싸우다가 패전하여 만주로 떠났습니다. 그곳에서 명성 황후 시해 소식을 비롯한 국내의 사정을 듣고 귀국한 김구는 국모 시해의 원한을 풀고자 치하포에서 일본군 중위 쓰치다를 때려죽인 뒤 체포되었습니다. 이 일로 그는 사형 선고를 받았으나 고종의 특사로 집행이 중지된 채 일본의 압력으로 출옥하지 못하고 있었습니다. 결국 탈옥하여 떠돌아다니다 공주 마곡사에서 승려가 되었으나 1899년 절에서 내려와 일반인으로 돌아왔습니다.

　　　1905년 을사조약이 체결되자 김구는 이동녕, 이준 등과 반대 운동을 전개하였으나 한계를 느끼고 계몽과 교육 활동에 전념하게 되었습니다. 국권을 강탈당한 후 신민회의 회원이 되어 활동하던 중 1911년 안악 지방의 부호들을 협박하여 독립 운동 자금을 빼앗았다는

백범 김구의 모습

이른바 안악 사건으로 체포당하게 됩니다. 이 일로 17년형을 선고받았지만 복역 중에 감형되어 출감하였습니다.

김구는 3·1 운동이 일어나자 압록강을 건너 상하이로 망명하게 됩니다. 그곳에서 임시정부의 초대 경무국장이 되는데, 이후 내무총장, 국무령, 국무위원을 역임하게 됩니다. 1932년에는 침체된 임시정부의 난국을 극복하고 국민들에게 희망을 주기 위하여 한인 애국단을 조직하고 의열 투쟁(의기가 장렬한 투쟁)을 전개하였습니다. 한인 애국단의 단원인 이봉창은 1932년 1월 동경에서 천황을 암살하기 위해 폭탄을 던졌으나 실패하였습니다. 같은 해 4월 윤봉길은 일본 천황의 생일을 기념하기 위해 마련한 상하이 홍커우(홍구) 공원의 행사에 폭탄을 던져 일본의 군사 지휘관들에게 큰 상해를 입히는 성과를 거두었습니다. 특히 윤봉

거사 전 윤봉길 의사와 김구가 함께 찍은 사진

길의 거사에 중국의 장제스는 "중국의 1억 인구가 해내지 못하는 일을 조선의 한 청년이 해냈다."며 칭찬을 아끼지 않았습니다. 이 두 번의 거사로 임시정부는 중국으로부터 적극적인 지원을 받을 수 있었습니다.

이 거사로 김구는 일금 60만 원의 현상금이 붙은 수배범이 되었으나 독립 운동은 활기를 띠게 됩니다. 특히 1933년에 장제스와 만나 낙양 군관 학교에 한인 훈련반을 설치할 것을 합의하고 훈련에 들어갔으나 일본의 거센 항의로 결국 1기생을 끝으로 문을 닫았습니다.

"38도선을 베고 쓰러질지언정!"

1937년 중·일 전쟁이 일어나자 임시정부는 수난을 겪게 됩니다. 일본의 폭격이 점차 심해지며 임시정부는 몇 번의 이주를 하게 됩니다. 이때의 궁핍한 생활은 말로 할 수 없을 정도였다고 합니다. 마지막으로 이주하여 정착한 충칭(중경)에서 김구는 민족주의 계열의 세력을 모아 한국 독립당을 창당하고 임시정부의 주석이 되었습니다. 이것이 1940년의 일입니다. 그해는 김구에게 또 하나의 큰 의미가 있는 해였습니다. 바로 한국 광복군이 조직되었기 때문입니다. 한국 광복군은 김원봉이 이끌던 조선의용대의 일부가 합류하자 군사력이 더욱 증강되었으며, 1941년에는 대일선전포고문을 발표하였습니다. 연합군들과 함께 공동 작전을 수행하던 한국 광복군은 미군과 합작하여 첩보 훈련을 실시하였습니다. 한반도에 침투하려는 국내 진공 작전을 계획하고 추진하였으나 국내 진입을 위한 출동 준비가 갖추어졌을 무렵 원자폭탄 투하로 인해 일본이 연합군에 항복하였고, 그로 인해 우리나라는 광복을 맞이하게 되었습니다. 그러나 김구는 일본의 항복 소식을 듣고 다음과 같이 이야기했습니다.

> 내게는 기쁜 소식이라기보다는 하늘이 무너지는 듯한 일이었다. 천신만고로 수년간 애를 써서 참전할 준비를 한 것도 다 허사다. ……
> 걱정되는 것은 우리가 이번 전쟁에 한 일이 없기 때문에 장래에 국제 간에 발언권이 약해지리라.   —『백범일지』

김구가 걱정하던 일은 그대로 나타났습니다. 남북한에서 실시된 미국과 소련에 의한 군정은 임시정부의 대표로서 귀국하는 김구를 인정하지 않았습니다. 결국 김구는 1945년 11월 개인 자격으로 고국에 돌아왔습니다. 그러나 한 달 후 모스크바 3상회의에서는 한국에 대한 신탁통치가 결정된 것처럼 전해졌고, 이 소식을 들은 김구는 신탁통치를 반대하기 위한 국민운동을 전개하였습니다. 김구가 신탁통치를 반대하는 뜻은 다음 쪽의 말로 알 수 있습니다.

tip 　**모스크바 3상회의** : 모스크바에서 열린 미국, 영국, 소련 3국의 회의로 제2차세계대전 종전 후 여러 문제들을 처리하기 위해 열렸다. 이 회의에서 한국의 신탁통치를 협의한다고 하였다.

남의 덕분에 무엇이 되리라고 헛꿈을 꾸고 있었기 때문에 지난 일 년 동안 아무 성과도 없이 귀중한 시간만 허송한 것이다. 지금 세계의 강대국들은 약소민족을 해방시키고 그들을 원조 육성하려고 하는 고마운 뜻을 보이고 있으나 우리 민족은 불행하게도 그 뜻과 반대의 것, 즉 괴로움을 받고 있는 것이다. 보라, 단일 민족인 우리가 천만 뜻밖에 38선이란 압축대로 인하여 질식하고 있지 않는가.

—『백범어록』

그는 신탁통치를 반대하는 것은 물론 미국과 소련의 양군을 철수시켜 자주적인 독립정부를 수립하려는 의지를 가지고 있었습니다. 그러나 한국의 문제를 해결하기 위한 두 번의 미·소 공동위원회가 결렬되며 한국의 문제는 유엔으로 넘어가게 되었습니다. 유엔은 남한만의 단독 총선거를 결의하게 되었고, 단독 선거를 민족의 분단으로 여긴 김구는 강력히 반대 의사를 표명하였습니다. 그리고 이때 김구는 지금 많은 사람들이 알고 있는 「삼천만 동포에게 읍고함」이라는 다음과 같은 글을 발표하였습니다.

…… 한국이 있고야 한국 사람이 있고, 한국 사람이 있고야 민주주의도 공산주의도 또 무슨 단체도 있을 수 있는 것이다. …… 마음속의 38도선이 무너지고야 땅 위의 38도선도 철폐될 수 있다. 내가 불초하나 일생을 독립 운동에 희생하였다. …… 나는 통일된 조국을 건설하려다가 38도선을 베고 쓰러질지언정 일신에 구차한 안일을 취하여 단독 정부를 세우는 데는 협력하지 아니하겠다.……

—『백범어록』

290

38선에 선 김구 (1948.4.19)

남북한 총선거를 통한 정부 수립을 원했던 김구는 남북협상을 제안하고 김규식과 함께 38도선을 넘어 북으로 건너갔습니다. 그러나 북에서는 이미 정권 수립을 위한 준비를 마친 상태였습니다. 결국 뜻한 바를 이룰 수 없었던 김구는 다시 38선을 넘어 돌아와야 했습니다. 결국 그해 8월 이승만을 대통령으로 하는 남한만의 대한민국 정부가 수립되었습니다.

이후로도 김구는 조국의 통일을 소원하며 남북협상을 주장했지만 허공의 메아리로 남기 일쑤였습니다. 그러던 1949년 6월 26일, 김구는 자신이 머물던 경교장에서 안두희에 의해 암살당합니다. 그때 김구의 나이 74세였습니다.

김구가 쓴 국사 교과서

한평생 계속된 김구의 나라 사랑

김구는 근현대사 역사 교과서에 꽤 많은 비중을 차지하고 등장합니다. 통합된 대한민국 임시정부가 상하이에서 수립되자 김구는 경무국장에 임명되었습니다. 그러나 1920년대 후반부터 임시정부는 일제의 탄압과 함께 자금과 인력 부족으로 점차 침체되어 갑니다.

그때 김구는 임시정부에 활기를 불어넣기 위해 한인 애국단을 창설하였습니다. 한인 애국단은 김원봉이 이끌던 의열단처럼 일본의 주요 인물들을 암살하고, 식민 통치 기관을 폭파하는 비밀 결사 조직이었습니다. 우리가 잘 알고 있는 이봉창과 윤봉길 의사가 한인 애국단 소속으로 활약했던 대표적 인물입니다.

임시정부가 충칭으로 옮겼을 때부터 김구는 주석을 맡아 임시정부를 이끌고 갔습니다. 그리고 바로 그해 무장 투쟁 조직인 한국 광복군이 창설되어 임시정부의 군사 활동은 더욱 확대되었습니다. 태평양 전쟁이 발발하자 김구는 「대한민국 임시정부 대일 선전 성명서」를 발표하여 일본을 상대로 전쟁에 참여한다는 선전 포고를 하였습니다. 그리고 한국 광복군은 연합군과 함께 공동 작전을 수행하는 한편 미군과 함께 정예 부대를 국내로 파견하여 일본을 몰아내려는 계획을 세웠습니다. 그러나 철저한 준비와 계획으로 국내 진입 작전을 실천에 옮기려는 그 때 일본이 연합군에 항복을 선언하여 모든 계획은 수포로 돌아갔습니다.

교과서로 점프

●● 중학교 국사 – 대한민국 임시정부의 수립
대한민국 임시정부는 자유 민주주의와 공화정을 기본으로 한 국가 체제를 갖추고, 대통령제를 채택하여 이승만을 초대 대통령으로 선출하였다. 그후 대한민국 임시정부는 몇 차례에 걸쳐 헌법을 개정하면서 변천하였으며, 김구가 주석이 되어 광복이 될 때까지 임시정부를 이끌었다.

●● 중학교 국사 – 한인 애국단
김구가 이끈 한인 애국단의 단원인 이봉창은 1932년에 일본 도쿄에서 한국 침략의 원흉인 일본 국왕을 처단하기 위해 국왕의 마차에 폭탄을 던졌으나 성공하지 못하였다.
한편 같은 한인 애국단원인 윤봉길은 상하이의 훙커우 공원에서 열린 일본군의 상하이 점령 축하 기념식장에 폭탄을 던져 일본군을 응징하였다.

민족 분열을 막고 남북한 통일 정부 수립을 주장하다
김구의 활동은 귀국 이후에도 계속되었습니다. 모스크바 3상 회의에서 신탁 통치가 결정되었다고 전해졌을 때 독립 정부의 수립을 위해 적극적으로 반대 운동에 앞장섰습니다.

그런데 미국은 소련과의 이해관계가 얽히면서 대립이 심해지자 한반도에서의 정부 수립 문제를 해결하기 위해 이 문제를 UN에 맡기어

남북연석회의에서 축사하는 김구

그 결정에 따르기로 합니다. 그 결과 UN에서 남한만의 단독 선거가 결정됩니다. 남한만의 단독 선거는 민족의 분열을 뜻하는 것이었습니다. 결국 한 민족이 두 개의 국가를 갖게 되는 것이죠.

김구는 민족의 분열은 절대로 안 되며 남북한의 통일 정부를 수립해야 한다고 주장하였습니다. 단독 정부 수립을 막기 위해 김구는 김일성에게 직접 편지를 보내 평양에서 함께 회의를 하자고 제안하였습니다. 그리고 김구는 김규식과 함께 북한의 정치 지도자들을 만나기 위해 걸어서 38선을 넘었습니다.

1948년 4월 드디어 단독 정부 수립에 반대하는 남북한의 여러 정당과 사회단체들이 평양에서 회의를 개최하였습니다. 그러나 아무런 성과를 거두지 못하고 맙니다. 남과 북은 함께 통일 정부 수립 문제를 논의하였으나 구체적인 방안이 없었으며 서로 견해가 달랐기 때문입니다. 결국 한 달 후에 남한에서만 총선거가 실시되어 8월 15일에 대한민국이라는 정부가 수립되었고, 이후 북한에서도 정부가 수립되었습니다.

교과서로 점프

●● 중학교 국사 - 독립지사들의 귀국
1945년 10월에는 미국에서 독립 운동을 하고 있던 이승만이 귀국하였고, 이어 다음 달에는 김구 등 대한민국 임시정부의 지도자들이 중국에서 귀국하였다. 오랜 망명 생활 끝에 귀국한 이들 지도자들도 정부 수립에 대비하여 정당과 사회단체를 만들었지만 서로 의견이 엇갈린 데다 국민들의 정치적 경험이 성숙되지 못했기 때문에 의견의 통일을 이루지 못하였다. 이로 인해 한동안 정국의 혼란이 계속되었다.

●● 중학교 국사 – 대한민국 정부의 수립
한편, 통일 정부의 수립을 열망한 김구, 김규식 등은 남한만의 선거를 반대하고 남북협상을 추진하였다. 남북의 정치 지도자들이 한자리에 만나서 한반도 통일 문제를 협의하자는 것이었다.
1948년 4월에 평양에서 개최된 남북협상 회의에 남북한의 정치 지도자들이 참석하여 통일 정부 수립 문제를 논의하였으나 아무런 성과를 거두지 못했다.

궁금한 건 못 참아!

김구가 벌였던 남북협상은 어떤 의미가 있었을까요?

일제가 항복했다는 소식을 들었을 때 우리 민족은 일제의 억압으로부터 벗어났다는 기쁨과 함께 독립 국가를 수립할 수 있다는 기대에 부풀어 있었습니다. 그러나 한반도의 남과 북에 독립을 준비하기 위한 미국과 소련의 군사 정부가 각각 수립되었을 때 이미 민족의 분단은 예정된 것이었습니다. 결국 한반도의 문제는 UN으로 넘어갔고 남한만의 단독 정부 수립을 결정하였습니다. 김구와 김규식은 통일 정부를 수립해야 한다는 신념으로 이를 막기 위해 남북협상을 제안합니다.

이미 미국과 소련이라는 강대국이 분단에 합의했고 이를 막을 수 없다는 것은 예상할 수 있는 일이었습니다. 하지만 그렇다고 조국의 분단을 앉아서 구경만 하고 있을 수는 없었습니다. 김구와 김규식을 비롯한 민족주의자들이 분단을 막기 위해 할 수 있던 최선의 선택이 바로 북한의 지도자들과의 협상을 시도하는 것이었습니다.

외세를 배제하고 우리 민족의 힘으로 추진한 남북협상은 오늘날 우리가 안고 있는 통일이라는 과제를 해결하는 데 중요한 가르침이 될 수 있습니다. 언제 어떻게 통일을 이룩하더라도 자주적이어야 한다는 것입니다. 또한 남북협상은 이념을 초월한 좌우 합작이었다는 데 의미가 있습니다.

미군정과 이승만 세력은 남북협상을 주장하는 사람을 '공산주의자', '용공주의자'로 몰아붙였으나 김구와 김규식은 오로지 민족의 분단을 막으려 의연히 38선을 넘었습니다. 이 후 북쪽에서 정부 수립에 참여할 것을 권하였을 때는 남쪽에서 단독 정부를 수립했다고 북에서도 단독 정부를 수립하겠다는 것은 똑같은 민족 분열 행위라며 끝까지 참가하지 않았습니다.

3년 동안 7번 이사한 임시정부

중·일 전쟁 이후 대한민국 임시정부는 3년 동안 7번이나 이주를 하게 됩니다. 사실 한 집안이 이사를 하는 것도 매우 큰일인데, 비록 '임시'이긴 하지만 정부가 이주하는 일은 보통 일이 아니었습니다. 그렇기 때문에 그들이 겪어야 했던 어려움들을 가히 짐작할 수 있기도 합니다.

김구가 어머니를 모시고 난징(남경)을 떠나 한커우(한구)를 거쳐 창사(장사)로 갔을 때의 일이었습니다. 100여 명의 임시정부 지도자와 그 가족들은 옷차림

이 남루했고 굶주림에 지쳤으나 '대한민국 임시정부'라는 글씨가 쓰인 간판만큼은 보물처럼 안고 다녔다고 합니다.

김구의 어머니가 김구의 둘째 아들인 신을 기를 때는 말할 수 없이 더 비참했습니다. 김구의 부인이 세상을 떠나고 할머니 손에서 자란 신은 밤에는 할머니의 빈 젖을 빨면서 잠이 들었다고 합니다. 상하이에서뿐만 아니라 이주해 간 여러 곳에서 임시정부 지도자와 그 가족들은 겨우 목에 풀칠하는 수준으로 생활을 영위해 갈 정도였습니다. 저녁이면 한국인이 모여 살던 집 근처의 쓰레기통을 뒤져 그런대로 성한 푸성귀들을 가져다가 김치를 만들어 먹기도 했다고 합니다. 오죽하면 "이렇게 구차하게 독립 운동을 해야 하는가?"라는 질문을 던지며 눈물을 흘린 적도 있었다고 하는군요.

그러나 김구를 비롯하여 임시정부를 지키던 지도자들과 그 가족들이 버텨 갈 수 있었던 단 하나의 이유가 있었습니다. 그것은 바로 조국의 독립이 현실로 나타나게 될 그날을 기다리는 '희망'이었던 것입니다.

'백범'은 무슨 뜻일까?

김구의 호 '백범'에는 다음과 같은 뜻이 있다고 합니다. '백'은 백정, '범'은 범부, 즉 보통 사람을 의미합니다. 백정은 조선 시대에 가장 천한 신분에 속한 사람이었죠. 그리고 범부와 같은 보통 사람은 어디에서나 볼 수 있는 사람들이지요. '백범'이란 바로 지극히 평범한 사람을 의미하는 것입니다.

그렇다면 김구는 왜 자신의 호를 '백범'이라고 하였을까요? 그것은 바로 백정같이 천하고 범부같이 평범한 사람들일지라도 애국심이 자신과 같았으면 하는 바람에서 지은 것이랍니다.

김구는 진심으로 조국을 사랑했고, 그 마음을 실천하려 하였습니다. 비록 그의 뜻대로 통일 정부를 수립하지는 못했지만, 70세가 넘은 나이에도 사상과 이념을 초월하여 민족의 분열을 끝까지 막으려 하였기 때문에 김구의 애국심은 지금까지도 우리들에게 본보기가 되고 있습니다.

김구는 또한 자신의 호를 따서 두 권 분량의 자서전을 쓰게 됩니다. 바로 『백범일지』가 그것이지요. 이 『백범일지』를 읽어 보면 김구의 나라 사랑 정신이 얼마나 투철했는지 알 수 있습니다. 또한 『백범일지』는 임시정부의 사료가 되며, 동시에 독립 운동 역사의 귀중한 자료가 되고 있습니다.

완벽하게 개념잡는 소문난 교과서 – 물리
손영운 지음 | 원혜진 그림 | 240쪽 | 11,000원

"하늘을 나는 라퓨타가 실제로 가능한가요?"
롤러코스터와 바이킹을 타며 역학적 에너지에 대해 공부한다고?
물리를 이해하는 데 가장 중요한 개념만을 선정하여,
생활 속 친숙한 예를 통해 설명한다.

●●● 초등 고학년과 중학교 신학기 권장도서

완벽하게 개념잡는 소문난 교과서 – 지구과학
손영운 지음 | 원혜진 그림 | 240쪽 | 11,000원

"백두산의 키가 자라고 있다는 게 사실인가요?"
우리가 살고 있는 지구라는 별에 대해 알자!
지구과학의 개념과 원리를 우리 주변에서
관찰하고 경험할 수 있는 자연 현상을 통해 공부한다.

●●● 초등 고학년과 중학교 신학기 권장도서

완벽하게 개념잡는 소문난 교과서 – 생물
손영운 지음 | 원혜진 그림 | 288쪽 | 11,000원

"복제양 돌리는 어떻게 탄생했을까요?"
생물학을 이해하는 데 가장 중요한 주제만을 선정한 후,
우리 주위에서 경험할 수 있는 〈생활 속 과학 이야기〉를 통해
생물학이 얼마나 재미있고 우리에게 중요한 과학인가를 보여준다.

●●● 초등 고학년과 중학교 신학기 권장도서

완벽하게 개념잡는 소문난 교과서 – 화학
손영운 지음 | 원혜진 그림 | 220쪽 | 11,000원

"불꽃놀이의 아름다운 색은 어떻게 만든 건가요?"
제발 원소기호를 외우지 말길! 우리가 아침에 일어나 화장실에 세수하러
들어서는 순간부터 화학과 관련되어 있다는 사실만 알고 있으면
화학 공부에 저절로 재미가 붙는다!

●●● 초등 고학년과 중학교 신학기 권장도서

선생님도 모르는 과학자 이야기
사마키 다케오 외 지음 | 윤명현 옮김 | 원혜진 일러스트 | 244쪽 | 11,800원

청소년들이 꼭 알아야 할 과학자 이야기
이 책은 새로운 형식으로 과학자를 바라본다.
교과서에서 소개하는 기본적인 내용은 물론이고, 과학자들의
숨겨진 일화를 많이 담아내어 청소년들의 상식을 넓혔다.

●●● 부산시교육청, 서울시교육청 청소년 추천 도서

선생님도 모르는 지리 이야기
세계박학클럽 지음 | 윤명현 옮김 | 230쪽 | 11,800원

지리 성적도 올리고 논술 실력도 기른다!
청소년 눈높이에 맞는 다양하고 재미있는 본문 구성을 통해
단순하고 추상적인 지리 공부에서 벗어나 균형 잡힌 시각으로
세계를 바라볼 수 있는 기회를 제공한다.

●●● 부산시교육청, 한우리독서운동본부 청소년 추천 도서

선생님도 모르는 우주 이야기
라이너 괴테 지음 | 신혜원 옮김 | 240쪽 | 11,800원

과학시간에 못 배우는 신비한 우주이야기
백과사전처럼 딱딱하지 않고, 만화책처럼 가볍지 않은 내용들로,
청소년들이 꼭 알아야 할 우주와 은하, 별과 행성에 대한
우주상식 100가지를 모아 명쾌하게 설명했다.

●●● 과학문화재단 우수과학도서

선생님도 모르는 생물 이야기
울리히 슈미트 지음 | 신혜원 옮김 | 권오길 감수 | 212쪽 | 11,800원

생물 과목과 친해지는 책!
이 책은 재미와 내용을 모두 갖춘 생물서다.
잘못된 지식은 바로잡아 주고 잃어버린 흥미는 되살려 주며
지금껏 몰랐던 새로운 지식을 터득하게 해준다.

●●● 초등 고학년과 중학교 신학기 권장도서

교과서를 만든 과학자들

손영운 지음 | 원혜진 일러스트 | 296쪽 | 13,500원

재미있는 이야기로 만나는 교과서 속 과학자

중 · 고등학교 과학 교과서에 나오는 중요한 과학자 30명을 선정해
그들의 이야기를 들려주고, 그들이 완성해 낸 원리와 법칙들이
교과서 어디에 등장하고 있는지를 자세히 소개한다.

●●● 한우리독서운동본부 청소년 추천 도서, 중국 저작권 수출

교과서를 만든 수학자들

김화영 지음 | 최남진 일러스트 | 220쪽 | 11,800원

뉴턴이 '미적분' 을 가르쳐 준다고?

이 책은 다른 수학 책들처럼 무조건 수학 공식을 들이대며,
수학 공부를 강요하지 않는다. 그저 수학자들의 삶을 따라가 보면
그곳에 우리가 궁금하게 생각했던 수학 공식들이 숨어 있다.

●●● 과학문화재단 우수 과학 도서, 아침독서운동본부 청소년 추천 도서,
간행물윤리위원회 청소년 추천 도서, 중국 저작권 수출

교과서를 만든 시인들

송국현 지음 | 박영미 일러스트 | 340쪽 | 13,500원

교과서 속 시인 20명의 삶을 통해 배우는 80편의 시

중 · 고등학교 국어 과정에서 가장 중요한 시인 20명의 80여 편의
시 작품을 뽑아 시인이 살아온 현실을 통해 시를 이야기한다.
교과서를 중심으로 다루어 중 · 고등학생들에게 유용한 자료가 된다.

●●● 중 · 고등학교 신학기 권장도서

교과서를 만든 소설가들

문재용 · 최성수 지음 | 김형준 일러스트 | 280쪽 | 11,800원

소설가를 알면 교과서 속 소설이 쉬워진다!

중 · 고등학교 국어 교과서와 문학 교과서 18종을 분석해,
가장 출제 빈도가 높은 소설가 18인의 삶을 살펴보았다.
소설가의 삶을 따라가다 보면, 외우지 않아도 자연스럽게 소설을 이해할 수 있다.

●●● 중 · 고등학교 신학기 권장도서